高等学校遥感科学与技术系列教材

高等学校空间信息与数字技术系列教材

国家级一流本科课程教材

# 空间信息工程技术
## ——创新创业实践案例分析

主编  孟小亮

副主编  夏正伟  黄  昕

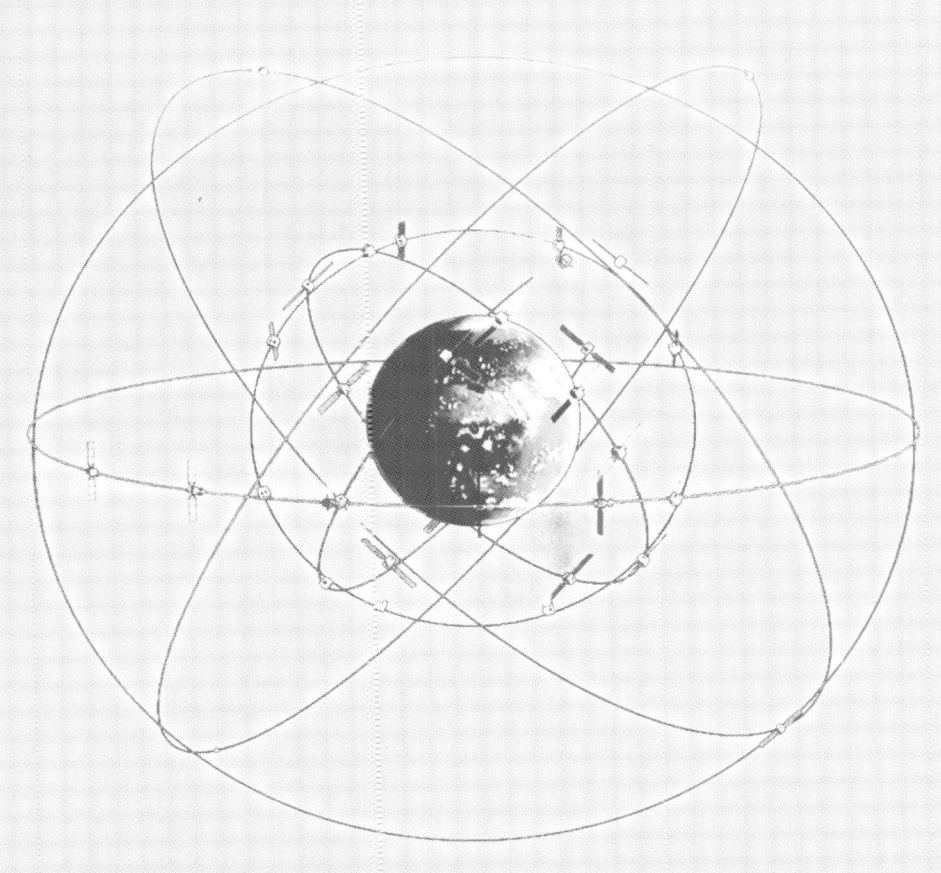

武汉大学出版社

图书在版编目(CIP)数据

空间信息工程技术：创新创业实践案例分析 / 孟小亮主编；夏正伟，黄昕副主编. -- 武汉：武汉大学出版社,2025.8. -- 高等学校遥感科学与技术系列教材　高等学校空间信息与数字技术系列教材　国家级一流本科课程教材. -- ISBN 978-7-307-25213-4

Ⅰ.P208

中国国家版本馆 CIP 数据核字第 20250FB312 号

责任编辑：杨晓露　　　责任校对：鄢春梅　　　版式设计：马　佳

出版发行：武汉大学出版社　（430072　武昌　珞珈山）

（电子邮箱：cbs22@whu.edu.cn　网址：www.wdp.com.cn）

印刷：武汉科源印刷设计有限公司

开本：787×1092　1/16　　印张：14.25　　字数：329 千字　　插页：1

版次：2025 年 8 月第 1 版　　2025 年 8 月第 1 次印刷

ISBN 978-7-307-25213-4　　定价：49.00 元

版权所有，不得翻印；凡购我社的图书，如有质量问题，请与当地图书销售部门联系调换。

## 高等学校遥感科学与技术系列教材
### 编审委员会

| | |
|---|---|
| 顾　问 | 李德仁　张祖勋 |
| 主　任 | 龚健雅 |
| 副主任 | 龚　龑　秦　昆 |
| 委　员 | （按姓氏笔画排序） |

方圣辉　王树根　毛庆洲　付仲良　乐　鹏　朱国宾　李四维　巫兆聪
张永军　张鹏林　孟令奎　胡庆武　胡翔云　袁修孝　贾永红　雷敬炎

秘　书　付　波

## 高等学校空间信息与数字技术系列教材
### 编委会

**编委**（排名不分先后）

| | | |
|---|---|---|
| 孟小亮 | 黄玉春　田扬戈 | 武汉大学 |
| 刘　刚 | 陈麒玉 | 中国地质大学（武汉） |
| 李世华 | 周　艳 | 电子科技大学 |
| 丛玉良 | 陈　建 | 吉林大学 |
| 韦　娟 | 杜建超 | 西安电子科技大学 |
| 曹　傧 | 李　屹 | 北京邮电大学 |
| 郑宗生 | 王　建 | 上海海洋大学 |
| 王加胜 | 程　峰 | 云南师范大学 |
| 满　旺 | 袁　莹 | 厦门理工学院 |
| 陈冬花 | 王玉亮 | 滁州学院 |
| 陈三明 | 张广平 | 桂林航天工业学院 |
| 唐代生 | | 中南林业科技大学 |

## 《空间信息工程技术——创新创业实践案例分析》
## 编 委 会

**主　编**　孟小亮

**副主编**　夏正伟　黄　昕

**委　员**　郭　迟　马盈盈　张　目　张安兵　袁　莹　董思俊　叶　帅

# 序

  遥感科学与技术本科专业自 2002 年在武汉大学、长安大学首次开办以来，截至 2022 年年底，全国已有 60 多所高校开设了该专业。2018 年，经国务院学位委员会审批，武汉大学自主设置"遥感科学与技术"一级交叉学科博士学位授权点。2022 年 9 月，国务院学位委员会和教育部联合印发《研究生教育学科专业目录(2022 年)》，遥感科学与技术正式成为新的一级学科(学科代码为 1404)，隶属交叉学科门类，可授予理学、工学学位。在 2016—2018 年，武汉大学历经两年多时间，经过多轮讨论修改，重新修订了遥感科学与技术类专业本科人才培养方案(2018 版)，形成了包括 8 门平台课程(普通测量学、数据结构与算法、遥感物理基础、数字图像处理、空间数据误差处理、遥感原理与方法、地理信息系统基础、计算机视觉与模式识别)、8 门平台实践课程(计算机原理及编程基础、面向对象的程序设计、数据结构与算法课程实习、数字测图与 GNSS 测量综合实习、数字图像处理课程设计、遥感原理与方法课程设计、地理信息系统基础课程实习、摄影测量学课程实习)，以及 6 个专业模块(遥感信息、摄影测量、地理信息工程、遥感仪器、地理国情监测、空间信息与数字技术)的专业方向核心课程的完整课程体系。

  为了适应武汉大学遥感科学与技术本科专业新的培养方案，根据《武汉大学关于加强和改进新形势下教材建设的实施办法》，以及武汉大学"双万计划"一流本科专业建设规划要求，武汉大学专门成立了"高等学校遥感科学与技术系列教材编审委员会"。该委员会负责制定遥感科学与技术系列教材的出版规划、对教材出版进行审查等，确保按计划出版一批高水平遥感科学与技术类系列教材，不断提升遥感科学与技术类专业的教学质量和影响力。"高等学校遥感科学与技术系列教材编审委员会"主要由武汉大学的教师组成，后期将逐步吸纳兄弟院校的专家学者加入，逐步邀请兄弟院校的专家学者主持或者参与相关教材的编写。

  一流的专业建设需要一流的教材体系支撑，我们希望组建一批高水平的教材编写队伍和编审队伍，出版一批高水平的遥感科学与技术类系列教材，从而为培养遥感科学与技术类专业一流人才贡献力量。

2023 年 2 月

# 前　言

随着数字中国建设的全面推进，空天信息技术作为国家新型基础设施的核心支撑，正在智慧城市、低空经济、应急防灾等领域发挥战略性作用。在此背景下，教材《空间信息工程技术——创新创业实践案例分析》应运而生。该教材同名课程是武汉大学的专业课程，是国家级一流本科课程与在线开放精品课程，也是空间信息与数字技术专业培养复合型创新人才的基础引导课程。

本书将学科融合作为实践导向，以空间信息"采集—处理—分析—应用"的工程全链条为主线，系统整合遥感科学、地理信息系统、全球导航卫星系统等核心技术模块，同时融入人工智能、云计算、数字孪生等新兴交叉内容。本书前沿性与实用性并重，内容涵盖电子地图与地理信息系统、卫星导航与定位、"空—天—地"遥感、摄影测量与虚拟仿真、空间信息感知、众源空间信息、空间信息共享服务等关键技术，并配有多个相关创新创业案例。通过"理论—方法—案例"三位一体的编写体系，帮助读者构建从基础原理到工程实践的完整知识框架。

本书由武汉大学孟小亮、夏正伟、黄昕、郭迟、马盈盈、张目、董思俊、叶帅，河北工程大学张安兵，厦门理工学院袁莹等共同编写。本书既可作为高等院校相关专业的课程教材和创新创业课程教材，也可为空间信息相关领域的从业人员提供参考。期待读者通过学习本书掌握空间信息工程技术的"硬核"能力，树立创新攻关精神与科学创业观，为数智中国建设贡献智慧与力量。

编　者

2025 年 7 月

# 目　录

第1章　空间信息工程技术概述 ········································································ 001
　1.1　用数字的眼光看世界 ··········································································· 002
　1.2　从数字地球到智慧地球 ········································································· 009
　1.3　空间信息工程 ····················································································· 014
　1.4　基于空间信息工程技术的创新创业案例 ················································· 017
　本章思考题 ································································································· 021
　本章参考文献 ······························································································ 022

第2章　电子地图与地理信息系统 ···································································· 023
　2.1　地图的发展及分类 ··············································································· 024
　2.2　电子地图 ··························································································· 039
　2.3　地理信息系统 ····················································································· 045
　2.4　地理信息系统创新实践案例分析 ··························································· 049
　本章思考题 ································································································· 052
　本章参考文献 ······························································································ 053

第3章　卫星导航定位与位置服务 ···································································· 054
　3.1　卫星导航定位 ····················································································· 055
　3.2　导航定位应用 ····················································································· 062
　3.3　位置服务 ··························································································· 067
　3.4　位置服务创新创业实践案例分析 ··························································· 075
　本章思考题 ································································································· 077
　本章参考文献 ······························································································ 078

第4章　遥感技术 ····························································································· 079
　4.1　遥感基础 ··························································································· 080
　4.2　地基遥感探测 ····················································································· 088
　4.3　卫星遥感探测 ····················································································· 094
　4.4　遥感在湖泊动态监测中的创新研究 ······················································· 104
　本章思考题 ································································································· 105
　本章参考文献 ······························································································ 107

## 第 5 章　摄影测量与虚拟现实技术 ··· 108
- 5.1　单目摄影与多目测量 ··· 109
- 5.2　机器视觉与图像智能处理 ··· 116
- 5.3　虚拟现实 ··· 125
- 5.4　增强现实 ··· 131
- 5.5　混合现实 ··· 133
- 5.6　扩展现实 ··· 134
- 5.7　元景校园创新创业案例 ··· 135
- 本章思考题 ··· 138
- 本章参考文献 ··· 138

## 第 6 章　空间信息多源感知 ··· 140
- 6.1　空间信息感知的概念 ··· 141
- 6.2　多传感器数据融合 ··· 145
- 6.3　智慧城市中空间信息的多源感知 ··· 157
- 6.4　多源感知在智慧交通中的创新创业案例 ··· 160
- 本章思考题 ··· 163
- 本章参考文献 ··· 164

## 第 7 章　众源空间信息 ··· 165
- 7.1　人是天生的传感器 ··· 166
- 7.2　众源(志愿者)空间数据 ··· 172
- 7.3　众源空间数据应用 ··· 177
- 7.4　利用手机大数据的创新案例 ··· 183
- 本章思考题 ··· 186
- 本章参考文献 ··· 186

## 第 8 章　空间信息共享服务技术 ··· 188
- 8.1　空间信息共享 ··· 189
- 8.2　空间信息服务 ··· 195
- 8.3　空间信息基础设施 ··· 202
- 8.4　空间信息共享服务创新应用案例 ··· 206
- 本章思考题 ··· 215
- 本章参考文献 ··· 215

**附　边馥苓教授在 2024 年参加武汉大学空间信息与数字技术专业班会的发言** ··· 217

# 第1章

# 空间信息工程技术概述

"仰以观于天文，俯以察于地理。"

——出自《周易·系辞上》，强调通过观察天象与地理来认识宇宙规律，这是中国古代"天文地理"思想的源头。

◎ 本章简介

本章全面阐述了空间信息工程技术的核心概念、发展脉络及应用创新。内容包括：从原始计数法到各类数的诞生，数学危机如何推动数学的进步，数字与计算的内涵，算法的演进，以及图灵机在计算机科学和人工智能发展中的关键作用；人工智能的定义、发展阶段和典型应用；从数字地球到智慧地球的发展轨迹，数字网络、数字地球、智慧地球的概念及智慧服务的相关内容；空间信息工程的概念和技术要点；基于空间信息工程技术的创新创业方法与典型案例。

## 1.1 用数字的眼光看世界

### 1.1.1 数学的起源和发展

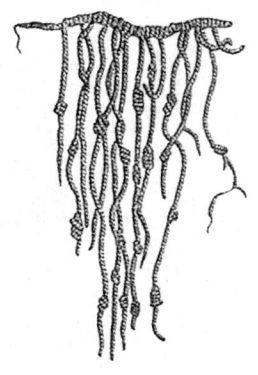

图 1-1 结绳记事

数的概念的形成可能与火的使用一样古老,大约形成于 30 万年以前,它对于人类文明的意义也绝不亚于火的使用。早在原始人时代,人们在生产活动中就注意到一只羊与许多羊、一匹狼与整群狼在数量上的差异,随着时间的推移慢慢地产生了数的概念。最早人们利用自己的十个指头来计数,当指头不敷应用时,人们开始采用"石头记数""结绳记数"(见图 1-1)和"刻痕记数"。在经历了数万年的发展后,直到 5000 多年前,才出现了书写记数以及相应的记数系统。不同记数系统采用不同的进制,其中巴比伦楔形数字采用六十进制,玛雅数字采用二十进制,其他数字均采用十进制。记数系统的出现使人类文明向前迈进了一大步,随着生产力的不断发展,数字不断完善,数学就逐渐发展起来[1]。

数的产生,标志着人类的思维逐步由对事件的直观思维走向形式思维或抽象思维。但当代科学界多称其为数量的形式思维,这标志着人们的思维由朴素的"低级"思维向"高级"思维发展。由此就形成了认识的差异性。实际上,形式思维在于事件的笼统性,直观思维在于事件的具体性。显然,对"低级""高级"的区分,是将"事件的具体性""事件的深层次性"贬低的错误认识。任何将物质或事件的深层次性揭示清楚的分析,无疑具有本质性;而形式的笼统性,只能停留在表面的一般性上。所以,将形式的数量分析称为"高级",是来自古希腊的毕达哥拉斯学派的认识观,是后来流行的"量化可比性是科学的唯一标准"的由来。无疑,"数或数量"来自对物质或事件的计量,后来扩展为计时、编序或丈量土地面积、计算财富等日常生产和生活的需要。正如英国哲学家伯特兰·罗素所说:"当人们发现一对雏鸡和两只鸡之间有某种共同的东西(数字 2)时,数学就诞生了。"

阿拉伯数字并不是阿拉伯人发明创造的,而是发源于古印度,后来被阿拉伯人掌握、改进,并传到了西方,西方人便将这些数字称为阿拉伯数字。后来,以讹传讹,世界各地都认同了这个说法。

纵观数的概念的发展史可知,人们在认识了自然数后又认识了正分数。所谓分数就是把两个自然数相除所得的商当作一个数。由于现实生活的需要,正整数不能满足表示一些事物整体与部分之间的关系的要求,如七个人分三个猎物,每人分多少? 用正整数无法表示。为了解决这些问题,就产生了分数。我国古代数学著作《周髀算经》中已有了分数运算,而稍迟一些的古代数学名著《九章算术》"方田"章给出了完整的分数运算法则及求最大公约数的方法。

为了使减法运算也在数系内通行无阻和表示相反意义的量,人们引进了负数的概念,其具体年代已无从考证,但负数产生的直接原因却是解方程的需要。我国最早提出了负数并深刻地认识了它，这大大促进了数学学科的进一步发展。《九章算术》一书中记载了"正负开方术"，魏晋时期的大数学家刘徽对负数的出现做了解释："两算得失相反，要令正负以名之"，并且能在筹算中用红筹代表正数，用黑筹代表负数。印度数学家在公元7世纪才开始使用负数。欧洲在16、17世纪，绝大多数的数学家还不承认负数是数，有些人称负数为"谬论"。

整数、分数统称为有理数。有理数的产生是数学史上数的第一次扩张。在公元前5世纪，毕达哥拉斯学派证明了勾股定理、三角形内角和为180°等重要的数学定理，首先提出了黄金分割、正多边形和正多面体等概念，对古代数学的发展作出了巨大的贡献。毕达哥拉斯学派认为"任何量都可以表示成两个整数之比（即有理数）"。但该学派的成员希帕苏斯在公元前470年前后首先发现了不能用整数比表示的数，他画了一个边长为1的正方形，设其对角线长为$x$，而这个$x$却无法用两个整数之比表示。希帕索斯提出的问题及这个新数的出现使毕达哥拉斯学派感到恐慌，动摇了当时被誉为神圣真理的信念和这个学派的哲学核心——万物皆依赖于整数，而毕达哥拉斯学派的比例和相似形的全部理论都是建立在这一假设之上的，新数的出现使得已经确立的几何学的大部分理论的证明失效了。正方形的对角线不能没有长度，这是任何人都承认的事实，但是正是这条直观具体的对角线的客观存在与毕达哥拉斯时代的数学观念之间发生了短时间内不可调和的矛盾和冲突，这个"逻辑上的丑闻"使得他们对新数的发现严守秘密，这个数后来被叫作"无理数"，它的发现引发了"第一次数学危机"。大约在公元前370年，希腊数学家欧多克索斯以及毕达哥拉斯的学生阿尔希塔斯巧妙地消除了这一危机，但要从理论上彻底克服这一危机还有待于现代实数理论的建立。在实数理论中，无理数可以定义为有理数的极限，从而又恢复了毕达哥拉斯的"万物皆依赖于整数"的思想。从此，无理数登上数学的舞台，这是数学史上数的第二次扩张。这充分说明了科学是批判的、疑问的、创造的、严谨的和求实的。

17世纪中叶，牛顿、莱布尼茨发明了微积分，但因实数理论不完善，微积分不能严格化，引发了"第二次数学危机"。直到19世纪中叶，魏尔斯特拉斯、康托、戴德金等人建立了实数理论，第一、二次数学危机才被彻底消除。

对实数范围内各种数的研究使数学理论达到了相当高深和丰富的程度。许多数学家认为数学成就已经登峰造极，数的形式不会有什么新的发现了，但在解方程时，常遇到负数开平方的问题，为了解决这一问题，引入了虚数。虚数的出现是数学史上的一件大事，这是数的第三次扩张，此次扩张放弃了实数的大小顺序关系，这是非常有意义的。因为复数不仅能表示量的大小，还能表明方位，所以有极大的实用价值。

大约到了19世纪初叶，在数学史上，出现了两种途径的第四次扩张。第一种途径的扩张大约在1843年，由英国数学家哈密顿提出了四元数。四元数的发现具有重大意义，它改变了人们对运算的传统观念，开拓了思路，促使数学家突破实数和复数的固有性质，探索新的数学领域，从而推动了线性代数和线性结合代数的诞生。后来数学家凯莱在1845年又提出了八元数。德国数学家格拉斯曼在1844年提出了一种有几个分量的所谓的超复数。此时，数学家们已从扩大数系的研究方向转到了对数系内部的研究上。第二种途径的扩张是在1960年，美国数学家亚伯拉罕·鲁宾逊用数理逻辑的方法将"无穷小"和"无穷大"作为数深入实数系，使得实数域扩充到了超实数域。

## 1.1.2 数字与计算

计算可以说是人类最先遇到的数学课题，并且在漫长的历史长河里，计算已成为人们社会生活中不可或缺的工具。那么，什么是计算呢？直观地看，计算一般是指运用事先规定的规则，将一组数值变换为另一组（所需）数值的过程。对某一类问题，如果能找到一组确定的规则，按照这组规则，当给出这类问题中的任一具体问题后，就可以完全机械地在有限步内求出结果，则说明这类问题是可计算的。这种规则就是算法，这类可计算问题也可称为存在算法的问题。这就是直观上能行可计算或算法可计算的概念。

在20世纪以前，人们普遍认为所有的问题都是有算法的，人们的计算研究就是找出算法来。似乎正是为了证明一切科学命题，至少是一切数学命题都存在算法，莱布尼茨开始了数理逻辑的研究工作。但是20世纪初，人们发现有许多问题已经经过长期研究，却仍然找不到算法，例如希尔伯特第10问题，半群的字的问题等，于是人们开始怀疑，是否对这些问题来说，根本就不存在算法，即它们是不可计算的。这种不存在性当然需要证明，这时人们才发现，无论对算法还是对可计算性，都没有精确的定义。按照上述对直观的可计算性的陈述，根本无法作出不存在算法的证明，因为"完全机械地"指什么？"确定的规则"又指什么？这些问题仍然不明确。实际上，没有明确的定义，也不能抽象地证明某类问题存在算法，不过存在算法的问题一般是通过构造出算法来确证的，因而可以不涉及算法的精确定义问题。

解决问题需要人们不断进行探索。1934年，哥德尔在埃尔布朗的启示下提出了一般递归函数的概念，并指出：凡算法可计算函数都是一般递归函数，反之亦然。1936年，克里尼又加以具体化。因此，算法可计算函数的一般递归函数定义后来被称为埃尔布朗-哥德尔-克里尼定义。丘奇引进了 $\lambda$ 记号，证明了他提出的 $\lambda$ 可定义函数与一般递归函数是等价的，并提出算法可计算函数等同于一般递归函数或 $\lambda$ 可定义函数，这就是著名的"丘奇论点"。

一般递归函数虽然给出了可计算函数的严格数学定义，但在具体的计算过程中，就某一步运算而言，选用什么初始函数和基本运算仍有不确定性。为消除所有的不确定性，图灵在他的《论可计算函数及其在判定问题中的应用》一文中从一个全新的角度定义了可计算函数。他全面分析了人的计算过程，把计算归结为最简单、最基本、最确定的操作动作，从而用一种简单的方法来描述那种直观上具有机械性的基本计算程序，使任何机械（能行）的程序都可以归结为这些动作。这种简单的方法是以一个抽象自动机的概念为基础的，其结果是："算法可计算函数就是这种自动机能计算的函数。"这不仅给计算下了一个完全确定的定义，而且第一次把计算和自动机联系起来，对后世产生了巨大的影响，这种"自动机"后来被人们称为"图灵机"（图1-2）。

图灵把可计算函数定义为图灵机的可计算函数。1937年，图灵在他的《可计算性与 $\lambda$ 可定义性》一文中证明了图灵机可计算函数与 $\lambda$ 可定义函数是等价的，从而推广了丘奇论点，得出"算法可计算函数等同于一般递归函数或 $\lambda$ 可定义函数或图灵机可计算函数。"的结论，这就是"丘奇-图灵论点"，它相当完善地解决了可计算函数的精确定义问题，对数理逻辑的发展起了巨大的推动作用。

第 1 章 空间信息工程技术概述

图 1-2　第二次世界大战期间破获德军密码的图灵机

图灵机的概念有十分独特的意义：如果把图灵机的内部状态解释为指令，用字母表中的字来表示，与输出字、输入字同样存储在机器里，那就成为电子计算机了。由此开创了"自动机"这一学科分支，促进了电子计算机的研制工作。

与此同时，图灵还提出了通用图灵机的概念，它相当于通用计算机的解释程序，这一点直接促进了后来通用计算机的设计和研制工作，图灵自己也参与了这一工作。在给出通用图灵机的同时，图灵就指出，通用图灵机在计算时，其"机械性的复杂性"是有临界限度的，超过这一限度，就要靠增加程序的长度和存储量来解决。这种思想开启了后来计算机科学中计算复杂性理论的先河。

◎小贴士

## 图灵测试

"机器是否有可能思考"这个问题历史悠久，这是二元并存理念和唯物论思想之间的区别。笛卡儿在 1637 年《谈谈方法》中预言了图灵测试。笛卡儿指出，机器能够与人类互动，认为这样的机器不能作出适当的反应，但是任何人都可以。笛卡儿借此区分机器与人类，但是他没有考虑到机器语言能力未来能够被克服。

1950 年，图灵发表了一篇划时代的论文，文中预言了创造出具有真正智能的机器的可能性。由于注意到"智能"这一概念难以确切定义，他提出了著名的图灵测试："如果一台机器能够与人类展开对话（通过电传设备）而不能被辨别出其机器身份，那么称这台机器具有智能。"这一简化使得图灵能够令人信服地说明"思考的机器"是可能的。论文中还回答了对这一假说的各种常见质疑。图灵测试是人工智能哲学方面第一个严肃的提案[2]。

2014年，首次有报道称电脑通过了图灵测试，一款名叫尤金·古斯特曼的计算机程序在雷丁大学举办的图灵测试竞赛中成功骗过研究人员，令他们以为"它"是一位13岁男孩，但后来有文章指出它其实并非真正地通过了测试。

2024年美国OpenAI公司为聊天机器人ChatGPT发布的GPT-4语言模型在图灵测试中的表现如何呢？据报道，ChatGPT在言语智商测试中的表现优于99.9%的人类，但它还没有通过图灵测试。在一次科学实验中，审问者成功识别出了90%的ChatGPT-4和人类参与者。而且审问者表示，他们可以识别出ChatGPT-4的一个原因是它实际上比人类反应更智能。换句话说，ChatGPT-4的智力能力超过了人类个体[3]。

## 1.1.3 人工智能时代来临

人工智能的定义可以分为两部分，即"人工"和"智能"。"人工"比较好理解，争议性也不大。有时我们会考虑什么是人能制造的，或者人自身的智能程度有没有高到可以创造人工智能的地步，等等。但总的来说，"人工系统"是研究、开发用于模拟、延伸和扩展人的智能的理论、方法、技术及应用系统的一门新的技术科学。

关于什么是"智能"，问题就多了。这涉及诸如意识、自我、思维（包括无意识的思维）等问题。人们唯一了解的智能是人本身的智能，这是被普遍认同的观点。但是我们对我们自身智能的理解都非常有限，对构成人的智能的必要元素也了解有限，所以就很难定义什么是"人工"制造的"智能"了。因此人工智能的研究往往涉及对人的智能本身的研究。其他关于动物或其他人造系统的智能研究也普遍被认为是与人工智能相关的研究课题。

人工智能在计算机领域内得到了越加广泛的重视，并在机器人、经济政治决策、控制系统、仿真系统中得到应用。

美国斯坦福大学尼尔逊教授对人工智能这样定义："人工智能是关于知识的学科——怎样表示知识以及怎样获得知识并使用知识的科学。"而麻省理工学院温斯顿教授认为："人工智能就是研究如何使计算机去做过去只有人才能做的智能工作。"这些说法反映了人工智能学科的基本思想和基本内容。人工智能是研究人类智能活动的规律，构造具有一定智能的人工系统，研究如何让计算机去完成以往需要人的智力才能胜任的工作，也就是研究如何应用计算机的软硬件来模拟人类某些智能行为的基本理论、方法和技术。

人工智能是计算机学科的一个分支，自20世纪70年代以来被称为世界三大尖端技术（空间技术、能源技术、人工智能）之一，也被认为是21世纪三大尖端技术（基因工程、纳米科学、人工智能）之一。这是因为近几十年来它得到了迅速的发展，在很多学科领域得到了广泛应用，并取得了丰硕的成果。人工智能已逐步成为一个独立的分支，无论在理论上还是在实践上都已自成一个系统。

人工智能是研究使用计算机来模拟人的某些思维过程和智能行为（如学习、思考、推理、规划等）的学科，主要包括计算机实现智能的原理、制造类似于人脑智能的计算机，使计算机能实现更高层次的应用。人工智能涉及计算机科学、心理学、哲学和语言学等学科，可以说几乎涉及了自然科学和社会科学的所有学科，其范围已远远超出了计算机科学的范畴。人工智能与思维科学的关系是实践与理论的关系。人工智能处于思维科学的技术应用层次，是思维科学的一个应用分支。从思维观点看，人工智能不仅限于逻辑思维，还要考虑形象思维、灵感思维，才能促进人工智能的突破性发展。数学常被认为是多种学科的基础，数学也进入语言、思维领域，人工智能学科必须借用数学工具。数学不仅在标准逻辑、模糊数学等范围内发挥作用，数学进入人工智能学科，它们将互相促进而更快地发展。

让我们回顾一下近几十年来人工智能的发展历史（见图1-3）。

1956—1976年第一次浪潮：20世纪50年代的达特茅斯会议确立了人工智能这一术语，人们陆续发明了第一款感知神经网络软件和聊天软件，证明了数学定理，人类惊呼："人工智能来了""再过十年机器人会超越人类"。这个时期的标志是"符号主义盛行"，在统计方法中引入符号方法进行语义处理，人机交互成为可能。

1976—2006年第二次浪潮：20世纪80年代Hopfield神经网络和BP训练算法的提出，使得人工智能再次兴起，出现了语音识别、语音翻译计划，以及日本提出的第五代计算机计划。但这些设想迟迟未能进入人们的生活，第二次浪潮也破灭了。这个时期的标志是"连接主义持续多年"，后来发现神经元网络可解决单一问题，但无法解决复杂问题。积累一定的数据量后，有些结果在一定程度上就不再上升。

2006年至今第三次浪潮：2006年美国计算机科学家辛顿提出的深度学习技术，以及2012年ImageNet竞赛在图像识别领域带来的突破，使人工智能再次爆发。这一次不仅在技术上频频取得突破，在商业市场同样风头正劲，创业公司层出不穷，投资者竞相追逐，创投界呈现出一派欣欣向荣的景象。这个时期的标志是"海量的数据、不断提升的算法能力和计算机运算能力"。

2014年，谷歌收购了DeepMind公司，该公司在强化学习领域取得了重大突破。2016年，AlphaGo（人工智能围棋）战胜了世界围棋冠军李世石，引发了全球范围内的关注，展示了人工智能在复杂策略游戏中的超越能力。2018年，OpenAI发布了GPT系列模型，这些大型语言模型在自然语言处理和文本生成领域取得了重大突破。2020年，COVID-19所引发的新冠疫情对人工智能的应用产生了重要影响，包括病毒识别、流行病模型预测和药物研发等。2021年，自动驾驶技术取得了进一步的突破，多家公司进行了自动驾驶汽车的测试和商业化尝试。

这些重要事件和技术的发展表明，人工智能在深度学习、自然语言处理、游戏策略和应用领域等方面取得了显著进展，为未来的人工智能应用和研究开辟了新的可能性。

人工智能最经典的例子是AlphaGo和无人驾驶技术。

AlphaGo是激起人工智能浪潮的导火索，它象征着计算机技术已经进入人工智能的新信息技术时代，其特征就是大数据、大计算、大决策三位一体。它的智力正在接近人类。在中国棋手柯洁与AlphaGo的围棋人机大战三番棋结束后，AlphaGo团队宣布AlphaGo将不再参加围棋比赛。AlphaGo将进一步探索医疗领域，利用人工智能技术攻克现代医学中存在的种种难题。在医疗资源紧张的现状下，人工智能的深度学习已经展现出了潜力，可以为医生提供辅助工具。据报道，谷歌已经投资了一家名为"巴比伦"的初创公司，"AlphaGo+

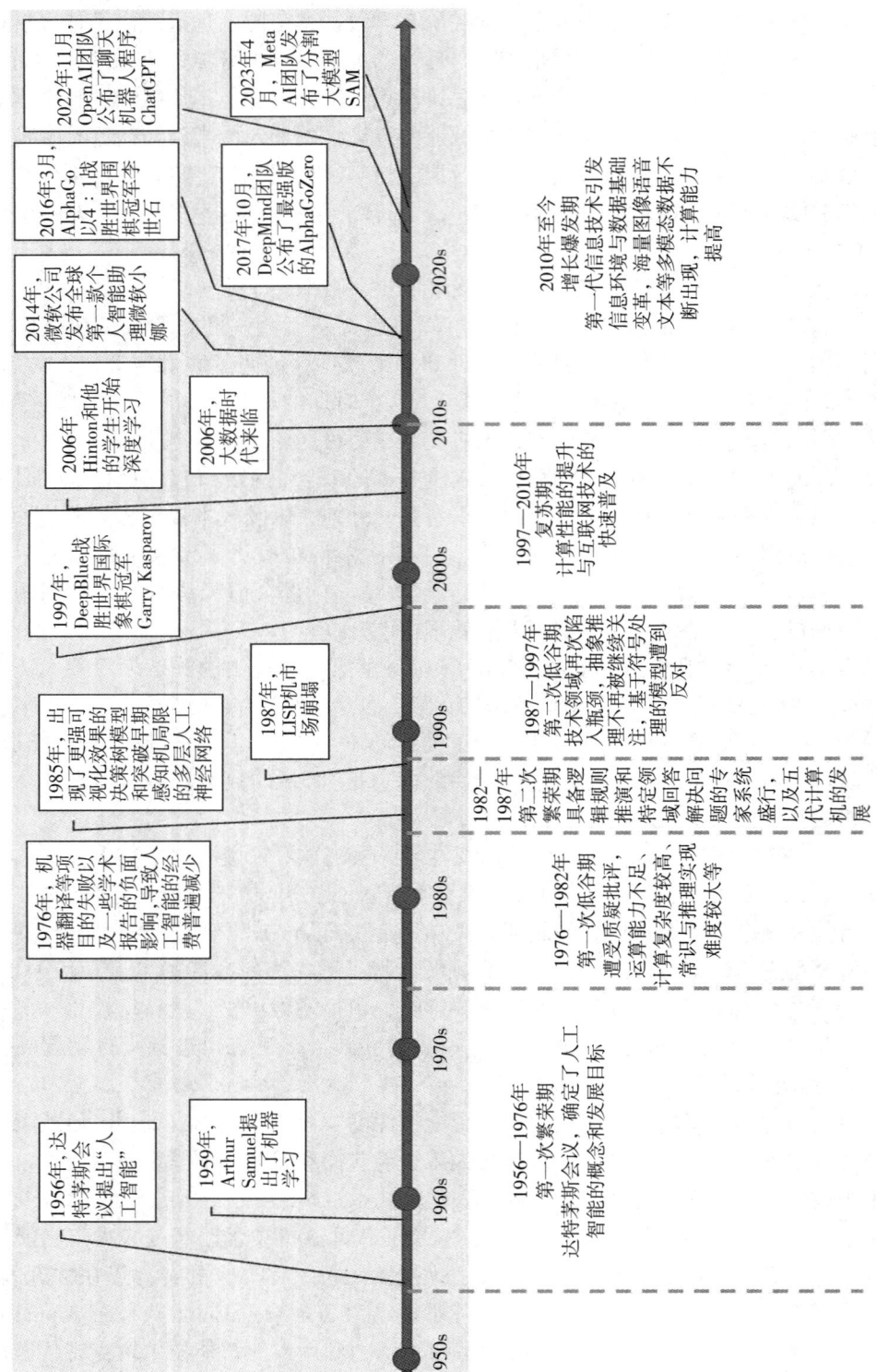

图1-3 人工智能发展历史

巴比伦"正在开发一款当医生或患者说出症状后，在互联网上搜索医疗信息、寻找诊断和处方的人工智能App（应用程序）。

在无人驾驶方面，美国和中国的无人驾驶汽车已经在我们身边的道路上行驶了。目前无人驾驶汽车通过摄像机、雷达传感器和激光测距仪"看到"其他车辆，并使用高精度地图来进行导航。自动驾驶车辆收集的信息量巨大，为了将这些信息进行处理转换，所有的数据将被发送到数据中心。但无人驾驶目前还面临很多难题，比如自动驾驶的汽车和人驾驶的汽车如何共处而不引起交通事故？

◎ 小贴士

**AlphaGo**

现在的人工智能浪潮的兴起，源于AlphaGo（阿尔法狗）。AlphaGo是第一个击败人类职业围棋选手、第一个战胜围棋世界冠军的人工智能程序，由谷歌旗下DeepMind公司团队开发，其主要工作原理是"深度学习"。AlphaGo用到了很多新技术，如神经网络、深度学习、蒙特卡罗树搜索算法等，使其实力有了实质性飞跃。美国脸书公司"黑暗森林"围棋软件的开发者田渊栋在网上发表分析文章说，AlphaGo系统主要由几个部分组成：①策略网络，给定当前局面，预测并采样下一步的走棋；②快速走子，目标和策略网络一样，但在适当牺牲走棋质量的条件下，速度要比策略网络快1000倍；③价值网络，给定当前局面，估计是白胜概率大还是黑胜概率大；④蒙特卡罗树搜索，把以上三个部分连起来，形成一个完整的系统。

## 1.2 从数字地球到智慧地球

### 1.2.1 数字网络和数字地球

随着信息时代的到来，数字化信息革命的浪潮正在大刀阔斧地改变着人类的工作方式和生活方式。数字化是指将任何连续变化的输入，如图画的线条或声音信号转化为一串分离的单元，在计算机中用0和1表示的过程。数字化革命催生出新的技术，网络就是其产物之一。随着网络科技的迅速发展，互联网已深入千家万户。

网络是一个虚拟的空间，它具有方便、快捷、灵活等多种优点，拓展了我们的知识面，给予了我们遨游的空间，它的出现改变了我们传统的思想方法，在生活中给予我们极大的帮助：坐在家里可浏览众多的网上图书；几分钟内即可收到相隔万里的来信；在最短的时间内即可获得各方面自己想知道的信息；通过远程教育网，我们能了解更多的知识。

网络化是指利用通信技术和计算机技术，将分布在不同地点的计算机及各类电子终端设备互联起来，按照一定的网络协议相互通信，以实现所有用户共享软件、硬件和数据资源的目的。现在，计算机网络在交通、金融、企业管理、教育、邮电、商业等各行各业中,甚至是我们的家庭生活中都得到了广泛的应用。目前各国都在致力于三网合一的开发与建设,即将计算机网、通信网、有线电视网合为一体。将来通过网络能更好地传送数据、文本资料、声音、图形和图像,用户可随时随地在全世界范围拨打可视电话或收看任意国家的电视和电影。近年来,计算机与移动计算设备的网络化形成了巨大的浪潮,极大提升了计算机的实际效用。网络化极大便利了各节点间的数据共享,这些共享数据共同构成了一个包罗万象的数字化网络。

地球系统是一个人地(地理环境)关系系统,它体现人与人、地与地、人与地的相互作用和相互关系,系统由既相对独立又密切相关的多层次子系统构成。如自然系统、城市系统、海洋系统等。

数字地球(图1-4)是地球系统在出现数字化网络后的一种新形态。数字地球是什么呢?对这个问题的回答主要有"号召论"和"工程论",出现了以下观点:

(1)可以嵌入海量、多分辨率、三维地理数据的地球的表示(美国前总统戈尔)。

(2)虚拟地球(美国1998年6月23日数字地球研讨会)。

(3)对真实地球及其相关现象的统一性的数字化重现和认识,其核心思想是用数字化的手段来处理整个地球的问题(中国部分学者观点)。

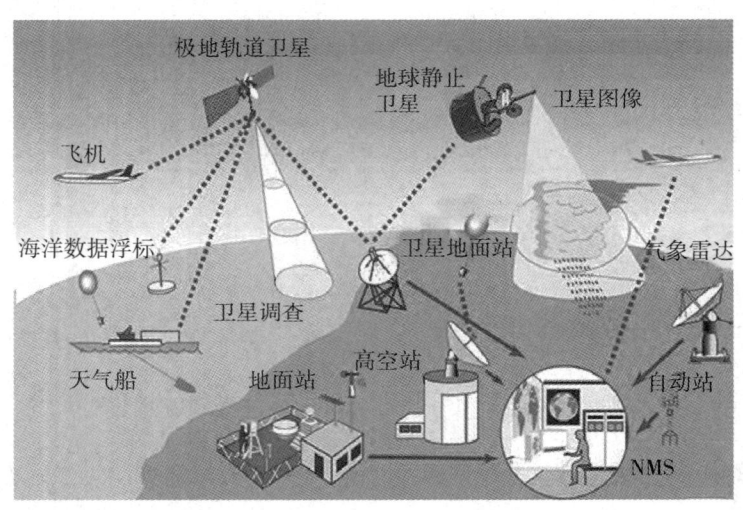

图1-4 数字地球

科学家们较为统一的认识是:信息获取、处理和应用是数字地球的三个重要组成部分。数字地球的核心思想是用数字化手段统一处理地球问题,最大限度地利用信息资源。数字地球主要是由空间数据、文本数据、基于互联网的操作平台和应用模型构成。也可以认为数字地球是一个分布式、多尺度、多维的地理信息系统,其数据主要来源于遥感技术、全球定位系统和其他数字化感知手段。

数字地球的基础研究体系包括以下内容:

第一是对数字化的地球信息的分类,即在传统的地球信息分类体系基础上,构造数字地球信息的分类体系。近年来的基础研究实践表明,数字地球信息的分类要考虑地球信息的空间和时间尺度、性质属性、精度分辨率等因素,当前发展的重点方向主要是资源、环境、灾害、人口、经济等数字化信息分类体系的建立。

第二是虚拟模拟体系,主要包括:多维数据的管理及其相互之间的转化模型、多维和多尺度数据结构及其挖掘和综合集成方法、地球表面多尺度过程的动态虚拟仿真模型的建立。当前发展的重点方向主要是数据挖掘和基于数字化信息的地表过程虚拟模拟模型。

第三是地球系统遥感观测数据的信息识别和传输机理,其重点发展方向是地球表层特性的遥感信息识别模型,以及自动数字化地图的信息传输机理。

第四是数字地球海量数据的管理技术方法,其内容包括:空间坐标体系、信息共享与互操作的技术方法,智能化软件对海量数据的管理方法,以及海量数据的安全技术方法。当前发展的重点方向是海量数据仓库的建设和管理方法。

数字地球有巨大的应用价值,数字地球可以充分利用有关地球的所有信息(关于我们星球的各种环境和文化现象的信息),以促进社会进步和经济发展。数字地球的应用可以划分为全球层、国家层、区域层三个层次。全球层是指以整个地球为对象,涵盖了全球气候变化、全球植被与土地利用、土地覆盖变化、生物多样性变化、全球海平面及海洋环境变化、全球地形变化及地壳运动监测(地震)及全球经济发展水平监测与评估等多个方面的内容。国家层是指以一个国家为对象,以资源、环境、经济、社会、人口的动态监测与分析作为研究对象,尤其对于农作物种植面积、长势及估产、洪涝、干旱、火灾、虫害等的监测,交通及经济状况监测等。区域层是以城市、集镇、农村、社区为对象,包括信息化带动传统产业改造和升级、经济社会发展态势、管理和服务等。目前,数字地球、数字中国、数字城市、数字流域等研究在我国已蓬勃开展,取得了显著成效。

数字地球对于发展全球信息产业具有非常重要的作用,数字地球作为互联网上最主要的信息载体,社会经济生活的各个部门和行业都可以将自己的信息加载到上面。目前,国外的软件厂商已经开发了与数字地球有关的系统,不过它们的目标和服务价值主要体现在地图搜索和其他辅助商业服务方面,如谷歌公司推出的 Google Earth,微软公司推出的 Visual Earth,以及 NASA 的 World Wind 等。

下面我们来看一个数字地球在交通信息化中的应用案例。数字地球在交通信息化中有巨大的作用。数字运输系统是基于数字地球而建立的一种在大范围内、全方位发挥作用的,实时、准确、高效的综合运输和管理系统,实现运输工具在道路上运行功能的数字化。具体地说,系统将采集到的各种道路交通及服务信息经交通管理中心集中处理后,传输到公路运输系统的各个用户(驾驶员、居民、警察局、停车场、运输公司、医院、救护排障等),出行者可实时选择交通方式和交通路线;交通管理部门可自动进行合理的交通疏导、控制和事故处理;运输部门可随时掌握车辆的运行情况,进行合理调度。从而使路网上的交通流运行处于最佳状态,减少交通拥挤和阻塞,最大限度地提高路网的通行能力,提高整个公路运输系统的机动性、安全性和生产效率,也使公众能够高效地使用公路交通设施和能源。

数字地球已极大地方便了百姓的生活。普通大众可以在数字地球上学习、购物、参观、旅游,也可以通过时间和空间的变化,穿越时间和空间范围,领略风土人情、文学艺术、自然景观、植物、动物、天气等,仿佛身临其境。总之,数字地球将对我们社会生活的各个方面产生巨大的影响。其中有些影响我们可以想象，有些影响也许我们今天还无法想象。

## 1.2.2　智慧地球

数字地球以空间位置为关联点整合相关资源（以地理信息系统和虚拟现实技术集成各类数据资源），实现了"秀才不出门，能知天下事"的目标[4]。物联网将与水、电、气、路一样，成为地球上的一类新的基础设施。当今世界，数字地球正向智慧地球转型，世界将继续"缩小""扁平化"和"智慧化"，我们正在迈入全球一体化和智慧的经济、社会和地球的时代。数字地球把遥感技术、地理信息系统和网络技术与可持续发展等社会需要联系在一起，为全球信息化提供了一个基础框架，而将数字地球与物联网和云计算等技术结合起来，就可以实现"智慧地球"。

2008年，在纽约召开的外国关系理事会上，创立于1911年的目前全球最大的信息技术和业务解决方案提供商IBM提出了"智慧地球"这一理念。

智慧地球可以理解为在各行各业中充分应用新一代的信息技术，把传感器嵌入和安装到全球各个角落，将电网、铁路、桥梁、隧道、公路等各种物体普遍连接，形成"物联网"，再通过互联网将物联网整合起来，使人们能以更加精细和动态的方式管理生产和生活，实现全球的"智慧"状态的地球。作为智慧地球的重要组成部分，"智慧城市"无疑是关系民生的内容之一。智慧城市是数字城市与物联网相结合的产物，包含智慧传感网、智慧控制网和智慧安全网。智慧城市的理念是把传感器装备到城市生活的各种物体中形成物联网，并通过超级计算机和云计算实现物联网的整合，从而实现数字城市与城市系统的整合。通过智慧城市建设，可以实现城市的智慧管理与服务。换句话说，智慧地球也可以理解为"物联网+人工智能+数字地球"[5]。

智慧地球除了智慧城市，还涉及智慧电力、智慧国土、智慧海洋、智慧农业、智慧环保等众多领域。接下来，我们将以数字环保与智慧环保为例，探讨数字地球和智慧地球之间的关系。

"数字环保"是在数字地球、地理信息系统、全球定位系统、环境管理与决策支持系统等技术的基础上衍生的大型系统工程。数字环保可以理解为，以环保为核心，由基础应用、延伸应用、高级应用和战略应用的多层环保监控管理平台集成，将信息、网络、自动控制、通信等高科技应用到全球、国家、省级、地市级等各层次的环保领域中，进行数据汇集、信息处理、决策支持、信息共享等服务，实现环保数字化。

随着智慧地球概念的提出，在环保领域中如何充分利用各种信息技术，感知、分析、整合各类环保信息，对各种需求作出智能的响应，使决策更加切合环境发展的需要，"智慧环保"概念应运而生。智慧环保是在原有数字环保的基础上，借助物联网技术，把感应器和装备嵌入各种环境监控对象（物体），通过超级计算机和云计算将环保领域物联网整合起来，实现人类社会与环境业务系统的整合，以更加精细和动态的方式实现环境管理和决策的"智慧"。智慧环保是数字环保概念的延伸和拓展，是信息技术进步的必然趋势。

智慧环保的总体架构包括感知层、传输层、智慧层和服务层。

（1）感知层：利用可以随时随地捕获、感知、测量和传递信息的设备、系统或流程，实现对环境质量、污染源、生态、辐射等环境因素的"更透彻的感知"。

（2）传输层：利用环保专网、运营商网络，结合3G、卫星通信等技术，将个人电子设备、组织和政府信息系统中存储的环境信息进行交互和共享，实现"更全面的互联互通"。

（3）智慧层：用云计算、虚拟化和高性能计算等技术手段，整合和分析海量的跨地域、跨行业的环境信息，实现海量存储、实时处理、深度挖掘和模型分析，实现"更深入的智能化"。

（4）服务层：利用云服务模式，建立面向对象的业务应用系统和信息服务门户，为环境质量、污染防治、生态保护、辐射管理等业务提供"更智慧的决策"。

## 1.2.3　智慧服务

人类社会已经经历了农业化、工业化、信息化阶段，正在跨越智能化时代的门槛。物联网、移动互联网、云计算方兴未艾，面向个人、家庭、集团用户的各种创新应用层出不穷，代表各行业服务发展趋势的"智慧服务"应运而生。智慧服务是智慧地球面向用户的输出接口。

目前的智慧服务多是实现按需和主动的智能，即通过捕捉用户的原始信息，利用后台积累的数据，构建需求结构模型，进行数据挖掘和智能分析。智慧服务除了可以分析用户的习惯、喜好等显性需求，还可以进一步挖掘与时空、身份、工作生活状态相关联的隐性需求，从而主动为用户提供精准、高效的服务。这里需要的不仅仅是传递和反馈数据，更需要系统地进行多维度、多层次的感知和主动、深入的辨识。

高安全性是智慧服务的基础，没有安全保障的服务是没有意义的，只有通过端到端的安全技术和法律法规实现对用户信息的保护，才能建立用户对服务的信任，进而形成持续消费和服务升级。节能环保也是智慧服务的重要特征，在构建整套智慧服务系统时，如果能最大限度地降低能耗、减少污染，就能极大地降低运营成本，使智慧服务多、快、好、省，产生效益，一方面更广泛地为用户提供个性化服务，另一方面也为服务的运营者带来更高的经济价值和社会价值。

与智慧地球等从产业角度提出的概念相比，智慧服务立足于行业服务发展趋势，站在用户角度，强调按需和主动的特征，更加具体和现实。我国当前正处于消费需求大力带动服务行业的高速发展期，消费者对服务行业也提出了越来越高的要求，服务行业从低端走向高端势在必行，而这个产业升级要想实现，必须依靠智慧服务。

智慧服务通常的分层结构如下：

（1）智能层：也是需求解析功能集，负责持续积累与服务相关的环境、属性、状态、行为等数据，建立围绕用户的特征库，挖掘服务对象的显性和隐性需求，构建服务需求模型。其中，智能层的一个重要部分是需要服务反应功能集，负责结合服务需求模型发出服务指令。

（2）传送层：负责交互层获取的用户信息的传输和路由，通过有线或无线等各种网络通道，将用户信息送达智能层的承载实体。

（3）交互层：是系统和服务对象之间的接口层，借助各种软硬件设施，实现服务提供者与服务对象之间的双向交互，向用户提供服务体验，达成服务目标。

智慧服务的前提条件是基于标准的信息基础设施建设；可高效使用的数据的积累；基于标准的数据的开放和共享；数据合法使用的法律准备。

智慧服务是在集成现有多方面的信息技术及其应用的基础上，以用户需求为中心，进行服务模式和商业模式的创新。因此，智慧服务的实现需要跨平台、多元化的技术支撑。关键技术如下：

（1）智能层：需要存储与检索技术、特征识别技术、行为分析技术、数据挖掘技术、商业智能技术、人工智能技术。

（2）传送层：需要弹性网络技术、可信网络技术、深度业务感知技术、无线网络技术、IPv6技术。

（3）交互层：需要视频采集技术、语音采集技术、环境感知技术、位置感知技术、时间同步技术、多媒体呈现技术、自动化控制技术。

## 1.3 空间信息工程

### 1.3.1 空间信息的概念

空间信息是反映实体在空间分布特征的信息。在地学中，通过空间信息的获取、感知、加工、分析和综合，揭示区域空间分布、变化的规律。空间信息通过空间信息载体（图像和地图）传递。图形是表示空间信息的主要形式。地理实体可被描述为点、线、面等基本图形元素。空间信息只有与属性信息、时间信息结合起来才能完整地描述实体。现在的空间信息已经不局限于地学的范畴，宇宙空间、室内空间、微观空间、身体空间等更多的空间中的信息也被认为是空间信息，它们有着相似的处理方法。

在当今信息化社会，空间信息的重要性日益凸显。它是地理信息系统、遥感技术、全球定位系统等现代空间信息技术的基础。这些技术广泛应用于城市规划、环境监测、灾害预警、交通管理、农业估产等多个领域。空间信息的价值在于它能够帮助人们更好地理解和利用地理空间，提高决策的科学性和准确性。例如，在城市规划中，通过空间信息分析可以优化土地利用，减少交通拥堵，改善城市居住环境。

空间信息的获取技术与手段多种多样，主要包括遥感技术、全球定位系统、摄影测量等。遥感技术通过卫星或飞机上的传感器远距离获取地表信息，如卫星影像、红外图像等[5]。全球定位系统利用卫星信号确定地球上任意点的三维坐标[6]，而无人机技术则以其灵活性和高精度在局部区域的空间信息获取中发挥着重要作用。摄影测量作为地理空间信息提取的主要手段，随着各种新型航空传感器的不断涌现、低空无人机的广泛应用和其他消费级摄影设备的普及，影像获取方式越来越简单、快捷，由此带来了航空、车载影像爆发式增长[7]。这些技术的不断发展，为空间信息的获取提供了更加丰富和准确的手段。

地理信息系统是一种存储、管理、分析和可视化这些信息的工具。获取到的空间信息需要经过处理和分析才能发挥出最大的价值。常见的处理方法包括数据预处理、空间数据编码、数据压缩与存储等，而分析方法则更加多样化，如空间统计分析、空间插值、空间聚类分析、空间关联规则挖掘等。这些方法可以帮助人们从海量的空间数据中提取有用的信息，揭示地理现象的空间分布规律和趋势。例如，通过空间聚类分析可以识别出城市中的热点区域，为城市规划提供有力支持。

空间信息的应用范围广泛，几乎涵盖了所有与地理空间相关的领域。在环境保护方面，遥感技术可以监测森林砍伐、土地退化等环境问题；在农业领域，通过空间信息分析可以预测农作物产量、优化种植结构；在城市规划中，空间信息则用于交通网络设计、城市扩张规划等。此外，空间信息还在灾害预警、军事侦察、智能导航等领域发挥着重要作用。例如，在灾害预警方面，通过实时监测和分析地震、洪水等灾害的空间信息，可以及时发出预警，减少人员伤亡和财产损失。

随着空间信息技术的广泛应用，空间信息安全与隐私保护问题也日益受到关注。空间信息通常包含大量个人隐私和敏感信息，例如个人位置信息、军事设施位置信息等。如果这些信息被泄露或滥用，将会对个人隐私和国家安全造成严重威胁。因此，加强空间信息安全和隐私保护至关重要。这包括加强数据加密、访问控制、审计追踪等技术措施，以及完善相关法律法规和政策体系，确保空间信息的合法使用和保护。

未来，空间信息技术将继续向高精度、高时效、高智能化方向发展。随着卫星技术的不断进步和无人机技术的广泛应用，空间信息的获取将更加便捷和高效。同时，人工智能、大数据等技术的融合将推动空间信息的深度挖掘和智能分析。然而，空间信息技术的发展也面临着诸多挑战，如数据质量控制、信息融合与共享、标准化与规范化等。解决这些挑战需要政府、企业、科研机构等多方面的共同努力和协作。

空间信息作为现代信息技术的重要组成部分，对经济社会发展产生了深远影响。它提高了政府决策的科学性和效率，促进了城市规划、环境保护、灾害预警等领域的智能化和精细化发展。同时，空间信息也为商业领域带来了新的发展机遇，如基于位置的服务、智能交通系统、精准农业等。这些应用不仅提高了人们的生活质量和工作效率，而且推动了相关产业的创新和发展。因此可以预见，在未来的经济社会发展中，空间信息将继续发挥举足轻重的作用。

## 1.3.2 空间信息工程的概念

本书中所述的"空间信息工程"是以空间信息为载体，利用数字技术整合、挖掘和综合应用空间信息和其他专题信息的系统工程，是物理空间相关数据的数字化、网络化、可视化和智能化的过程[8-9]。数字化是指将各种形式的信息媒体向数字化转变；网络化是指基于各种传输手段的数字信息流通；可视化强调基于数字空间建模和虚拟技术的可视化再现；智能化意味着基于空间信息与领域知识融合的深层开发与综合应用（知识挖掘和决策支持）。

空间信息工程的特点可概括为"四化""两集成"和"一速递"。上面介绍了"四化"，接下来介绍"两集成"。

空间信息工程的集成主要体现在数据集成和系统集成两个方面。数据集成是指在统一的参考框架下，以空间数据为基础，以规范和协议为标准，对异源异构、不同时态、不同尺度、不同专业的各类数据进行无缝集成；系统集成则是指基于异构软硬件、异构网络、异构系统、异构平台等空间信息工程的整合技术，通常是以统一的标准体系为接口的无缝集成。

空间信息工程的"一速递"，则是指端对端连接特性，强调用户通信的透明化，它包括两重意义：一是系统与系统的端对端；二是数据采集与应用的端对端。

"一速递"（端与端之间）目前主要是宽带网络与快速通信相结合。其中，宽带网络指的是基于新一代的宽带网络技术和分布式计算技术，实现端与端的宽口径连通的网络。快速通信则是基于新一代的快速通信技术，实现海量信息在端与端之间全天候、快速、实时、准确传递的通信方式。

### 1.3.3 空间信息工程中的技术要点

随着智慧地球的不断发展，空间信息工程的技术要点，即数字化、网络化、可视化和智能化，正日益深入地融入我们的日常学习和生活。

数字化就是将许多复杂多变的信息转变为可以度量的数字、数据，再以这些数字、数据建立起适当的数字化模型，把它们转变为一系列二进制代码，引入计算机内部，进行统一处理，这就是数字化的基本过程。而在空间信息工程中，数字化指的是从纸质地图过渡到数字化地图、遥感卫星影像等。

网络化则强调把整个互联网整合成一台巨大的超级计算机，实现计算资源、存储资源、数据资源、信息资源、知识资源、专家资源的全面共享。当然，我们也可以构造地区性的网格（如武汉大学科技园网格）、企事业内部网格、局域网网格，甚至家庭网格和个人网格。网格的根本特征并不在于它的规模，而在于资源共享，消除了资源孤岛。由于网格是一种新技术，它具有新技术的两个特征：第一，不同的群体用不同的名词来称呼它；第二，网格的精确含义和内容还没有固定，而是在不断变化。空间信息工程中的网络化则主要是为了进行各种信息共享，同时，因为空间数据本身属于大数据的范畴，为了能够同时处理尽可能多的数据，可以采用基于网络的分布式处理数据中心来处理各种类型的数据。

可视化是利用计算机图形学和图像处理技术，将数据转换成图形或图像在屏幕上显示出来，并进行交互处理的理论、方法和技术。它涉及计算机图形学、图像处理、计算机视觉、计算机辅助设计等多个领域，是研究数据表示、数据处理、决策分析等一系列问题的综合技术。目前飞速发展的虚拟现实技术也是以图形、图像的可视化技术为依托的。空间数据的可视化主要强调统计图形和专题图。

智能化是指事物在网络、大数据、物联网和人工智能等技术的支持下，所具有的能动地满足人的各种需求的属性。在空间信息工程中，智能化表现在很多方面，不管是在智慧城市还是在智能化对地观测系统中，都有体现。比如智能对地观测卫星系统的主要特点有：数据在轨智能处理，可实现实时自动分发各类用户需求的增值数据产品；事件驱动的机制使用户可实时获取全球任何地区多角度、多分辨率、多波段数据；系统可扩展性强，新型传感器、数据处理设备能够即插即用；此外系统采用的卫星较现有运行的卫星更小、更轻，寿命更短、更新更快，有利于新型高技术传感器的应用。

## 1.3.4 空间信息工程伦理

空间信息工程通过采集、处理、分析和应用空间数据来解决复杂问题。随着"数字地球"和"智慧城市"战略的推进,空间信息技术已渗透到国土规划、环境监测、公共安全等关键领域。在此背景下,空间信息工程伦理逐渐成为学术界关注的焦点,其核心在于探讨技术应用中涉及的价值冲突与责任边界,旨在建立技术发展与人类福祉之间的平衡机制。

空间信息工程中的核心伦理问题包括:

(1)数据采集的隐私悖论。

例如,高分辨率卫星影像(0.3m 级)和移动定位技术使个体活动轨迹可被精准捕获。2021 年,德国法院判决谷歌街景侵犯隐私权的案件表明,未经脱敏处理的街景数据可能暴露居民车牌、人脸等敏感信息。这种"全景监控"能力与隐私权的冲突,要求建立数据采集的最小必要原则。

(2)算法决策的公平性挑战。

例如,城市规划系统通过空间分析划定学区范围时,若算法基于历史房价数据建模,可能加剧教育资源分配的马太效应。2019 年,美国波士顿市校车路线算法因歧视低收入社区引发诉讼,这揭示出空间建模中潜藏的结构性偏见问题。

(3)环境干预的责任困境。

例如,遥感支持的生态修复工程可能改变原住民的生存空间。亚马孙雨林碳汇监测项目曾导致 38 个土著部落被迫迁移,这种"技术利维坦"现象要求建立全过程影响评估机制。

因此,空间信息工程伦理的实践框架需要构建主体权利保护体系。我国《中华人民共和国个人信息保护法》已经规定位置信息的匿名化须达到不可复原的程度。但还有一些前沿问题面临伦理挑战,比如数字孪生城市中的虚拟空间产权界定涉及新型法律关系。

在数字文明时代,空间信息工程伦理可能超越单纯的技术规范,成为数字社会治理的基础性架构。这需要建立跨学科对话机制,在技术进步与社会价值之间构建动态平衡的机制。未来的伦理建设,应当致力于让空间信息工程技术成为促进社会公平的"数字罗盘",而非加剧社会分化的"技术鸿沟"。

## 1.4 基于空间信息工程技术的创新创业案例

空间信息工程技术体系涵盖空间认知基础、时空信息建模、空间信息采集技术、空间信息加工、地图制图与空间信息可视化、空间信息交换与传输、软件设计与开发、空间信息服务与系统集成、工程法规与管理等方面[11]。其中多项知识点,包括空间信息采集技术、空间信息与传感器网络技术[12]、时空数据模型、空间信息可视化、三维空间虚拟现实、时空大数据技术等,无论是在政府部门的智慧城市建设、企事业单位的数字工程和商业产品,还是在老百姓日常生活中日益普及的移动互联网应用中,都能够被加以创新 用于创业[13]。

以下是三个创新的例子:

（1）气体污染扩散模拟可视化平台（图 1-5）：用相应的模型对气体污染源所处地理位置及污染扩散进行预测，并得到可视化的结果。

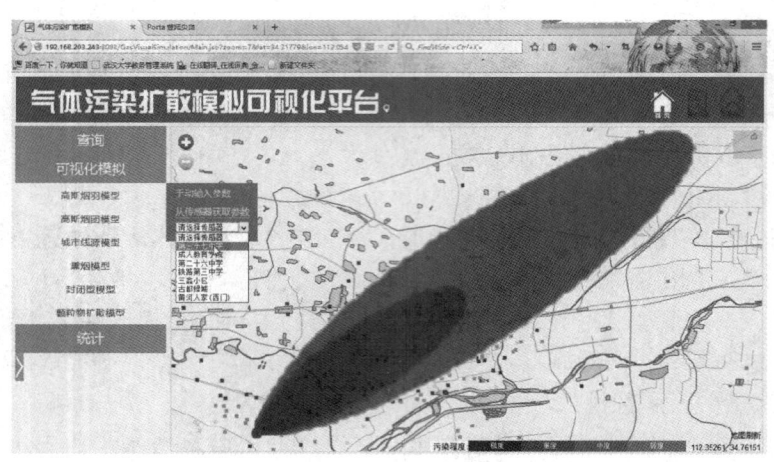

图 1-5　气体污染扩散模拟可视化平台

（2）室内交互式引导 App（图 1-6）：利用无线载波通信或声音等信息实现室内定位，为用户提供目的地导航的交互式引导方法。

图 1-6　室内交互式引导 App

（3）基于位置的智能商业广告投放应用（图 1-7）：设计广告投放效果评价决策模型算法，在不同时间、地点针对不同对象精准投放广告。

利用空间信息工程技术进行创新创业的方法可以归纳为以下几点：

第一是确定创新创业目标。创新创业的热门领域包括工业、农业、金融、家居、零

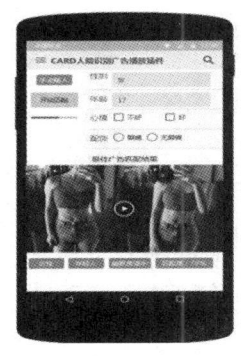 

图 1-7　基于位置的智能商业广告投放应用

售、交通、旅游、教育、广告、文化、媒体、医疗和生活服务等,应结合自身能力与兴趣,广泛收集候选行业信息,并学会分析各种便利资源条件,最后确定一个合适的创新创业目标。

在这一过程中将受到个人因素和环境因素的影响。个人因素包括个人能力和个人兴趣,其中个人能力是影响活动效果的基本因素。成功者基本都拥有两种能力:一是抓住机会的能力,只有敏锐地捕捉到合适的机会,才能保证回报与付出的比例最大化,增加成功的概率;二是学习与创新的能力,技术知识不断更迭,个人要通过学习让自己走在时代与科技的前列,拥有不同专业能力的人才还可以组成"跨专业、多专业"团队,这样的团队有助于迸发出创新的灵感。环境因素也十分重要,家庭环境、学校环境、人生经验、课堂教学及课外活动等因素无时无刻不在影响着学生的认知与选择。

第二是融合空间信息工程技术。人类生活中所产生的数据绝大多数与空间位置有关[14],空间信息工程技术有的可以直接服务于创新创业目标的核心价值与商业模式解决方案,有的可以间接提高产品附加值。无论哪种形式,我们几乎都能将所有创新创业目标与空间信息工程技术之间建立起联系,这也是由人类活动本身就是在地球表面活动这一客观规律决定的。

表 1-1 总结了创新创业中常用的空间信息工程技术。

表 1-1　创新创业中常用的空间信息工程技术

| 知识点 | 简介 | 所需硬件技术 | 所需软件技术 | 关联解决方案 | 创新创业目标 |
| --- | --- | --- | --- | --- | --- |
| 空间信息采集技术 | 基于移动通信网、无线局域网、卫星信号等无线射频的定位与数据获取技术 | 智能手机<br>摄像头<br>北斗接收器 | Android<br>iOS<br>Wi-Fi | LBS 位置服务<br>室内定位<br>图像处理 | 网约车、<br>智慧泊车、<br>远洋捕鱼等 |
| 空间信息与传感器网络技术 | 通过网络服务,利用 RFID、传感器或无线传感网,实现空间信息在线实时更新 | RFID<br>传感器<br>无线网络 | Zigbee<br>6LoWPAN<br>SensorML | 物联网<br>无线传感器网络<br>传感网实现 | 物流、<br>生态环境保护、<br>农田灌溉等 |

续表

| 知识点 | 简　介 | 所需硬件技术 | 所需软件技术 | 关联解决方案 | 创新创业目标 |
|---|---|---|---|---|---|
| 时空数据模型与时空信息服务 | 对地理实体的时空关系及演变规律进行形式化表达，并通过软件服务来管理与处理 | | 天地图<br>Baidu 地图<br>ArcGIS | 遥感影像解译<br>地理信息系统<br>空间分析 | 智慧电力、<br>智慧房产、<br>城市规划等 |
| 空间信息可视化 | 利用计算机图形图像技术，结合图文报表，实现空间信息交互处理和可视化表达 | | 天地图<br>Baidu 地图<br>专业软件 | 地理信息系统<br>计算机图形学<br>图像处理 | 管线管理、<br>污染分析<br>土地监察等 |
| 三维空间虚拟现实技术 | 模拟人的感觉器官功能，使人能够沉浸在计算机生成的多维空间虚拟境界中 | 三维激光扫描仪<br>GPU<br>立体显示系统 | OpenGL<br>VREagle<br>Java 3D | 摄影测量<br>VR 技术<br>Web 3D 技术 | 智慧旅游、<br>智慧家居、<br>动漫、游戏等 |
| 时空大数据与系统集成 | 运用大数据手段对大量时空信息进行有效分析与挖掘，快速实时地提炼价值 | 数据中心<br>云服务器<br>传感器 | MapReduce<br>Hadoop<br>MapGIS SOA | 云计算<br>大数据技术<br>智慧城市 | 智慧交通、<br>新零售、<br>智慧社区等 |

空间信息工程技术知识点的应用案例包括：

（1）空间信息采集技术：人们的吃穿住用行等日常生活都离不开位置这一特征属性，随着智能手机的普及，人人都拥有 GNSS 接收器，再辅助 Wi-Fi 等一些室内定位技术，每个人都能实时采集自己和他人的位置信息。饿了就用点餐软件找找附近好吃的，想买东西就在商场里用导购软件快速找到心仪的店铺，想租房子在网上就能找到最近最便宜的，出门叫个网约车就能直接在家门口接你，这些都是空间信息采集知识的应用创新。另外，我国的北斗卫星导航系统也日益成熟，被广泛应用于远洋捕鱼、应急救灾等领域。

（2）空间信息与传感器网络技术：随着我国对物联网的推动发展，空间信息与传感器网络技术也日渐普及，射频识别（RFID）使世界上任何摸得着的物体都能被唯一识别，传感器还能让摸不着的大气被实时监测，传感网能使整个地球的状态信息在计算机中实时更新。人们通过网络浏览器就能随时查看自己的包裹在哪里，还能看到今天雾霾如何，是否适合出门。而且，越来越多的自发地理信息通过互联网产生，人人都可以是传感器，都可以是传感器网络的互联网节点，这也是目前创新创业的热点。

（3）时空数据模型与时空信息服务：时空数据模型与空间信息可视化传统上多用于桌面软件管理，随着互联网技术的发展，更多功能可以通过 Web 实现：专业人士通过互联网发布规划、房产、电力等专题图层，大众通过天地图、百度地图提供的 API 进行简单的二次开发就可以完成自己的混搭软件，晒出旅游景点照片或者组织一个自行车骑行圈子，可以在地图上找到你的好友或者兴趣点，地理信息系统已不再只为专业人员开发和服务。

（4）空间信息可视化与三维空间虚拟现实技术：虚拟现实技术是目前的潮流科技，已广泛应用于室内装潢、博物馆展陈、动漫游戏等领域，为用户提供身临其境的沉浸式体验。尽管涉及高性能计算、分布式计算、视觉跟踪测量等高门槛技术，但旺盛的市场需求仍然推动着虚拟现实技术快速发展，特别是互联网上的 Web 3D 技术，让人们感觉原来在平面上的实物通过互联网立体起来。

(5) 时空大数据与系统集成：大数据和人工智能技术使传统信息管理系统中的数据能够被挖掘出更大的价值，例如淘宝等电子商务平台向新零售的转型，电商的成败很大程度上依赖于对销售数据的敏感程度。麦肯锡公司报告也指出大数据流具有显著的地理编码与时间标签[15]，时空大数据分析正在为智慧城市的运转提供决策依据，互联网上出现的机票价格预测、交通拥堵提醒、社区健康服务等创新应用具有巨大的市场需求。

以上技术并不是孤立的，创客们经常需要糅合多个知识点，将它们放在目标领域的框架下进行思考。解决方案要合适，要与整体解决方案搭配，同时还要结合其他相关专业知识点进行综合运用，多个专业技术的碰撞往往容易形成创新成果。

第三是实现项目解决方案。创意不仅需要好的创意，需要好的学习和动手能力、好的团队，还需要优质的资源平台。可以通过参加相关创新创业竞赛，以赛代练获取创新创业经验，在不断的竞争中完善自己的创新创业项目。

◎ 小 贴 士

**空间信息与数字技术专业**

空间信息与数字技术专业[10]是一门集信息科学、空间科学、计算机科学、管理学等多门学科为一体的交叉学科专业，培养具有扎实的软件工程基础、通信及计算机技术、空间决策方法等复合知识结构，掌握大型数字工程设计和管理能力，能从事该领域的科学研究、技术开发、工程应用、信息服务和管理等工作的综合型、应用型高级人才。

2003 年，武汉大学在全国率先组织创建空间信息与数字技术专业，在 2004 年以测绘类目录外专业首次招生，2012 年教育部新版本科教学目录中，该专业列为计算机科学与技术特设专业。武汉大学联合相关国内高校在 2015 年发起成立全国空间信息与数字技术专业联盟，迄今为止，全国 20 多所高校开设了本专业，共有 40 多所高校加入了空间信息与数字技术专业联盟。

### 本章思考题

1. 数字、数学、计算、人工智能之间的关系是什么？
2. 数字地球与智慧地球之间的关系是什么？
3. 什么是空间信息、空间信息工程？
4. 空间信息工程的技术要点包括哪些？
5. 谈一谈如何利用空间信息工程技术进行创新创业。
6. 使用编程语言(如 Python)模拟一个简单的图灵机。
7. 基于 Python 和深度学习框架，选择一个图像识别任务(如识别不同种类的花卉、识别交通标志等)，利用公开的图像数据集进行模型训练。

8. 结合生活中一个基于空间信息工程技术的创新创业项目，详细阐述项目或产品的功能、技术方案和商业模式。

## 本章参考文献

[1] 边馥苓. 用数字的眼光看世界[M]. 武汉：武汉大学出版社，2011.

[2] Turing A M. Computing Machinery and Intelligence[J]. Mind，1950，59(236)：433-460.

[3] Restrepo Echavarra R. ChatGPT-4 in the Turing Test：A Critical Analysis[J]. Minds and Machines，2025，35(8).

[4] 李德仁，龚健雅，邵振峰. 从数字地球到智慧地球[J]. 武汉大学学报(信息科学版)，2010，35(2)：127-132.

[5] 龚健雅. 人工智能时代测绘遥感技术的发展机遇与挑战[J]. 武汉大学学报(信息科学版)，2018，43(12)：1788-1796.

[6] 刘经南. 卫星导航定位与北斗系统应用[M]. 北京：测绘出版社，2012.

[7] 张祖勋，陶鹏杰. 谈大数据时代的"云控制"摄影测量[J]. 测绘学报，2017：1238-1248.

[8] 边馥苓. 空间信息导论[M]. 北京：测绘出版社，2006.

[9] 边馥苓. 数字工程的原理与方法[M]. 2版. 北京：测绘出版社，2011.

[10] 孟小亮，刘刚，李世华. 时空信息与数据科学专题导言[J]. 地理空间信息，2023，21(12)：1-2.

[11] 孟小亮，边馥苓，崔晓晖. 地信产业卓越工程师培养模式探索[J]. 测绘科学，2015，40(8)：161-166.

[12] 孟小亮，边馥苓. 空间信息与传感器网络课程建设实践探索[J]. 测绘通报，2014(12)：122-124.

[13] 孟小亮，徐超，边馥苓，等. 一种利用空间信息与数字技术专业知识的"互联网+"创新创业方法[J]. 测绘通报，2017(12).

[14] 边馥苓，孟小亮，崔晓晖. 时空大数据的技术与方法[M]. 北京：测绘出版社，2016.

[15] McKinsey Global Institute，James Manyika Big Data：The next frontier for innovation，competition，and productivity[R]. 2011.

# 第 2 章

# 电子地图与地理信息系统

"观图者，如身临其地。"

——罗洪先（明代制图学家）在其《广舆图》序言中提出，优质地图应让观者仿佛亲临实地，反映了对地图实用性与直观性的追求。

◎ 本章简介

本章围绕地图的演变与发展，详细阐述了从传统地图到电子地图，再到地理信息系统的知识脉络。从不同时期、不同地域的地图介绍开始，对地图进行了分类讲解。对比了电子地图与传统地图的差异，分析了电子地图的特点、应用及发展趋势，并以百度地图 API 为例说明互联网电子地图的开发方法。详细介绍了地理信息系统的定义、组成、基本功能和应用领域，并通过气体污染扩散模拟可视化平台这一大学生创新实践案例描述了目前主流的 WebGIS 设计方式。

## 2.1 地图的发展及分类

### 2.1.1 地图的发展

很久很久以前，绝大多数人过着男耕女织的日子，他们很少离家远行，那些远离家园、出外探险的人们，通常都是渔夫、猎人和牧民。他们凭着本能的方位感，能准确地返回原处。

后来，随着人们活动范围的不断扩大，仅靠直觉来辨别方位已远不能满足人们外出远行的需要，于是，人们开始密切关注大自然，他们观察鱼儿、鸟儿的迁徙方向，河水、海水流动的方向以及风向，最重要的是，他们观察到太阳、星星、月亮这些天体的运行，用它们来辨别方向。逐渐地，人们开始将收集到的信息刻在白桦树皮、黏土板上或者写在绢帛上。地图在这种生活需求和实践的基础上开始了最初的萌芽[1]。

原始地图就像图画一样，将山川、道路、树木如实地画出，是外出狩猎和出门劳作或旅行的指南。

在漫漫的历史长河中，人类总在不断地观察、理解、描述、概括他们所发现的世界，逐渐地，地图成为地面变化和历史变迁的忠实记录者。

《山海经》是一部非常神秘的中国古书，它光怪陆离，气象万千，且包容量巨大，有横跨亚欧之势，然而又无明确史实，因此就有了各种各样的解读。

清代《四库全书》把此书列入小说类。近代鲁迅也认为此书是巫觋、方士之书。有的学者分析《山海经》，认为书中所记载的种种山神乃首人身、身人面、"龙首鸟身"、"龙身马首"、"人面蛇身"等，其实是原始初民的图腾神像和复合图腾神像，源于先民特有的图腾崇拜，这个解释是合理的。巫师的祀神活动，是上古部落族团日常必有的宗教活动。

可是，随着时代的进步和科技的发展，近年来学界对《山海经》的关注度越来越高。许多人开始以此为考证，发现它绝不仅仅是一部神话故事或小说那么简单，更多的人开始相信它是早期有价值的地理著作，其中尤以《五藏山经》的地理价值最高。

关于它的地理版图，我国专家考证认为：《南山经》东起浙江舟山群岛，西抵湖南西部，南抵广东南海，包括今浙、赣、闽、粤、湘5省。《西山经》东起山、陕间黄河，南起陕、甘秦岭山脉，北抵宁夏盐池西北，西北达新疆阿尔金山。《北山经》西起今内蒙古、宁夏腾格里沙漠贺兰山，东抵河北太行山东麓，北至内蒙古阴山以北。《东山经》包括今山东及苏皖北境。《中山经》西达四川盆地西北边缘。

对于这种观点，很多外国学者并不认可，他们认为世间所有的事物都在发展和变化，至少全世界大部分地质学专家都承认地球板块是在不停地移动的，中国古代也有"沧海桑田"的说法。随着各国专家的研究，很多人认为《山海经》并非仅仅记载了中国的地理，可能还涉及世界地理。

在西班牙一个富有传奇色彩的洞穴内，西班牙考古学家发现了据信年代最为久远的西欧地图。地图被蚀刻在一块手掌大小的、距今1.366万年的石块上，可能出自马格德林时期的猎人——采集者之手。

据悉，这块石头是西班牙萨拉戈萨大学的皮拉尔·乌特里拉教授领导的一支考古小组于1994年发现的。经过长达15年的研究，他们最终揭开了刻在上面的线条之谜。石块上的刻线似乎代表附近的高山、河流、池塘以及灌木丛林。除此之外，石块上还刻有仍然可以辨认的动物轮廓，其中包括一些驯鹿、一只牡鹿以及一些野山羊。

现在人们能找到的最早的地图实物是刻在陶片上的古巴比伦地图。据考证，这是4500多年前古巴比伦城及其周围环境的地图。底格里斯河和幼发拉底河发源于北方山地，流向南方的沼泽地带，古巴比伦城位于两条山脉之间。

我国关于地图的记载和传说可以追溯到4000年前，《左传》上就记载有夏代的《九鼎图》。古经《周易》有"河图"的记载，还有"洛书图"，表明我国地图的起源。

1954年，我国考古工作者发现在江苏丹徒县烟墩山出土的西周初青铜器"宜侯矢簋"底内刻铸的120字铭文有两处谈到地图，即"武王、成王伐商图"和"东国图"。该文记载周康王根据这两幅地图到了宜地，举行纳土封侯的册命仪式。据考证，该图成于公元前1027年或稍晚。这些记载足以说明，我国西周时期已有土地图、军事图、政区图等多种地图，并在战争、行政、交通、税赋、工程等多方面得到应用。这些地图显然已经脱离了原始地图的阶段，具有了确切的科学概念。只可惜我国至今还没有见到过这些地图实物，有待于地下考古的发现。

1973年，在我国长沙马王堆三号汉墓中发现的绘在帛上的地图，其中保存较完整的是一幅地形图和一幅驻军图。图成于汉文帝前元十二年（公元前168年）以前，制图人不详。马王堆出土的西汉地图是我国、也是世界上现存的最早的较完整的以实测为基础的古地图，该图是按一定的制图原则绘制的，图的方位是上南下北，长宽各96cm，主区部分的比例尺根据推算，约在二十万分之一至十五万分之一之间。已有统一的图例，绘有山脉、河流、居民点和道路等。除比例、方向和距离外，还有表示分类、分级等的一套图例符号系统。采用了黑、红、青三色绘制，工艺精细。马王堆地图的出现，证明我国汉代的地图制图学已发展到了相当高的水平。

随着造纸术和印刷术的发明，人类开始使用纸质地图。据研究，我国最早的纸质地图是汉代甘肃天水放马滩出土的纸质地图。

羊皮纸主要运用于欧洲，所以羊皮地图大多由地中海周边国家使用。特别是随着航海时代的到来，羊皮纸被大量用于绘制航海图。

1949年，第一张新中国地图正式出版。当时毛泽东曾用"一唱雄鸡天下白"来比喻新中国的解放，因为中国的版图就像一只昂首阔步的雄鸡。第一张新中国地图将北京作为中心，全国划分为东北、西北、华北、中南、西南五个行政区，这张地图从一个侧面记录了中国大地上发生的变化。

◎小贴士

**规范使用地图，一点都不能错**

2023年，自然资源部印发《公开地图内容表示规范》（以下简称《规范》）。

《规范》要求，中国全图应当遵守下列规定：

一是准确反映中国领土范围。

二是中国全图除了表示大陆、海南岛、台湾岛，还应当表示南海诸岛、钓鱼岛及其附属岛屿等重要岛屿；南海诸岛以附图形式表示时，中国地图主图的南边应当绘出海南岛的最南端。

三是地图上表示的内容不得影响中国领土的完整表达，不得压盖重要岛屿等涉及国家主权的重要内容。

### 2.1.2 地图的分类

地图分类是根据地图的某些特点与指标对其进行区分与归并的行为。地图可按多种标准与方法分类，如地图比例尺、制图范围、地图内容、地图用途、地图形式等[1]。

地图比例尺决定地图内容表示的详细程度和地图量测的精度。如按比例尺可分为大比例尺地图（大于1∶10万）、中比例尺地图（1∶100万～1∶10万）和小比例尺地图（小于1∶100万）。按制图区域范围（自然区与行政区）分为全球地图、半球地图（东半球、西半球地图）、大洲地图（如亚洲地图、欧洲地图等）、大洋地图（如太平洋地图、大西洋地图等）、自然区域地图（以高原、平原、盆地、流域等为范围，如青藏高原地图、四川盆地地图、黄河流域地图等）和世界地图、国家地图、省（区）地图、县地图等[2]。

地图按内容可分为普通地图和专题地图两大类，前者又分为地形图和普通地理图，后者又分为自然地图和社会经济地图（人文地图），必要时还可分出介于上述二者之间的环境地图。自然地图包括地质、地球物理、地貌、气候、陆地水文、海洋、土壤、植被、动物等部门专题地图，每一部门还可细分为若干图种；社会经济地图包括人口、政区、工业、农业、交通运输、财经贸易、文化、历史等部门专题地图，每一部分也可细分为若干图种；环境地图包括环境污染与环境保护、自然灾害、疾病与医疗地理等部门专题地图。地图按用途可分为通用地图与专用地图，其中专用地图包括航空图、宇航图、航海图、交通图、旅游图、教学图等。地图按形式分为单幅地图、系列地图、地图集等。地图按使用方式分为挂图与桌面图等。此外还有其他形式的触觉地图（盲人地图）、立体地图、发光地图、数字地图、屏幕地图、塑料地图、地球仪等。

普通地图是综合、全面地反映一定制图区域内的自然要素和社会经济现象一般特征的地图。该地图涵盖了地形、水系、土壤、植被、居民点、交通网、境界线等内容，广泛用于经济、国防和科学文化教育等方面，并可作为编制各种专题地图的基础。普通地图分为地形图和普通地理图。普通地图的设计和编绘、普通地图的整饰和分析研究等，已成为普通地图学研究的主要内容。

**1. 地形图**

地形图是着重表示地形的普通地图。它的特点是：

（1）具有统一的数学基础。各国的地形图除了选用一种椭球体数据[3]作为推算地形图数学基础的依据，还有统一的地图投影系统、统一的大地坐标系统和高程系统，有完整的比例尺系统、统一的分幅和编号系统。

(2) 按照国家统一的测量和编绘规范完成，即精度、制图综合原则、等高距、图式符号和整饰规格等都有统一的要求。

(3) 几何精度高，内容详细。地形图包括国家基本地形图和由专业生产部门测制的大比例尺地形图。前者是由国家统一组织测制的，并提供给各地区、各部门使用。后者的地形图都有自定的规范，内容一般按专业部门需要而有所增减。

我国地形图比例尺有1:10000、1:25000、1:50000、1:100000、1:250000、1:500000、1:1000000等。1:10000~1:100000为大比例尺地形图，1:250000~1:500000为中比例尺地形图，1:1000000为小比例尺地形图。大比例尺地形图多是实测的，中、小比例尺地形图则由实测图编绘而成。这些地形图是国家基本地图，它们有统一的大地控制基础、统一的地图投影和统一的分幅编号，作业严格按照测图规范、编图规范和符号系统进行，内容详细，精度很高。

**2. 普通地理图**

普通地理图是普通地图中除地形图以外的地图，亦称一览图或参考图。它的特点是：

(1) 数学基础因制图区域的不同而异，具体表现在比例尺不一、地图投影多样、图廓范围大小不同；

(2) 内容和表示方法因用途而异，具体表现在地图内容灵活，表示方法和图式符号不统一，而且重视反映区域地理特征。

普通地理图的品种多、数量大，除了有不同比例尺、不同范围的各种普通地理图以外，还有单张图、多张拼合而成的图，有大挂图、桌图和合订成册的普通地理图集，在用途上还有科学参考图、教学用图和普及用图等。普通地图可作为同比例尺和较小比例尺专题地图的基础底图；经过编辑处理，还可直接编制出地势图、政区图和交通图等。

1) 主要表示内容

凡具有空间分布的物体或现象，不论是自然要素还是人文要素，都可以用地图的形式来表现。普通地图是以表示地面自然形态和人类活动结果中最基本的目标为对象的。普通地图上所表示的内容可分为三个部分：数学要素、地理要素、图廓外辅助要素。

(1) 数学要素。

数学要素是数学基础在地图上的表现，数学要素包括地图投影及与之有联系的地图的坐标网、控制点、比例尺和地图的定向等内容。

坐标网是制作地图时绘制地图内容图形的控制网，可以根据它确定地面点的位置，并进行各种量算。由于地图投影的不同，坐标网常表现为不同的系统和形状。地图的坐标网，有地理坐标网和直角坐标网之分，它们都是地图投影的具体表现形式。由于地图的要求不同，有些地图要同时表现两种形式的坐标网，另外一些地图则只要表示其中一种坐标网即可。

控制点是测图和制图的控制基础，它保证地图上的地理要素对坐标网具有正确位置。控制点的位置和高程是用精密仪器测量得来的。现在可以利用全球卫星定位系统接收机直接测定，具有很高的精度。控制点分为平面控制点和高程控制点。平面控制点又分为天文点、三角点和埋石点，其中三角点和埋石点是测图和编图的控制点，三角点是国家等级的平面控制点，埋石点是精度低于国家等级的平面控制点，天文点是用天文测量方法测得的天文经纬度的控制点。高程控制点是指水准点。控制点只在大比例尺地形图上选用，起到补充坐标网的作用。

地图的比例尺表示地图对实地的缩小程度，是图上线段与该线段在实地的长度之比。

地图的定向则是确定地图上图形的方向。一般地图图形均以北方为定向。

(2) 地理要素。

普通地图的主题内容是地理要素现象，根据地理要素的性质，大致可以区分为自然要素、社会要素和其他标志等。

自然要素包括海洋要素、陆地水系、地貌、土质和植被等。海洋要素包括海岸线、后滨、潮浸地带、干出滩、沿海地带、前滨等。陆地水系对地图内容的其他要素起着制约作用，它包括河流、湖泊、水库、沟渠及池塘等。地貌要素包括陆地地貌和海底地貌。陆地地貌是指陆地部分地面高低起伏和形态变化的特点；海底地貌是指海底高低起伏的变化、形态特点和海底底质的总称。土质主要包括沼泽地、沙砾地、戈壁滩、石块地、小草丘地、残丘地、盐碱地、龟裂地等多种类型。植被是地表植物覆盖层的简称，地图上表示的植被要素可以分为天然的和人工的两大类。

社会要素包括居民地、交通网、境界及行政中心。居民地是人类居住和进行各种活动的中心场所，是普通地图的重要地理要素之一。地图上应表示居民地的类型、形状、行政意义和人口数、交通状况和居民地内部建筑物的性质等，以反映出居民地所处的政治经济地位、军事价值和历史文化意义。交通运输是来往通达的各种运输事业的总称。地图上表示的交通运输网包括陆上交通、水路交通、空中交通和管道运输。陆上交通包括铁路、公路和其他道路。水路交通分为内河航线和海洋航线。管道运输包括高压输电线、石油及天然气管道等。地图上表示的境界分为政区境界和其他境界两类。其他境界主要指一些专门的界线，如停火线、禁区界、旅游界和园林界等。行政中心是与政治区划和行政区划相对应的，例如，我国的行政中心有首都、省(自治区、直辖市)政府、省辖市(自治州、盟)政府、县(自治县、旗、市)政府等。

其他标志包括方位物，革命和历史性纪念标志，磁力异常标志，经济标志，科学、文化、卫生等方面的标志等。并不是每种比例尺地图上都要表示这些标志，例如，大比例尺地图上着重表示的方位物，在小比例尺地图上则不需要表示；又如，磁力异常标志通常只在小比例尺地图上表示。其他独特物体，虽然在各种比例尺地图上都有，但表示的详细程度也有明显的差别。

(3) 图廓外辅助要素。

图廓外辅助要素是指为阅读和使用地图时提供的具有一定参考意义的说明性内容或工具性内容。普通地图的图廓外布置有图名、图号、接图表、图例、图廓、分度带、图解比例尺、坡度尺、三北方向图、图幅接合表、行政区划略图、各种附图、编图时使用的资料、资料略图、坐标系统、编图单位、编图时间及成图说明等读图工具和参考资料，它们是普通地图上不可或缺的要素。

2）符号系统

编制这种普通地理图的符号系统可以分为七大类：

（1）居民地符号。用居民地名称注记的字大表示其行政等级，用图形符号的大小、圈层数的多少相结合表示居民地的人口数量，30万人以上的还可加绘居民地轮廓平面图形。

（2）交通线符号。铁路与建筑中铁路可用灰色双线表示，已建成的用实线，建筑中的用虚线；复线的在灰色实线上加绘两条短截线，单线的用一条短截线表示。公路用红色实线表示，用线的粗细区分主要公路与一般公路。大道及小路用不同粗细的灰色实线表示，经过隘口的在其上加绘扁十字叉线符号。内河航运在河流上用矢形符号标注出起讫点。运河用蓝色一侧加绘平行短线的线状符号表示。港口与著名大桥可以用独立符号表示。

（3）境界线。按等级用不同长短、粗细的短线加黑点表示，地区级以上的境界线加绘不同宽度的红色晕线。

（4）水文符号。常年河与时令河用蓝色的实线与虚线表示，湖泊的岸线用实线与虚线分别表示其常年存水或时令湖，渠道的主干与支渠分别用蓝色粗细不同的线条表示。井、泉、闸坝、水电站等都可用独立符号表示。

（5）地貌符号。除了用棕色等高线表示基本地貌形态，还用棕色的不同图形的小符号表示岩溶高原、岩溶山地和岩溶平原，而且还可以进一步划分出二级类型（如岩溶高原又可分出缓丘洼地、石林溶沟等；岩溶山地又可分出残丘洼地、峰丛洼地、峰林洼地、峰林波立谷等；岩溶平原又可分出峰林谷地、孤峰平原等），用浅淡的灰色表示岩溶地貌的分布范围，此外还可用独立符号表示石山、火山、风蚀残丘等。

（6）海洋部分可用蓝色实线和虚线表示海底地貌的等深线和半距等深线，海岸要表示出潮浸地带、红树林海滩、珊瑚滩及珊瑚礁、暗沙，还要表示出海底底质（泥、沙）、残留的早全新世化石、水深点、明礁、暗礁、干出礁、适淹礁以及海流、潮流等。

（7）土质植被。可用棕色小符号表示流动矮小简单型沙漠、流动高大复合型沙漠、半固定沙漠、固定沙漠、戈壁，用不同的蓝色小符号表示苔草沼泽、苔草小叶樟沼泽、芦苇沼泽、落叶松沼泽、泥炭藓沼泽、盐碱地等。

上述这些内容的符号设计比较充分地运用了图形、大小和色彩，使之既具有同类符号自成体系、内在联系比较紧密的特点，又具有独立存在、区别于其他符号的特点。作为普通地图，上述做法可以对地貌、海洋、土质植被等内容进行较为详细的表示，从而使之具有普通地图专题化的特点，可以说是普通地图内容和表示法的进一步发展。这些经过归纳分类分级后制定的、具有概念形式的抽象符号，对于表达地面各区域的景观特征，进一步研究地理规律，都是有意义的。

**3. 专题地图**

专题地图，又称特种地图，是在地理底图上按照地图主题的要求，突出并完善地表示与主题相关的一种或几种要素，使地图内容专题化、表达形式各异、用途专门化的地图。

专题地图的内容由两部分构成：

（1）专题内容。图上突出表示的自然或社会经济现象及其有关特征。

（2）地理基础。用以标明专题要素空间位置与地理背景的普通地图内容，主要有经纬网、水系、境界、居民地等。

专题地图是指突出而尽可能完善、详细地表示制图区内的一种或几种自然或社会经济（人文）要素的地图。专题地图的制图领域广泛，凡具有空间属性的信息数据都可用其来表示。其内容、形式多种多样，能够广泛应用于国民经济建设、教学和科学研究、国防建设等行业部门。专题地图和普通地图相比，具有独特的特征。

1）特征

专题地图的特征包括：

主题化：普通地图强调表达制图要素的一般特征，专题地图强调表达主题要素的重要特征，且尽可能完善、详尽。

特殊化：专题地图突出表达普通地图中的一种或几种要素，有些专题地图的主题内容是普通地图中没有的要素。

多元化：专题地图不仅能像普通地图那样，表示制图对象的空间分布规律及其相互关系，而且能反映制图对象的发展变化和动态规律。如动态地图（人口变化）、预测地图（天气预报）等。

多样化：一个国家的普通地图特别是地形图，往往都有规范的图式符号系统，但专题地图却由于制图内容的广泛，除个别专题地图外，大体上没有规定的符号系统，表示方法多种多样，地图符号可自己设计创新，因而其表达形式丰富多彩。

前瞻化：普通地图侧重客观地反映地表现实，而专题地图取材学科广泛，许多编图资料都由相关的科研成果、论文报告、研究资料、遥感图像等构成，能反映学科前沿信息及成果。

2）基本类型

专题地图按内容性质可分为自然地图、社会经济（人文）地图和其他专题地图。

自然地图：反映制图区中自然要素的空间分布规律及其相互关系的地图称为自然地图。主要包括地质图、地貌图、地势图、地球物理图、水文图、气象气候图、植被图、土壤图、动物图、综合自然地理图（景观图）、天体图、月球图、火星图等。

社会经济（人文）地图：反映制图区中的社会、经济等人文要素的地理分布、区域特征和相互关系的地图称为社会经济（人文）地图。主要包括人口图、城镇图、行政区划图、交通图、文化建设图、历史图、科技教育图、工业图、农业图、经济图等。

其他专题地图：不宜直接划归自然或社会经济地图，而用于专门用途的专题地图。主要包括航海图、宇宙图、规划图、工程设计图、军用图、环境图、教学图、旅游图等。

专题地图按结构形式可分为分布图、区划图、类型图、趋势图和统计图。

分布图是指反映制图对象空间分布特征的地图。如人口分布图、城市分布图、动物分布图、植被分布图、土壤分布图等。

区划图是指反映制图对象区域结构规律的地图。如农业区划图、经济区划图、气候区划图、自然区划图、土壤区划图等。

类型图是指反映制图对象类型结构特征的地图。如地貌类型图、土壤类型图、地质类型图、土地利用类型图等。

趋势图是指反映制图对象动态规律和发展变化趋势的地图。如人口发展趋势图、人口迁移趋势图、气候变化趋势图等。

统计图是指反映不同统计区制图对象的数量、质量特征、内部组成及其发展变化的地图。

3）构成要素

任何一幅专题地图基本上是由主题要素和底图要素两个层面构成，较复杂的专题地图则由两个以上的层面构成，即最主要的主题要素在第一层面，次要的主题要素在第二层面，更次要的主题要素在第三层面，依次类推，底图要素则处于底层平面。

主题要素是专题地图重点突出表达的内容，是图面的主体部分。主题要素表示的优劣决定了专题地图的科学性。

底图要素是制作专题地图的地理基础，即主题要素是编制在底图上的。底图要素不仅是描绘主题要素的骨架，用来定向和确定相对位置，而且能反映主题要素和周围环境相互联系、制约的密切关系，起着衬托主题的作用。底图质量的优劣决定了专题地图的数学精确性和地理相关性。普通地图是编制专题地图的基础，常作为专题地图的底图。

4）要素特征

（1）专题要素的空间分布特征。

专题要素的空间分布特征有三点：一是呈点状分布或在实地所占面积不大，如采矿点、城镇等。二是呈带状分布，如交通线、江河、旅游路线、客流路线等。三是呈面状分布，可分为：连续而布满制图区的，如地貌、气候等；间断呈片状分布的，如城区、湖泊、公园、森林等；在大范围内呈分散分布的，如动物、人口等。其中点状分布和面状分布是相对而言的，如城市，在全国城镇分布图上，诸城市可能成为点；而在某城市地图上，该城市又变为面。

（2）专题要素的时间态特征。

专题要素的时间态特征主要有三点：一是限定在某特殊时刻，如今天或某日期的经济收入值、客流总数、基础设施数等。二是表示某一段月份内、年份内的，如2—10月的游客数，2000—2003年各年度的经济总收入等。三是某年内的周期性变化，如某年内各月的气温变化、降水变化等。

（3）专题要素的可示特征。

在大千世界中，凡具有空间特征的信息资料及事物现象，都可用专题地图的形式来表达。专题地图种类繁多、复杂多样，其专题要素可被表示的特征主要有：专题要素的空间分布特征，如铁路线分布、城市分布等；专题要素的质量特征（类别、性质），如小麦地、稻田等；专题要素的数量指标，如亩产、总产量等；专题要素的内部组成，如农作物优良、一般和低产品种的构成比重；专题要素的动态变化，如制图区内小麦总产量的年度变化；专题要素的发展趋势，如小麦产量的预测等。专题地图的符号图形回答："这是什么？它在哪里？有多少，构成是怎样的？"等问题。

5）表示方法

（1）点状要素的表示方法：定点符号法。

点状要素常用定点符号法表示，简称"符号法"。它是用各种不同形状、大小、颜色和结构的符号，表示专题要素的空间分布及其数量和质量特征。通常符号的位置表示专题要素的空间分布，形状和颜色表示质量的差别，大小表示数量的差别，结构符号表示内部组成，定位扩展符号表示发展动态。

（2）线状要素的表示方法：线状符号法。

线状或带状分布要素，通常用颜色和图形表示线状要素的质量特征，如用颜色区分不同的旅游路线、不同时期内的客流路线、不同的江河类型等；用符号粗细表示等级差异；符号的位置通常描绘于被表示事物的中心线上（如交通线），有的描绘于线状事物的某一侧，形成一定宽度的彩色带或晕线带（如海岸类型、境界线晕带等）；用符号的长短表示专题要素的数量，如用公路符号的长短表示公路的长度。线状符号法常用于编制水系图、交通图、地质构造图、导游图以及路线图等。

（3）面状要素的表示方法。

面状要素按空间分布特征可归纳为三种形式：一是布满制图区的要素，可用质底法、等值线法和定位图表法表示；二是间断呈片状分布的要素，可用范围法表示；三是离散分布要素，常用点值法、分级比值法、分区统计图表法和三角形图表法表示。质底法又叫底色法，是在区域界线或类型范围内普染颜色或填绘晕线、花纹，以显示布满制图区域专题要素的质量差别，常用于各种类型图和区划图的编制，如地貌类型图、农业区划图、气候类型图等。等值线是连接某种专题要素的各相同数值点所形成的平滑曲线，如等高线、等温线、等降水量线、等海深线等。等值线法常用于表示地面上连续分布且逐渐变化的专题要素，并说明这种要素在地图上任一点的数值和强度，它适用于表示地貌、气候、海滨等自然现象。定位图表法是把某些地点的统计资料，用图表形式绘在地图的相应位置上，以表示该地某种专题要素的变化。常用柱状图表中的符号高度（长短）或曲线图表示专题要素的数量变化。如各月或各年度风向、风力的变化，降水量、气温的变化等，均可采用此方法。范围法（区域法）是用轮廓界线来表示制图区内间断成片状分布的专题要素的区域范围，用颜色、晕线、注记、符号等整饰方式来表示事物类别，用数字注记表示数量。间断成片状分布的专题要素（如森林、煤田、石油、某农作物、自然保护区等）的表示常采用范围法。点值法（点数法）是在图上用一定大小、相同形状的点表示专题要素的数量、区域分布和疏密程度的方法。该方法适用于表示分布不均的专题要素，例如人口分布、资源分布、农作物分布、森林分布等。分级比值法（分级统计图法），是把整个制图区域按行政区划（或自然分区）分成若干小的统计区，然后按各统计区专题要素集中程度（密度或强度）或发展水平划分级别，再按级别的高低分别填上深浅不同的颜色或粗细、疏密不同的晕线，以显示专题要素的数量差别。同时，还可用颜色由浅到深（或由深到浅），或晕线由疏到密（或由密到疏）的变化显示出要素集中或分散的趋势。分区统计图表法是把整个制图区域分成几个统计区（按行政区划单位或自然分区），在每个统计区内，按其相应的统计数据，设计出不同形式的统计图形，以表示各统计区内专题要素的总和及其动态。可用来编制资源图、统计图、经济收入图、经济结构图等。

（4）移动要素的表示方法：动线法。

移动要素（如货物流、客流、气团移动路线、交通车流等）的表示方法，通常采用动线法。动线法是用各种不同形状、颜色、长度、宽度的箭形符号，表示专题要素移动的方向、路线、数量、质量、内部组成以及发展动态的方法。

（5）内部结构表示法：三角形图表法。

三角形图表法的成图是一种类似于质底法的地图，但其主要揭示事物现象的内部结构特征，这种图的分区范围是各行政单元或统计区，三角形图表是作为图例形式出现的。

（6）其他方法。

除上述方法，在专题地图上还常使用柱状图表、剖面图表、玫瑰图表、塔形图表、三角形图表等多种统计图表作为地图的补充。上述各种方法经常是配合应用的。

专题地图应用广泛，在经济建设、国防建设、科学研究及文化教育中均起重要作用。专题地图内容是各学科长期研究积累的知识的高度概括，又能为深入研究和指导生产提供科学依据。

6）编制程序

（1）资料收集。

资料收集包括地图资料、遥感影像资料、数据资料、文字资料等的收集。

（2）编图资料的分析评价。

编图资料的总要求为政治性、科学性、完备性、现势性；对统计资料的要求为定位性、同时性、统一性。

（3）编图资料的加工处理。

在编制过程中需要制定大纲，大纲内容包括：

①编图的总则、任务和制图区域：确定制图区域的范围和地理特点；编图的规范、类型、图名、用途和要求等；地图的主要参数：开本、比例尺、投影。

②制图资料及说明：图例、图型、比例尺、图号、出版单位和日期、测图编图和制图日期，编制地图所用的原始资料，投影坐标系和测量控制，全部资料中局部精度差别和现势性差别，资料内容要素的分类和表示方法，资料的完备性、地理合理性、地名的正确性，资料的优缺点，使用资料得出的结论。

③制定编图方法：编图方法的规定；一般编图方法；各要素的综合方法；地理特征；从补充资料转绘的要说明资料来源；要素的分类和表示方法；规定的容量和选取标准；描绘的次序；概括的方法和程序；和其他要素的协调；配置注记。

④制印准备工作：确定印刷原图的数量、分版清绘方案、清绘比例尺；普染参考图、分染参考图的数量和制作方法；清绘和图廓外整饰的特点、符号尺寸的限差等。

⑤地图印刷：印刷的色数；印刷地图时线划整饰和彩色整饰的特点；彩色适印样图的制作方法及要求；应遵守的标准。

⑥附件。

7）选择设计

（1）专题地图内容的选择。

一是专题地图内容要素的选取：一方面，选取与主题内容有关的各种要素，使内容丰富；另一方面，由于地图用途、比例尺、载负量、制图表示方法、符号的特点和颜色的数量等的限制，地图内容针对性强，清晰易读。在设计时，内容选取要合理，目的是在地图上表示全部最主要的内容，同时补充次要的内容。

二是表示方法的选择：影响因素主要是被表示物体和现象所要求的精度和定位程度、制图资料的情况、专题数据的特点、地图的用途、比例尺和区域特点。

（2）专题地图图例设计。

图例是地图上所使用的全部地图符号的说明。

首先，图例设计要求具有完备性与一致性，以及图例系统的科学性，要体现出艺术性、系统性、易读性，并且容易制作。图例系统的科学性主要在于能设计出专题内容的科学体系，如各要素的层次及相互关系、指标的分类分级，转换成图例系统的顺序位置，明确标出质量概念及其所代表的数值、单位等。在以色阶表现数量差异时，按惯例应从左到右或从上到下，分级数据顺序按照从小到大排列。

其次，图例设计的方法：显示数量特征的解析图的图例应简单；类型图的图例应反映分类的关系，注意排列的结构；对多个类型分类的地图图例，不同分类系统的符号应该有明显区别；对于组合地图，应在图例中对组合类型的标志予以阐明。综合性图种（若干种现象的不同特征的集合），图例的结构原则为：根据地图内容对各要素进行符号分组；各组符号又按其要素的相对意义和相互关系，按顺序配置；每组内部的符号应合理安排。

8）底图编制

地理底图的作用主要是：

（1）建立专题地图的骨架；

（2）转绘专题内容的控制系统；

（3）更深入地提取专题地图的信息。

地理底图内容总的要求是：既能反映专题内容的分布特征，又使图面清晰易读，不致干扰专题内容；地图的主题和用途；比例尺大小；制图区域的地理特征；专题内容表示方法。

地理底图的类型包括：

（1）工作底图：供编绘专题内容用的地理基础图，内容详细。

（2）出版底图：成图的地理基础。内容简略，主要作用是定位和体现专题内容与地理要素的相互关系。

9）原图编制

作者原图的编制：专题地图的作者将专题内容编绘在工作底图上得到的编稿图，称为作者原图。作者应该提供编图的原始数据以及必要的文字说明。

编绘原图的编制：

(1)编绘原图的概念：将作者原图转绘于出版底图上就形成了编绘原图。

(2)编绘要求：对作者原图的内容进行综合、概括；按设计要求进行正确的描绘；进行图面配置和整饰。

(3)图面配置：图面内容安排(也可称图面配置)，指地图的主图及辅助要素在图面上的位置和大小的安排。

10)出版准备

将编绘原图照相，在清绘图版上晒成蓝图，然后在蓝图上按照规定进行清绘并剪贴注记，制成印刷原图。

**4. 专题地图的分类**

专题地图是有专门用途的地图，对地图的内容与形式有一些特殊要求。专题地图的种类主要有教学地图、航海图、航空图、宇航图、旅游地图、公路交通图等。具体分类如下。

1)教学地图

教学地图是按教学大纲和教学要求编制的供教学使用的地图。这类地图主要考虑学生的受教育程度和年龄特征，并且与所学的有关课程相适应。一般教学地图都要求重点突出、层次分明、符号醒目、色彩鲜明。教学地图包括地球仪、教学挂图、地图册、填充图等。教学地图按提供给小学、中学和大学使用加以区分，它们在内容和形式上都有很大差别。例如，小学教学地图比大学教学地图内容简略，线条粗犷，字体较大，符号形象易懂。

地球仪是缩小了的地球模型，是中小学地理教学的必要教具。地球仪表示的内容各有不同，有的表示政区，有的表示地势，还有用立体形式表示地形起伏的地球仪。教学挂图内容比较全面，应用非常广泛。

2)航海图

航海图是用于海洋航行定向、定位，并保证航行安全的导航地图。常按海岸线和主要航线分幅，每幅地图之间有一定重叠。一般表示海岸线、沿海地形、岛屿、水深点、海底地形、港湾、导航设施等。航海图的种类很多，包括：

(1)航海总图。比例尺较小，概略地表示上述内容，主要供选择和计划航线、分析研究航行条件使用。

(2)航行图。包括远洋航行图，主要供航行使用。

(3)港湾图。详细表示港湾内各种条件和设施，供研究港湾条件，进行港湾规划建设使用。

(4)双曲线航海图。即绘有双曲线定位网格的航海图。

此外还有航行参考图，包括障碍物图、助航标志图、航线图等。

3)航空图

航空图是指供军用或民用飞机航行和地面导航使用的地图。由于具体用途不同，航空图有不同的种类。随着飞机速度的提高，航空图的比例尺逐渐缩小。目前在国外，如美国编制出版有以下五种不同比例尺系统的世界范围航空地图。

（1）全球航空图。比例尺为1∶500万，作为远距离大范围航线规划设计使用。

（2）喷气式航行图。比例尺为1∶200万，作为长远距离飞行前计划和航行途中使用。

（3）作战航行图。比例尺为1∶100万，作为飞行前计划和飞行途中使用。

（4）战术领航图。比例尺为1∶50万，供飞行前详细计划和执行飞行任务时使用。

（5）联合作战图。比例尺为1∶25万，具有地面地形图与航空图双重性质。

此外还有其他一些专业性地图，如控制地图、航空港图等。

航空地图具有以下特点：

（1）地图内容的选取完全考虑了飞行定向定位的需要，与飞行无关的内容则不予表示。所表示的内容清晰醒目，易于辨认，如河流、湖泊、海岸线等；地形除用等高线表示外，还用晕渲表示；居民地，特别是城镇，需要表示平面轮廓形状；森林用绿色表示；道路网区分单双轨铁路与主次要公路等。

（2）增加了许多导航的内容，如划分飞机禁区、警戒区与危险区，标明无线电导航台、大型飞机场跑道等。

（3）详细标出地面高程和与飞行有关的障碍物的高程，同时还突出标明最高高程以及在该区域飞行的安全高度。

（4）按经纬度1度划分坐标网格，将1度再分为60等份，以便快速读取某点的地理坐标值。

4）宇航图

宇航图是用于人造卫星轨道设计、运行指挥及宇宙航行导航的专用地图。包括两部分地图：

（1）地面导航系统使用的地图，通常用于人造地球卫星轨道设计、指挥控制、预测预报和自动记录等方面。主要包括一系列小比例尺的世界地图和全国地图。这种地图内容比较简单，仅表示水系、海岸线、国界线、重要城市等，但精度要求很高，能进行快速定位和地图量算，为此必须采用墨卡托投影，坐标展点要求精确，经纬网格密而准确。

（2）宇宙飞行器和人造卫星上使用的地图。这是一种能够标明飞行轨道并自动定位的地图和地球仪。还有一种由专用计算机控制并能显示飞行方向的地图装置。

5）旅游地图

旅游地图是供旅游者和旅游管理部门使用的地图。旅游地图显示旅游区的地形、道路、游览路线、风景区、名胜古迹，以及各种旅馆、饭店、游艺场所等，有的还附有照片、文字说明，介绍名胜古迹和风土人情等。旅游地图是近30年新发展起来的专用地图，种类越来越多，如区域旅游图、旅游点导游图、城市街道图等。另外，还有不同季节的旅游图（夏季以海滨游泳为主，冬季以山区滑雪为主）、夜间旅游图、骑行旅游图、步行旅游图，以及专门供汽车司机和旅游者使用的旅游地区与旅游景点的旅游交通图。旅游地图的表现形式更是多种多样，质量高的旅游地图内容丰富、形象直观、色彩鲜艳、印刷精美，不仅是旅游者重要的导游工具，也具有较高的收藏价值。

6）公路交通图

公路交通图是专门供驾驶汽车者使用的地图或地图册。图上以非常醒目的线状与个体符号表示高速公路、国道、省道及其他等级的公路、各级公路的编号、各路段距离、高速公路出入口、立交桥及其他附属设施，以及加油站、修车点、休息点、收费点、汽车旅馆、饭店、餐厅、公厕等，此外，还表示河流、居民点、森林等，山区以地貌晕渲表示地形，城镇表示主要街区，还常附有较详细的城市交通图。

7）水利地图

水利地图是供水利工程规划、建设与管理使用的地图。表示各项水利工程及设施、河流、湖泊、运河、水库及其灌溉渠系、防洪堤坝、水电站、排泄闸、排灌站、机井等的分布、规模、效益等信息。

8）传媒地图

传媒地图是通过各种媒体传播的地图。如报刊上配合形势刊载的政治或军事形势地图，报纸上每天刊载的天气预报图，以及明信片、邮票、贺卡上选用的地图等。

9）军事地图

军事地图是为军事需要而制作的地图。如供各级指挥机关与指挥员使用的各种战略与战术军事地形图，供指挥机关使用的军事或战场形势图，为各种军事设施建设用的军事工程设计图，专门为部队和作战部队使用的军事公路交通图等。

以上各类地图在内容和形式上都有一些特殊的要求。供教师和学生使用的教学地图，主要考虑直观教学的特点，内容重点突出，形式上层次分明，符号与字体醒目。供航海、航空、宇航使用的航海图、航空图与宇航图，采用等角航线为直线的正轴等角圆柱投影（墨卡托投影），并重点表示与导航有关的内容。主要供驾驶员使用的交通图，详细表示交通路线、距离、通行设施及各种安全指示标志。供旅游者使用的旅游地图，详细表示名胜古迹、游艺场所、游览路线，以及饭店、购物中心等服务设施。

专题地图有大、中、小各种比例尺，制图范围有世界、大洲、国家、省区或更小区域。地图形式有单张图、多幅图、地图集等。专用地图使用对象明确，发行量较大，易获得较好的经济效益和社会效益。

## 2.1.3 地图的投影

地图投影是利用一定数学方法把地球表面的经、纬线转换到平面上的理论和方法[4]。由于地球是一个赤道略宽、两极略扁的不规则的梨形球体，其表面是一个不可展平的曲面，所以运用任何数学方法进行这种转换都会产生误差和变形。为了按照不同的需求缩小误差，就产生了各种投影方法。

**1. 按构成方法分类**

1) 几何投影

几何投影是指将地球椭球体面上的经纬网投影到辅助投影面上，再展开成地图平面上的投影方法。几何投影源于透视几何原理，并以几何特征为依据，将地球面上的经纬网投影到平面上或可以展成平面的圆柱面和圆锥面等几何面上，从而构成方位投影、圆柱投影和圆锥投影等。

2) 方位投影

方位投影分为非透视方位投影和透视方位投影。前者根据变形性质可以分为等角、等积和任意（包括等距离）投影；后者根据视点位置的不同可以分为正射、外心、球面和球心投影。方位投影的特点是：在投影平面上由投影中心向各方向的方位角与实地相等。这种投影适用于区域轮廓大致为圆形的地图。

3) 圆柱投影

圆柱投影是将一个圆柱面包围椭球体，并使之相切或相割，再根据某种条件将椭球面上的经纬网点投影到圆柱面上，然后，沿圆柱面的一条母线切开，将其展成平面而得到的投影。其中正轴圆柱投影的圆柱轴与地轴重合，横轴圆柱投影的圆柱轴与赤道直径重合，斜轴圆柱投影的圆柱轴与地轴和赤道直径以外的任一直径重合。

4) 圆锥投影

圆锥投影是将纬线转换为同心圆的圆弧，经线转换为圆的半径，两经线夹角与实地相应的经差成正比的一种地图投影方法。

设想将一个圆锥套在地球椭球体上而把地球椭球体上的经纬线网投影到圆锥面上，然后沿着某一条母线（经线）将圆锥面切开并展开成平面，就得到圆锥投影。

**2. 按变形性质分类**

1) 等角投影

等角投影是一种避免按透视法缩短的投影法，因为缩短会改变绘制的物体在维度上的比例关系。等角投影所绘物体的长度、宽度、高度按相同的比例、相同的120°转角绘制。等角投影法产生的外观变形大小会随着绘制比例的增加而增加，但这对手工业者和设计师十分有用，因为他们需要观察一个物体正确的比例。

2) 等积投影

等积投影是地图上任何图形面积经主比例尺放大以后与实地上相应图形面积保持大小不变的一类投影。即投影面积与实地面积相等的投影，面积比为1。满足等积条件，在地图投影中是最容易达到的。

3) 任意投影

任意投影是指角度变形、面积变形和长度变形同时存在的一种投影形式。

任意投影长度、面积和角度都有变形，是既不等角又不等积的投影。这种投影图虽然各方面都有变形，但是它的面积、角度等误差都较小。特别是在应用部分变形不大，适合于绘制各种无特殊要求的地图，如教学地图。在任意投影中，有一种较为特殊的投影——等距离投影。字面上看该投影无长度变形，事实上只是在标准线上距离不变。

## 2.2 电子地图

20 世纪 80 年代，随着计算机科学的发展，一种以数字形式记录、反映地表自然与社会现象、可在计算机屏幕上以图形形式快速表现的地图新品种——电子地图产生了。与传统的纸质地图相比，从狭义上讲，电子地图是一种以数字地图为数据基础、以计算机系统为处理平台、在屏幕上实时显示的地图形式；从广义上讲，电子地图是地图制作和应用的一个系统[6]。电子地图由于数据存储与数据表示相分离，使得图形的表现形式具有极强的动态特性，可将地图阅读和制作融合起来，带来地图制图的全新概念。在目前由纸质地图向电子地图发展的过程中，有必要对其中的一些问题进行集中思考，才能使得电子地图在电子化方向上走得更远。

### 2.2.1 电子地图的特点

由于介质不同，以及自身动态性、交互性、多媒体性等特点，与传统地图相比，电子地图在内容详略确定、表现形式、可视化手段和交互方式等方面都呈现出截然不同的特点。

**1. 内容详尽，信息量大**

对于纸质地图，比例尺和制图综合控制了地图的详略程度。在确定比例尺的地图中，地图要素的详细程度也是确定的。如果想以某种比例尺地图展现某一较大地区的全貌，就需要将若干张地图拼接在一起，这样不仅难以操作，也难以阅读。在电子地图中，显示范围的变化主要是由用户的缩放操作引起的，电子地图在一定限度内可以任意无级缩放，并且电子地图很容易实现"漫游"和"平移"，能一次性容纳一个地区的所有地图内容，不需要地图分幅，这样可以避免由于地图分幅和接边引起的误差。电子地图建立的这种多尺度表达机制，科学地处理了显示比例尺和数据比例尺的关系，从而能够为用户提供更加详尽的地图信息。电子地图上可以表示的信息量远远大于纸质地图，如公路在普通地图上用线划来表示位置，线的形状、宽度、颜色等不同符号表示公路的等级及其他属性信息，而在电子地图上的线划属性可以有很多，比如公路等级、名称、路面材料、起止点名称、路宽、长度、交通流量等信息都可以作为一条道路的属性记录下来，通过用户属性查询形式提供信息，并以各种信息窗口的形式表现出来，能够比较全面地描述道路的情况，这些是纸质地图的简单符号不可能全部表示出来的信息。

**2. 可视化手段丰富**

在限定的幅面范围内，尽可能多地为用户提供地理信息是地图设计者的主要任务。在传统地图制作过程中，设计者合理运用位置、形状、方向、色彩、纹理、灰度等级与尺寸等视觉变量将地图符号表现在纸张上。纸质地图集数据存储与数据显示于一体，限制了对许多事物和现象的直观表示。电子地图的可视化建立在现代数字技术的基础上，实现了数据存储与数据表示的分离。与纸质地图相比，电子地图可视化具有直观性、交互性、动态性、多维性与集成性。它集成生动、直观、形象的图形、图像、视频、音频等多种媒体表现手段，通过交互的方式，同时也可以利用动态（如动画、闪烁）和多维信息载体（如三维地形环境）把各种信息综合展示给读者，更有利于地图信息的传输。

**3. 交互性强**

传统的地图，是地图设计者根据自身形成的心象地图，通过在纸张上表现地图符号传递地理信息，用户从地图上得到这些信息后，继续在大脑中进行加工处理，形成自己的心象地图。在这个过程中，用户与地图的交互是被动的、简单的，用户得到的地图信息既依赖地图设计者的地图学知识、制图工艺和制图经验，同时也受到用户自身地图学知识的影响。电子地图的交互过程是基于人机界面的，并且有强大的地图数据库作为支撑，这是传统地图所无法比拟的。电子地图是在使用者不断与计算机的对话过程中动态生成的，使用者可以指定地图显示范围、设定地图显示比例尺和自由组织地图要素等，通过信息的传递实现用户与计算机"内部"虚拟存在的现实进行交互，搭建起用户抽象概念与计算机具体操作之间的桥梁。

◎ 小 贴 士

## 电子游戏中的电子地图

《魔兽世界》是一款拥有庞大虚拟世界的网络游戏，同时也提供了电子地图的功能。这个电子地图在游戏中起到了重要的导航和定位作用。《魔兽世界》的电子地图展示了游戏中的各个地域和地点。玩家可以通过地图来查看自己当前所处的位置，了解周围的地形和景观，并计划自己的冒险之旅。电子地图显示了游戏世界的各个区域、城市、村庄、副本以及其他重要地点的位置。玩家可以通过地图上的标记和符号来识别任务非玩家角色（NPC）、商人、训练师等重要角色的位置，并在需要时快速找到目标。

此外，电子地图还提供了缩放和拖动功能，让玩家可以自由地浏览和导航整个游戏世界。玩家可以放大地图以获得更详细的信息，或者缩小地图以获取更广阔的视野。电子地图还可以与其他游戏功能和系统进行交互。例如，玩家可以通过地图上的标记来设定目标点，然后使用导航系统来指导自己的移动，帮助他们快速找到任务目标或队友的位置。魔兽世界的电子地图为玩家提供了

> 方便的导航和定位工具，使他们能够更好地探索游戏世界、规划冒险路线，并与其他玩家进行交互。这个电子地图的存在提升了游戏的可玩性和沉浸感，为玩家提供了更丰富的游戏体验。

## 2.2.2 电子地图的应用及发展趋势

### 1. 多媒体电子地图

电子地图与多媒体技术的结合，产生了一种新的地图类型——多媒体电子地图，它集文本、图形、图表、图像、声音、动画和视频等多种媒体于一体，是电子地图的进一步发展。它除了具有电子地图的优点，还增加了地图表达空间信息的媒体形式，以听觉、视觉等多种感知形式，直观、形象、生动地表达空间信息。它可以存储于数字存储介质上，以只读光盘、网络等形式传播，以桌面计算机或触摸屏信息查询系统等形式提供给大众使用。与传统地图相比，多媒体电子地图的空间信息可视化更为直观、生动，信息表现更为多样化，信息内容更丰富，信息更新快捷，使用方便。用户无论是否有使用计算机和地图的经验，都可以从多媒体电子地图中得到所需要的信息。用户不仅可以查阅全图，也可随意将其进行缩小、放大、漫游、测距、图层控制、模糊查询、保存地图、调出地图、下载地图和打印地图等操作，使人们感受到地图的奥妙。

### 2. 导航电子地图

导航电子地图是将电子地图与导航技术综合运用，导航电子地图可以任意地放大或缩小，大到可以由电子地图确定交通工具在城市中的具体方位，小到可以通过电子地图寻找城市中的每一个交叉路口和每一个建筑物，电子地图技术与服务开始出现精准化的趋势。

中国北斗卫星导航产业进入快速发展时期，导航电子地图已经越来越广泛地应用于车载移动目标监控、管理与服务系统，以及面向个人消费者的导航定位终端产品中。

### 3. 网络电子地图

随着网络技术的迅速发展，基于互联网和移动互联网技术的网络电子地图产生了，地图被赋予先进的可视化信息技术及网络技术，可以通过网络高速传输地图数据，让地图在互联网上自由驰骋。网络电子地图可广泛应用于土地和地籍管理、水资源管理、环境监测、数字天气预报、灾害监测与评估、智能交通管理、跟踪污染和疾病的传播区域、移动位置服务、现代物流、城市设施管理、数字城市、电子政务等诸多领域。

### 4. 三维电子地图

三维电子地图是采用先进的数字高程模型技术，将地貌信息立体化，非常直观、真实、准确地反映地貌状况，并可查询任意点的平面坐标、经纬度和高程值的地图。在地物信息方面，除了提供效果良好的空间数据，还可根据用户的要求提供丰富的属性数据。三维电子地图由于可以直观地观察某一区域的概貌和细节，快速搜索各种地物的具体位置，因此，在土地利用和覆盖调查、农业估产、区域规划、居民生活等诸多方面具有很高的应用价值。目前，三维电子地图已经出现在网络上，主要有卫星实景三维地图和人工虚拟三维地图。

**5. 基于虚拟现实的电子地图**

虚拟现实技术是利用计算机生成一个逼真的三维虚拟环境，并通过传感设备与之进行交互作用的新技术。它充分利用计算机硬件与软件资源的集成技术，提供了一种实时的、三维的虚拟环境，使用户具有仿佛置身于现实世界一样的身临其境感。同时，可以通过人机对话工具交互操作虚拟现实中的物体。虚拟现实地图是虚拟现实技术与地图制图相结合的产物，是以虚拟现实技术为基础的新型数字地图。

### 2.2.3 互联网电子地图的开发

目前，国内外用户使用较多的互联网电子地图开发接口有 Baidu、Google、MapABC 和 MapBar 等多种 Map API。本书以 BaiduMap API 为例，对互联网电子地图的开发进行简要介绍。BaiduMap API 具有如表 2-1 所示的功能。

表 2-1　　　　　　　　　　　　BaiduMap API 功能

| 功　能 | 功　能　介　绍 |
| --- | --- |
| 地图展示 | 包括地图查看和地图基本操作功能，可以展示普通地图（2D、3D）、遥感卫星图和实时交通图 |
| POI 检索 | 支持周边检索、区域检索和城市内检索 |
| 地理编码 | 提供地理坐标和地址之间相互转换的能力 |
| 线路规划 | 支持公交信息查询、公交换乘查询、驾车线路规划和步行路径检索 |
| 地图覆盖物 | 支持我的位置图层、POI 搜索结果图层、路线图层、公交换乘图层、自定义图层、弹出窗图层、文字绘制图层、图片图层和添加自定义 View |
| 定位功能 | 采用 GNSS、Wi-Fi、基站、IP 混合定位模式，通过定位图层进行展示 |
| 离线地图 | 用户可以通过手动和 SDK 接口的形式导入离线地图包 |
| 导航功能 | 开启百度地图导航，需要设备提前安装 5.0 及以上版本的百度地图 |
| LBS 云 | 针对 LBS 开发者推出的平台级服务，不仅适用于 PC 应用开发，还适用于移动设备应用开发 |
| 特色功能 | 包括短串分享、Place 详情页展示等 |

综上所述，BaiduMap API 文档完善、示例较多，便于开发者学习借鉴。对于国内开发者而言，BaiduMap API 完全免费、维护方便，3D 效果较好，模块分层独立，兼容性也较好，可以满足用户的基本需求。

BaiduMap API 是一套由 JavaScript 语言编写的应用程序接口，它能够帮助开发者在网站中构建功能丰富、交互性强的地图应用程序。BaiduMap API 不仅包含构建地图的基本功能接口，还提供了诸如本地搜索、路线规划等数据服务接口。

通过地址 http：//api.map.baidu.com/api 加载 API：
<script src="http：//api.map.baidu.com/api？key=您的 API 密钥 &v=版本 &services=true 或者 false" type="text/javascript"></script>

其中参数 key 为密钥，参数 v 为当前 API 的版本号，services 参数表示是否加载服务部分，true 表示加载，false 表示不加载。

地址 http：//api.map.baidu.com/api？v=1.0 中的参数 v 表示加载 API 的版本，例如当前 API 的最新版本为 1.0，则可在地址中添加 v=1.0。当 API 升级时，如果已有接口在使用、命名等方面发生了变化，则会为其增加一个新的版本号(例如 1.1)，以确保不会对现有的应用造成任何影响。如果升级只是修改一些 bug 或者在不影响现有功能的前提下增加接口，则版本号不会发生变化。

如果需要开发一个基于 BaiduMap 的"Hello, World"(见图 2-1)，过程如下。

图 2-1 百度地图 API 开发效果

(1) 引用 BaiduMap API 文件。

当引用 BaiduMap API 文件时，需要使用自己申请的 API 密钥。

<script type="text/javascript" src="http://api.map.baidu.com/api？key=46ce9d0614bf7aefe0ba562f8cf87194&v=1.0&services=false"></script>

(2) 创建地图容器元素。

地图需要一个 HTML 元素作为容器，才能展现在页面上。这里我们创建了一个 div 元素并制定了它的大小，地图会根据容器大小调整自身尺寸。

(3) 命名空间。

API 使用 BMap 作为命名空间，所有类均在该命名空间之下，比如：BMap.Map，

BMap. Control，BMap. Overlay。

（4）创建地图实例。

var map = new BMap. Map("container")；

位于 BMap 命名空间下的 Map 类表示地图，通过 new 操作符可以创建一个地图实例。其参数既可以是元素 id，也可以是元素对象。

请注意，在调用此构造函数时，必须确保容器元素已经添加到地图上。

（5）创建坐标点。

var point = new BMap. Point(116.404, 39.915)；

在这里我们使用 BMap 命名空间下的 Point 类来创建一个坐标点。Point 类描述了一个地理坐标点，其中 116.404 表示经度，39.915 表示纬度。

（6）地图初始化。

map. centerAndZoom(point,15)；

在创建地图实例后，我们需要对其进行初始化，BMap. Map. centerAndZoom()方法要求设置中心点坐标和地图级别。

地图必须经过初始化才能执行其他操作。

◎ 小 贴 士

## 特斯拉自动驾驶中的电子地图

特斯拉汽车是自动驾驶技术领域的领先者，其自动驾驶应用中广泛使用了电子地图。以下是一些关于特斯拉汽车自动驾驶应用中电子地图的案例：

（1）自动导航和路线规划：特斯拉汽车的自动驾驶系统使用电子地图来进行自动导航和路线规划。通过与车载传感器的数据相结合，特斯拉汽车可以实时分析电子地图中的道路和交通情况，为车辆选择最佳的行驶路线和导航路径。这使得特斯拉汽车能够安全、高效地在道路上行驶，避开拥堵和危险情况。

（2）实时交通和道路信息：特斯拉汽车的自动驾驶系统通过电子地图实时获取交通和道路信息。包括道路限速、交通堵塞、施工区域等数据。特斯拉汽车可以根据这些信息调整自己的速度和行驶策略，以确保行驶的安全性和流畅性。

（3）自动驾驶辅助功能：特斯拉汽车的自动驾驶辅助功能，如自动辅助驾驶，也使用了电子地图。特斯拉汽车通过电子地图上的道路标记和地标识别，辅助驾驶系统能够更好地识别车道、交叉口、出入口等关键区域，从而实现车辆的自动驾驶和驾驶辅助。

（4）地理围栏和车辆限制区域：特斯拉汽车的自动驾驶系统使用电子地图来定义地理围栏和车辆限制区域。这些区域包括禁止通行区域、限速区域、特殊道路条件等。特斯拉车辆在自动驾驶模式下，能够依据电子地图提供的限制信息，遵守交通规则和区域限制，从而确保行驶的安全性。

特斯拉汽车在自动驾驶应用中充分利用了电子地图的功能,使得其自动驾驶系统能够更准确地感知道路环境、规划最佳路线,并实现自动驾驶和驾驶辅助功能。这些案例展示了电子地图在特斯拉汽车自动驾驶应用中的重要性和价值,为实现更安全、智能的驾驶体验提供了关键支持。

## 2.3 地理信息系统

### 2.3.1 GIS 的定义

1963 年,加拿大测量学家 R. F. Tomlinson 首先提出了地理信息系统(Geographic Information System,GIS)的概念,我国地理信息系统方面的工作则是自 19 世纪 80 年代初开始的[5]。

GIS 是在电子计算机软件和硬件的支持下,运用信息科学、管理科学技术,对空间地理信息进行综合处理、分析和应用的信息系统。GIS 是计算机科学、地理学、测绘学、地图学等多门学科综合应用的一门新兴边缘学科。

计算机科学为 GIS 数据的采集、管理、分析和处理等提供技术支持。地理学是 GIS 的理论基础,为 GIS 提供有关空间分析的基本观点和方法。测绘学为 GIS 提供各种定位数据,其理论和算法可直接用于空间数据的变换和处理。

### 2.3.2 GIS 的组成

一个典型的地理信息系统应包括五个基本部分(图 2-2):硬件、软件、人员、数据与空间分析[7]。空间分析实际上也要通过软件来实现,但因为其是 GIS 的重要特征,因此我们把空间分析单列为 GIS 的一个组成部分。

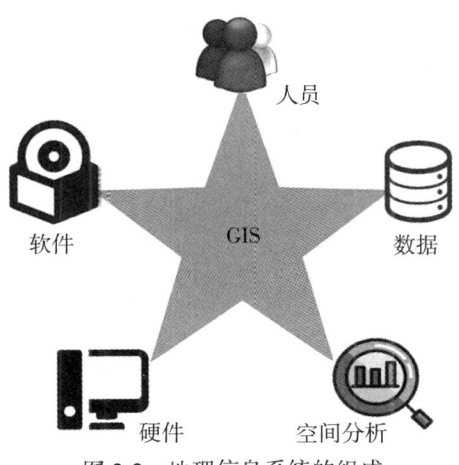

图 2-2 地理信息系统的组成

计算机系统可以分为硬件系统、软件系统。地理信息系统的硬件部分包括执行程序的中央处理器，保存数据和程序的存储设备，用于数据输入（如数字化仪等数字化设备）、显示和输出的外围设备（如绘图仪、显示器、虚拟现实头盔等）。其中大多数硬件设备是计算机技术的通用设备，地理信息系统的硬件系统正朝着快速、通用、低价位的方向发展。

地理数据库系统将地理信息系统的地理数据分为几何数据和属性数据[13]。它们的数据表达可以采用栅格和矢量两种形式，几何数据表现了地理空间实体的位置、大小、形状、方向以及拓扑等几何关系。

地理信息系统的应用人员和组织机构对于合格的系统设计、运行和使用至关重要，地理信息系统专业人员是地理信息系统应用成功的关键，而强有力的组织是系统顺利运行的保障。一个周密规划的地理信息系统项目应包括负责系统设计和执行的项目经理、信息管理的技术人员、系统用户化的应用工程师以及最终使用系统的用户。

### 2.3.3 GIS 的基本功能

地理信息系统包含五项基本功能：数据采集与编辑、数据库管理、空间查询和分析、地形分析、制图。

数据采集与编辑：地理对象的空间位置信息采集、属性信息采集；地理信息输入；地理信息数字化；地理数据的编辑、验证、编码、规范和标准化；符号设计和地图修饰；地理数据入库。

数据库管理：地理数据库定义、建立；地理数据库操作，包括数据检索、增加、修改、删除等；地理数据库维护、备份和安全；地理数据库更新和变更历史记录。

空间查询和分析：图形与属性双向查询。根据地理对象的图形查询相应的属性信息，按照属性信息的特点，查询对应的地理目标。

地形分析：GIS 通过构建数字高程模型进行有关地形分析。其中包括等高线分析、透视图分析、坡度坡向分析和断面图分析等内容。

制图：GIS 可以根据地理数据库生成数字地图，并对数字地图进行整饰，添加图例、颜色和标注，为用户输出全要素地图；根据用户需要，分层输出各种专题地图；可以输出通过空间分析得到的结果图。

### 2.3.4 GIS 应用领域

**1. 测绘与地图制图**

地理信息系统技术源于机助制图技术。地理信息系统（GIS）技术与遥感（RS）技术、全球导航卫星系统（GNSS）技术并称 3S 技术，在测绘界有广泛应用，为测绘与地图制图带来了一场革命性的变化。这场变化集中体现在：地图数据获取与成图的技术流程发生了根本性改变；地图的成图周期大大缩短；地图成图精度大幅度提高；地图的品种大大丰富。数字地图、网络地图、电子地图等一批崭新的地图形式为广大用户带来了巨大的应用便利。测绘与地图制图进入了一个崭新的时代。

**2. 国土资源勘查与管理**

资源清查是地理信息系统最基本的职能[8]，这时系统的主要任务是将各种来源的数据汇集在一起，并通过系统的统计和覆盖分析功能，按多种边界和属性条件，提供区域多种条件组合形式的资源统计和进行原始数据的快速再现。

以土地利用类型为例，可以输出不同土地利用类型的分布和面积，按不同高程带划分的土地利用类型，不同坡度区内的土地利用现状，以及不同时期的土地利用变化等，为资源的合理利用、开发和科学管理提供依据。

**3. 城乡规划与管理**

城市与区域规划中要处理许多不同性质和特点的问题，它涉及资源、环境、人口、交通、经济、教育、文化和金融等多个地理变量。地理信息系统的数据库管理有利于将这些数据信息归并到统一的系统中。最后进行城市与区域多目标的开发和规划，包括城镇总体规划、城市建设用地适宜性评价、环境质量评价、道路交通规划、公共设施配置，以及城市环境的动态监测等。这些规划功能的实现，是通过地理信息系统的空间搜索方法、多种信息的叠加处理以及一系列分析软件（如回归分析、投入产出计算、模糊加权评价、0-1规划模型、系统动力学模型等）来实现的。

**4. 灾害监测与预报**

利用地理信息系统，借助遥感遥测的数据，可以有效地用于森林火灾的预测预报、洪水灾情监测和洪水淹没损失的估算，为救灾抢险和防洪决策提供及时准确的信息。1994年的美国洛杉矶大地震，就是利用ARC/INFO进行灾后应急响应决策支持的，它成为大都市利用GIS技术建立防震减灾系统的成功范例。

根据我国大兴安岭地区的研究，通过普查分析森林火灾实况，统计分析十几万个气象数据，从中筛选出气温、风速、降水、湿度等气象要素、春秋两季植被生长情况和积雪覆盖程度等14个因子，用模糊数学方法建立数学模型，建立微机信息系统的多因子综合指标森林火险预报方法，预报火险等级的准确率可达73%。

## 2.3.5 GIS 的发展趋势

**1. GIS 发展趋势之一：地理大数据和云计算**

随着遥感技术、传感器网络和社交媒体等数据源的快速增长，地理大数据的规模不断扩大。这些数据包含了大量的空间和时间信息，需要高效地存储、处理和分析。云计算技术的发展使得处理大规模地理数据变得更加可行，允许研究人员和决策者在全球范围内共享和访问地理数据。我们可以将云计算定义为一种按需提供计算资源和服务的模式，通过网络进行访问，并以弹性和可扩展的方式提供。云计算的出现改变了传统计算模式，使用户能够根据需求快速获取和释放计算资源。研究人员探讨了云计算的基本原则，包括按需自助服务、广泛网络访问、资源池共享、快速弹性扩展和可计量服务等。他们还讨论了云计算面临的挑战，包括数据隐私和安全性、性能管理、可靠性和可用性等方面，并提出了一些关键问题，如数据移动性、数据隐私保护和计算资源管理，并讨论了解决这些问题的研究方向和未来的发展趋势。

在处理地理大数据方面，Janowicz等学者[9]介绍了GeoAI（地理人工智能）的概念和应用。他们指出，GeoAI是将人工智能技术与地理空间数据相结合的研究领域，旨在利用人工智能方法来实现地理知识的发现和解释。

**2. GIS发展趋势之二：人工智能和机器学习在GIS中的应用**

人工智能（AI）和机器学习（ML）的快速发展为GIS带来了新的机遇和挑战。AI和ML技术在地理数据分类、目标检测、图像分析和空间模式识别等方面展现出巨大的潜力。深度学习方法的引入为地物识别和地图更新提供了更准确和自动化的解决方案。

Demir等学者[10]介绍了DeepGlobe 2018挑战赛，该挑战赛旨在通过卫星图像解析地球。学者描述了挑战赛的背景和目标，以及参赛者需要解决的任务和数据集。DeepGlobe 2018挑战赛包含三个主要任务：地物检测、土地覆盖分类和建筑物分割。每个任务都基于卫星图像数据，旨在促进深度学习和计算机视觉方法在GIS中的应用。

**3. GIS发展趋势之三：空间分析和可视化能力的增强**

GIS的空间分析和可视化能力不断提升，为地理问题的解释和决策提供了更强大的工具。新的空间分析算法和可视化技术的出现，使得研究人员能够更好地理解地理现象和模式，从而支持决策的制定。

Goodchild等学者[11]强调了空间分析在地理信息系统（GIS）和地理信息科学中的重要性。他们指出，空间分析是GIS的核心功能之一，它通过对地理数据的处理和分析，揭示地理现象之间的空间关系和模式。他们还提到了空间分析的几个关键概念和技术，如空间关联、空间插值、空间模式识别和空间统计等。他们强调了空间分析在地理问题解决和决策支持中的价值，以及其对地理信息科学的贡献。他们还讨论了空间分析面临的挑战和发展方向，提出了一些关于空间分析方法改进和创新的问题，包括处理大数据、整合不同空间分辨率数据、融合地理和非地理数据等。

MacEachren等学者[12]介绍了可视化增强在GIS不确定性表示中的重要性。他们回顾了已有的可视化不确定性方法，包括符号化和图表化方法。他们讨论了这些方法的优势和局限，并提出了改进和创新的方向。此外，他们还探讨了不确定性的不同类型和来源，如测量误差、模型不确定性和语义不确定性。他们强调了这些不确定性对地理数据的解释和使用的影响，并提出了相应的可视化策略。他们的工作为地理信息科学研究者和从业者提供了对可视化增强的重要见解和指导。

**4. GIS发展趋势之四：空间大数据挖掘与智慧城市**

随着城市化进程的加速和物联网技术的普及，智慧城市概念的兴起为GIS发展带来了新的机遇。空间大数据挖掘技术可以帮助城市规划者和管理者更好地理解城市系统的运行和演化规律，从而提供更有效的城市管理和公共服务。

Hasan 等学者[13]结合 GIS 和空间大数据挖掘的研究提供了实证研究范例，并为利用在线社交媒体数据进行城市空间分析提供了重要的思路和方法。

Batty 等学者[14]探讨了未来智慧城市的概念、挑战和发展方向，并强调了 GIS 在智慧城市中的重要作用。他们指出，智慧城市是以信息和通信技术为基础，通过整合城市基础设施、数据和资源，实现城市管理和居民生活的智能化。其中，GIS 作为一种空间信息技术，对于智慧城市的规划、设计和运营起到关键的支持作用。通过 GIS 技术，智慧城市可以实现空间数据的集成和可视化，从而更好地了解和分析城市的空间特征和模式。GIS 还可以支持城市规划者和决策者进行空间分析和预测，优化城市的资源配置和交通管理。此外，GIS 还能与其他智慧城市技术结合，如物联网、大数据分析等，实现智慧城市的全面发展。论文还讨论了智慧城市发展中的挑战和问题，包括数据隐私和安全性、数据集成和共享、城市治理等方面。它强调了 GIS 在解决这些挑战和问题方面的潜力和重要性。

GIS 作为一个跨学科的领域，经历了长期的发展和演变。地理大数据和云计算、人工智能和机器学习的应用、空间分析与可视化的增强，以及空间大数据挖掘与智慧城市等领域是当前 GIS 发展的重要趋势。这些趋势将为 GIS 的研究和应用带来更多的机遇和挑战。

## 2.4 地理信息系统创新实践案例分析

本创新案例是国家工业和信息化部、教育部共同主办的第四届"中国软件杯"大学生软件设计大赛本科组获得一等奖的作品[15]。

在当前的社会环境下，随着人们生活水平的提高，人们对生活环境的质量要求也越来越高，大家越来越关注周边的空气环境质量，大气污染是影响城市居住区空气质量的重要因素之一。

在环境管理工作中，通常会面对大量的环境统计数据、污染报告清单等抽象文字，不仅查阅不便，也不利于将数据与污染源、周边环境等因素结合起来进行环境管理，因此环境模拟应运而生，并在环境决策中起着重要作用。环境模拟将多种环境过程和现象的信息转变成可以计算的形式，以多种概念、数量的模型加以描述，并将计算结果以某种形式显示输出。例如，空气污染扩散模拟是一种用于空气质量分析的环境模拟方法。传统的空气质量分析大多是基于环境统计数据的简单探索，如根据大量统计数据找出污染趋势和关系等。

为研究与解决气体污染扩散模拟及其可视化问题，我们创新设计并开发了一款气体污染扩散模拟可视化平台软件。

(1) 利用目前最为广泛使用的高斯模型及其相关扩展，参考国家标准规范和相关学术文献，开发了高斯烟羽模型、高斯烟团模型、线源模型、熏烟模型、封闭型扩散模型和颗粒物扩散模型等六种数学预测模型的四维时空动态可视化功能模块；

(2) 提出了众包统计模型及其可视化方法；

(3) 模拟了面向服务的传感器观测数据实时自动采集方法；

(4) 实现了可历史回溯的专题统计图制作功能；

(5) 提出沿高度积分降维算法和经纬度向格网映射赋值方法，实现快速渲染，提高可视化速度；

（6）利用微信、短信等移动设备端技术，不仅可以采集公众上报的数据，还可以推送气体污染超标预警。

该平台面向专业人员和公众开放。专业人员可以根据污染发生时的风速、风向、大气稳定情况，以及污染源所处的地理位置（城市或者乡村）等来选取相对应的模型进行计算，得到一个较为合理的扩散预测及可视化结果，以便进行相关的环境问题决策及处理；公众可通过浏览器、微信、短信等多种方式查询污染扩散情况，并可参与众包模型数据的收集，这些都对职能部门的气体污染事件处理起到辅助和监督作用。

系统开发设计的总体思想是采用 B/S 架构，通过浏览器访问服务器网站实现模拟可视化功能。系统从结构功能上由三大功能模块构成：前端显示平台、模型服务器以及数据服务器（图 2-3）。

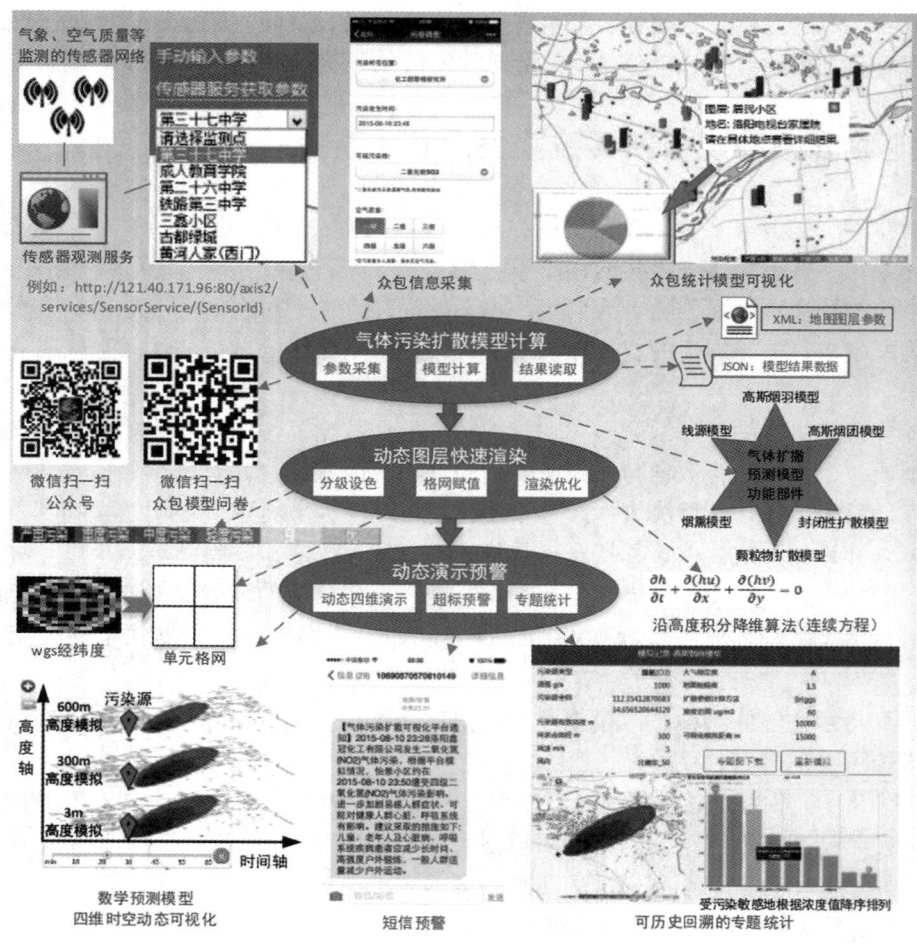

图 2-3　气体污染扩散模拟可视化平台设计

前端显示平台用于接收服务器发送的数据、模型计算请求、结果绘制以及统计信息图表显示。

模型服务器的功能有：模型计算、文档解析以及发送 WebService 请求。

数据服务器的主要功能是提供数据支持。

系统功能包括（图 2-4）：

图 2-4　气体污染扩散模拟可视化平台的主要功能

（1）地图浏览功能：系统以某市矢量电子地图作为底图数据，实现地图的放大、缩小、漫游、全图以及地物关键字搜索、图层开关、属性信息查询等功能。

（2）大气污染的模拟：系统支持高斯烟羽模型、高斯烟团模型、城市线源模型、熏烟模型、封闭型模型以及颗粒物扩散模型，用户通过输入污染源位置及浓度、风速、风向、大气稳定度等各种计算参数，根据实际环境特点及污染源种类选取模型后，能够在地图上看到污染模拟的可视化成果，成果按照浓度大小分级显示，同时，用户也可以选取指定位置点查看相应浓度值。对于计算污染浓度所需要的参数有效高度，系统提供了国家标准的计算方法供用户使用，通过输入排烟率、风速等参数后可以计算出烟流抬升高度并放入模型中得到最终结果。

（3）模拟结果的统计：针对各种模型分析出来的污染物扩散范围，系统能够统计出该范围内受影响的居民区、学校及受影响程度等相关数据，并生成对应的柱状图和饼状图供参考。

（4）动态模拟：对于高斯烟团模型的模拟结果，系统可以动态地模拟出污染物随着时间的变化在大气中扩散的情况。

（5）WebService 传感器数据获取：由于气体污染模拟的大部分参数都是可以通过传感器得到的，因此本系统在 MySql 数据库中创建了数据表，模拟传感器观测到的数据，用户可以通过 WebService 访问数据库获取模型计算参数。

（6）模型说明及系统介绍：系统提供各种模拟模型以及相应参数的基本知识供用户输

入时进行参考，此外还应当有网站的介绍，指导用户了解网站的用途及功能，以提供良好的用户体验。

本平台的创新点和特点可以归纳如下：

（1）面向服务的传感器观测数据自动获取方法。

基于标准规范（如 OGC SWE 等）的异构多源传感器监测数据实时自动获取服务，可以为大气污染扩散模拟及其可视化提供一种快速、可靠的数据获取手段。

（2）众包模型及其可视化。

平台提出了一种众包统计模型方法对大气污染扩散进行模拟与可视化，统计数据来自公众通过微信等工具上传的数据，经过预处理、数据质量分析、统计分析等步骤得出污染情况。该模型有效地规避了高程的影响，能及时获取突发污染事件扩散情况的数据。虽然在大气环保领域中还没有相关文献分析众包数据的可靠性，但已有其他领域文献论述证明其众包数据分析结果是可靠的。众包模型还可以提高公众对大气污染防治的参与度。

（3）分级展示的四维时空动态可视方法。

四维即横、纵、高度和时间。平台实现了时间轴上的动态扩散模拟和可视化，同时还实现了高度轴上的分级可视化。因为平台采用 B/S 架构，微机客户端浏览器的计算能力不足以支持真三维可视化展示，所以本平台采用分级立体展示的方法，即将高度分级，只展示逐个高度级别上的二维扩散情况。可连续动态浏览某时间段内的大气扩散情况，可离散获取不同高度上的大气污染情况。

（4）可历史回溯的专题图与统计图制作方法。

除了可回溯浏览历史扩散情况外，还可以更新参数重新计算，并可导出专题图。

（5）沿高度积分降维算法。

忽略了风速等气象参数沿垂线的变化，使三维计算降为二维计算，提高了可视化速度。

（6）经纬度向格网映射赋值方法。

减少了渲染时像素点的计算量，提高了可视化速度。

（7）超标预警的短信和微信推送。

提供了一种应急响应公共服务手段，使公众能够快速、直观地了解大气污染扩散情况。

（8）模型即插即用型的功能部件式开发方法。

采用部件式开发方法，所有模型都可以通过 Web 服务接口向外输出结果。

## 本章思考题

1. 普通地图和专题地图的区别是什么？
2. 电子地图与地理信息系统的区别是什么？
3. 地理信息系统的组成包括什么？
4. 地理信息系统的功能有哪些？
5. 你手机中的哪些应用是与地理信息系统相关的？请简要描述这些应用。

6. 选择一个特定区域，分别使用等角投影、等积投影和任意投影的方法，将该区域的地理数据进行投影转换。

7. 选择你所在地区的一个小区域（如公园、校园的一部分），尝试分别绘制一幅普通地图和一幅专题地图。

## 本章参考文献

[1] 龚健雅，秦昆，唐雪华，等. 地理信息系统基础[M]. 3版. 北京：科学出版社，2024.

[2] 何宗宜，宋鹰，李连营. 地图学[M]. 2版. 武汉：武汉大学出版社，2023.

[3] 邹进贵，冯永玖，王健，等. 数字地形测量学[M]. 3版. 武汉：武汉大学出版社，2024.

[4] 边少锋，李厚朴. 地图投影计算机代数分析[M]. 北京：科学出版社，2024.

[5] 边馥苓. 地理信息系统原理和方法[M]. 北京：测绘出版社，1996.

[6] 王飞. 数字地图，电子地图与地图[J]. 地图，1998(3)：2.

[7] 郭仁忠. 空间分析[M]. 2版. 北京：高等教育出版社，2001.

[8] 陈军. 全球地表覆盖遥感制图[M]. 北京：科学出版社，2016.

[9] Janowicz K, Yan B, Mücher S, et al. GeoAI: Spatially explicit artificial intelligence techniques for geographic knowledge discovery and beyond[J]. International Journal of Geographical Information Science, 2020, 34(4): 625-636.

[10] Demir I, et al. Deepglobe 2018: A challenge to parse the earth through satellite images[C]//Proceedings of the IEEE Conference on Computer Vision and Pattern Recognition Workshops, 2018.

[11] Goodchild M F. Geographic information systems and science: today and tomorrow[J]. Annals of GIS, 2009, 15(1): 3-9.

[12] MacEachren A M, et al. Visualizing geospatial information uncertainty: What we know and what we need to know[J]. Cartography and Geographic Information Science, 2005, 32(3): 139-160.

[13] Hasan S, Zhan X, Ykkusuri S V. Understanding urban human activity and mobility patterns using large-scale location-based data from online social media[C]//Proceedings of the 2nd ACM SIGKDD international workshop on urban computing, 2013.

[14] Batty M, et al. Smart cities of the future[J]. The European Physical Journal Special Topics, 2012, 214: 481-518.

[15] 武汉大学. 我校摘全国大学生软件设计大赛2项一等奖[EB/OL]. [2025-02-16]. https://news.whu.edu.cn/info/1002/44026.htm.

# 第 3 章

# 卫星导航定位与位置服务

"北斗七星,所谓'旋、玑、玉衡,以齐七政'。杓携龙角,衡殷南斗,魁枕参首。用昏建者杓;杓,自华以西南。夜半建者衡;衡,殷中州河、济之间。平旦建者魁;魁,海岱以东北也。斗为帝车,运于中央,临之四乡。分阴阳,建四时,均五行,移节度,定诸纪,皆系于斗。"

——司马迁《史记·天官书》记载北斗七星是天文历法的核心参照,古人通过北斗斗柄指向划分四季(如"斗柄东指,天下皆春"),体现了北斗在时空定位中的基础作用。

◎ 本章简介

本章解释了卫星导航定位的概念与原理,剖析了北斗、GPS、GLONASS 和 Galileo 等系统的特点,重点介绍了北斗系统的发展、优势及创新。详细说明了卫星导航定位在地理空间数据采集、高精度测量、车辆监控调度等多领域的应用。进一步扩展到位置服务的概念、分类、发展历程和应用,分析了基于位置服务的工程开发体系结构和技术框架。以"警保联动"车联网系统作为创新创业实践案例,呈现卫星导航定位与位置服务的应用价值。

## 3.1 卫星导航定位

在人类整个漫长的迁徙历程中，获取位置、指明方向、规划线路是人们面临的重要需求，因此，导航系统也就成为我们最早的科学系统之一。在古代，我们通过司南、指南针来辨认方向，晚上可以通过北斗七星等天体来确认位置与方向，随着大航海时代的兴起，传统的导航技术更是发展到了巅峰。进入20世纪下半叶，人类开始对太空进行探索，卫星技术的发展使得卫星导航成为目前应用最广泛的导航技术。

### 3.1.1 卫星导航系统

卫星导航是指采用导航卫星对地面、海洋、空中和空间的用户进行导航定位的技术[1]。卫星导航综合了传统导航系统的优点，真正实现了各种天气条件下全球高精度被动式导航定位。特别是时间测距卫星导航系统，不但抗干扰能力强，而且能提供全球和近地空间连续立体覆盖、高精度三维定位和测速服务。卫星导航依赖于以人造地球卫星作为导航台的星基无线电导航系统，利用无线电达到的时间来进行测距、定位，为全球海、陆、空、天的各类军民载体提供全天候、高精度的位置、速度、时间信息。如图3-1所示。

图3-1 卫星导航

卫星导航系统由导航卫星、地面台站和用户定位设备三部分组成，如图3-2所示。

(1) 导航卫星是卫星导航系统的空间星座部分，由多颗导航卫星构成空间导航网。

(2) 地面台站，即地面控制部分。主要是跟踪、测量和预报卫星轨道，并对卫星上设备的工作进行控制管理，通常包括跟踪站、遥测站、计算中心、注入站及时间统一系统等。跟踪站用于跟踪和测量卫星的位置坐标。遥测站接收卫星发来的遥测数据，以供地面监视和分析卫星上设备的工作情况。计算中心根据这些信息计算卫星的轨道，预报下一段时间内的轨道参数，确定需要传输给卫星的导航信息，并由注入站向卫星发送这些信息。

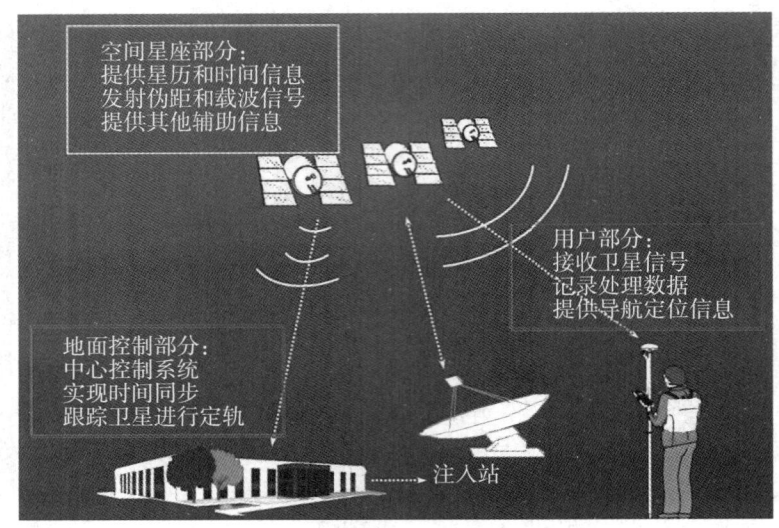

图 3-2　卫星导航系统组成

（3）用户部分通常由接收机、定时器、数据预处理器、计算机和显示器等设备组成。它接收卫星发来的微弱信号，从中解调并译出卫星轨道参数和定时信息等，同时测出导航参数（距离、距离差和距离变化率等），再由计算机算出用户的位置坐标（二维坐标或三维坐标）和速度矢量分量。用户定位设备分为船载、机载、车载和单人背负等多种形式。

目前，卫星导航主要是通过全球导航卫星系统（Global Navigation Satellite System，GNSS）来实现的。该系统是能够在地球表面或近地空间的任何地点为用户提供全天候的三维坐标和速度以及时间信息的空基无线电导航定位系统。通俗地说就是，如果除了想知道经纬度还想知道高度，那么，必须收到 4 颗卫星的信号才能准确定位。在当今世界，常用的卫星导航系统主要有 4 类：美国的全球定位系统（GPS）、欧洲的伽利略（Galileo）系统、俄罗斯的格洛纳斯系统（GLONASS）以及中国的北斗系统（BDS）。

**1. GPS**

GPS 起始于 1958 年美国军方的一个项目，1964 年投入使用。20 世纪 70 年代，美国陆、海、空三军联合研制了新一代卫星定位系统 GPS，主要目的是为陆海空三大领域提供实时、全天候和全球性的导航服务，并用于情报搜集、核爆炸监测和应急通信等一些军事目的。经过 20 余年的研究实验，耗资 300 亿美元，到 1994 年，全球覆盖率高达 98% 的 24 颗 GPS 卫星星座已布设完成。GPS 利用导航卫星进行测时和测距，具有在海、陆、空全方位实时三维导航与定位的能力。它是美国继阿波罗登月计划、航天飞机后的第三大航天工程。如今，GPS 已经成为当今世界上最实用、也是应用最广泛的全球精密导航、指挥和调度系统。

GPS 是以全球 24 颗定位人造卫星为基础，向全球各地全天候地提供三维位置、三维速度等信息的一种无线电导航定位系统。它由三部分构成：一是地面控制部分，由主控站、地面天线、监测站及通信辅助系统组成；二是空间部分，由 24 颗卫星组成，分布在 6 个轨道平面上；三是用户装置部分，由 GPS 接收机和卫星天线组成。民用的定位精度可达 10m。如图 3-3 所示。

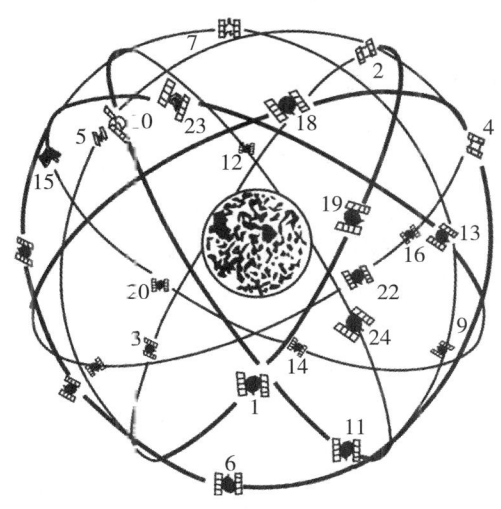

图 3-3  GPS 导航系统

**2. GLONASS**

GLONASS 是俄语"Global Navigation Satellite System"的缩写。GLONASS 是由苏联国防部独立研制和控制的第二代军用卫星导航系统，是继 GPS 后的第二个全球卫星导航系统。GLONASS 由卫星、地面测控站和用户设备三部分组成，系统由 21 颗工作星和 3 颗备份星组成，分布于 3 个轨道平面上，每个轨道平面有 8 颗卫星，轨道高度 1 万 9000 千米，运行周期 11 小时 15 分。GLONASS 于 20 世纪 70 年代开始研制，1984 年发射了首颗卫星入轨。但由于航天拨款不足，该系统部分卫星一度老化，最严重时曾只剩 6 颗卫星运行，2001 年，俄罗斯启动现代化改造计划，通过补网发射新一代 GLONASS-M/K 卫星，逐步恢复全球覆盖能力，截至 2025 年，GLONASS 在轨卫星达 27 颗，民用精度提升至 1Cm，军用精度推测为 1.5m。在技术方面，GLONASS 的抗干扰能力比 GPS 要好，但其单点定位精度不及 GPS。

**3. Galileo 系统**

Galileo 是由欧盟研制和建立的全球卫星导航定位系统，该计划于 1992 年由欧洲委员会公布，由欧空局共同负责。该系统由 30 颗卫星组成，其中包括 27 颗工作星和 3 颗备份星。卫星轨道高度为 23616km，位于 3 个倾角为 56°的轨道平面内。2012 年 10 月，伽利略全球卫星导航系统第二批两颗卫星成功发射升空，太空中已有的 4 颗正式的伽利略卫星,可以组成网络,初步实现地面精确定位的功能。Galileo 系统是世界上第一个基于民用的全球导航卫星定位系统,投入运行后,全球的用户将使用多制式的接收机,获得更多的导航定位卫星的信号,这将在无形中极大地提高导航定位的精度。根据最新计划,伽利略系统将在 2025 年继续部署第二代卫星,并探索低轨导航技术。欧洲正推动 LEO-PNT(低轨定位导航与授时)项目演示,计划在 2025—2026 年开展相关实验。

与美国的 GPS 相比,建成后的 Galileo 系统将具备至少三方面优势[2]:首先,其覆盖面积将是 GPS 的两倍,可为更广泛的人群提供服务;其次,伽利略系统的地面定位误差不超过 1m,精确度要比 GPS 高 5 倍,用专家的话说,"GPS 只能找到街道,而伽利略系统则能找到车库门"。此外,伽利略系统使用多种频段工作,在民用领域比 GPS 更经济、更透明、更开放。伽利略计划一旦实现,不仅将极大地方便欧洲人的生活,还将为欧洲的工业和商业带来可观的经济效益。更重要的是,欧洲将从此拥有自己的全球卫星定位系统,这不仅可以为建设梦想已久的欧洲独立防务创造条件,更有助于打破美国 GPS 的垄断地位,在全球高科技竞争浪潮中夺取有利位置。

### 4. 北斗导航系统

中国北斗卫星导航系统(BeiDou Navigation Satellite System,BDS)(图 3-4)是中国自行研发的全球卫星导航系统[3-4],是继美国 GPS、俄罗斯 GLONASS 之后第 3 个成熟的卫星导航系统。北斗卫星导航系统由空间段、地面段和用户段三部分组成,可在全球范围内全天候、全天时为各类用户提供高精度、高可靠的定位、导航、授时服务,并具备短报文通信能力。

图 3-4  三代北斗卫星导航系统

北斗卫星导航系统空间段由 35 颗卫星组成,包括 5 颗静止轨道卫星、27 颗中地球轨道卫星、3 颗倾斜同步轨道卫星。5 颗静止轨道卫星的定点位置分别是东经 58.75°、80°、110.5°、140°、160°,中地球轨道卫星运行在 3 个轨道面上,每个轨道面之间相隔 120°。2020 年,北斗三号系统正式开通全球服务,短报文通信能力提升到 1200 个汉字。

与美国 GPS、俄罗斯 GLONASS 相比,中国北斗卫星导航系统除了导航定位功能以外,还具有短报文通信功能,是定位卫星和通信卫星的结合体,北斗卫星导航系统具有 120~1200 个汉字的短报文通信功能,并能与互联网、移动互联网互通,这样就可以在军事上、经济建设和灾害与应急中实现集团指挥功能。

## 3.1.2 导航定位基本原理

导航是将航行体从起始点导引到目的地的技术或方法。导航的基本过程为：确定目的地位置；确定自身位置；决定行进方向（路线）。由此可见，确定某一点的位置是完成各种导航功能的关键，因此导航系统也被称为定位系统[5]。

在空间解析几何理论中，在一个立体直角坐标系中，任何一个点的位置都可以通过三维坐标系中的三个坐标数据 $X$、$Y$、$Z$ 来确定。也就是说，只要能得到 $X$、$Y$、$Z$ 三个坐标数据，就可以确定任何一点在空间中的位置。如果能测得某一点与其他三点 $A$、$B$、$C$ 的距离，并确知 $A$、$B$、$C$ 三点的坐标，就可以建立起一个三元方程组，解出该未知点的坐标数据，从而得到该点的确切位置。根据这个原理，全球导航卫星系统在太空中建立了自己的卫星网络。通过对卫星轨道分布的合理化设计，用户在地球上任何一个位置都可以观测到至少三颗卫星。由于在某个具体时刻，某颗卫星的位置是确定的，因此用户只要测得与它们的距离，就可以解算出自身的坐标。

用户如何测量与卫星的距离呢？通常采用的方法是在卫星和用户机上各安装一个时钟，并在卫星发送的测距信号中包含发送时的时间信息。这样，用户机在接收到测距信号后，只要与自身时钟的时间对比，就可以获得发送时间与接收时间的时差，再乘以光速，就可以得到与卫星的距离了。但在实际应用中，这个做法仍有缺陷。由于用户机受空间和能源的限制，只能采用精度较差的石英钟，因此不可能做到与卫星时钟的完全同步，这样测量出来的时间差和由此所计算得出的距离必然会有较大的误差。为消除这一误差，GNSS 测距时同时接收 4 颗卫星的信号，从而把钟差也作为一个未知数，与坐标共同组成一个四元方程组，与坐标一齐解算出来，从而得到用户机的经纬度和高程。这种方式具有相当高的定位精度，是目前常用的多星定位方法之一，如图 3-5 所示。

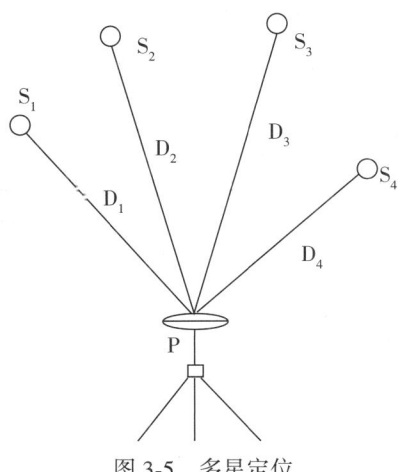

图 3-5　多星定位

采用多星定位主要是解决观测量不够的问题，其中，美国的 GPS、俄罗斯的 GLONASS 以及欧洲的 Galileo 导航系统都属于这种多星系统。它们一般采用四颗卫星进行定位，其中四星定位方程如式(3-1)所示。

$$\begin{cases} \rho_1 = \sqrt{(x-x_{s1})^2 + (y-y_{s1})^2 + (z-z_{s1})^2} + \Delta t \cdot C \\ \rho_2 = \sqrt{(x-x_{s2})^2 + (y-y_{s2})^2 + (z-z_{s2})^2} + \Delta t \cdot C \\ \rho_3 = \sqrt{(x-x_{s3})^2 + (y-y_{s3})^2 + (z-z_{s3})^2} + \Delta t \cdot C \\ \rho_4 = \sqrt{(x-x_{s4})^2 + (y-y_{s4})^2 + (z-z_{s4})^2} + \Delta t \cdot C \end{cases} \tag{3-1}$$

需要说明的是，卫星导航系统不但有天上的部分，还包括地上的部分，以北斗卫星导航系统为例，北斗地基增强系统是能够向用户提供米级、亚米级、分米级、厘米级精度的定位和导航增强服务的基础设施，这个设施取决于全国各地建设的大量的北斗地基增强参考站，这个参考站的位置是固定的，全国分布有几百到几千个基站，通过这些基站，能够对卫星定位的误差进行修正，从而将普通GNSS定位的精度从10m提升到更高的精度。

### 3.1.3 北斗卫星导航系统

北斗卫星导航系统是我国着眼于国家安全和经济社会发展需要，自主建设、独立运行的卫星导航系统，是为全球用户提供全天候、全天时、高精度的定位、导航和授时服务的国家重要空间基础设施。

建成后的北斗全球导航系统为民用用户免费提供约10m精度的定位服务。具有高精度、高可靠、高保险、多功能的北斗全球卫星导航系统有一些美国、俄罗斯和欧洲全球卫星导航系统不具备的性能和特点，例如，其空间段采用三种轨道卫星组成的混合星座，且与其他卫星导航系统相比高轨卫星更多，因此抗遮挡能力强，尤其在低纬度地区性能更为明显；北斗三号可提供多个频点的导航信号，并通过多频信号组合使用等方式提高服务精度，该卫星导航系统创新融合了导航与通信能力，具有实时导航、快速定位、精确授时、位置报告和短报文通信服务五大功能。

与北斗二号相比，北斗三号在精度和可靠性上都有很大的提高，除了服务区域由区域覆盖扩大到全球覆盖外，其单星设计寿命由以前的8年提高到10~12年，并首次提出"保证服务不间断"指标。

另外，北斗三号还有以下重大技术创新或改进。北斗三号中圆地球轨道卫星采用了新型的导航卫星专用平台，它具有功率密度大、载荷承载比重高、设备产品布局灵活、功能拓展适应能力强等技术特点，可为系统后续功能和需求拓展提供更强的适应能力，将实现卫星导航系统的定位、授时和导航服务业务，兼容天基数据传输、新业务载荷的在轨应用，能作为天基数据传输网络的广播节点。作为世界上唯一的由3种轨道卫星构成的导航系统，北斗三号未来还将按照国际标准增加全球搜救、全球位置报告、星基增强等拓展服务。

北斗三号地球静止轨道卫星与倾斜地球同步轨道卫星采用大型卫星平台，能集成多种载荷，兼容实现天基增强、可动点波束功率增强、短报文通信与位置报告等系统功能，成为天基数据传输网络的中心节点。

北斗三号卫星星座首次配备了相控阵星间链路(在卫星之间搭建的通信测量链路)，解决了境外监测卫星的难题，成为一大特色。这样能实现对运行在境外的卫星进行监测、注入功能，并可实现卫星之间的双向精密测距和通信，从而能够进行多星测量，自主计算并修正卫星的轨道位置和时钟系统，大大减少对地面站的依赖，提高整个系统的定位精度和服务精度[6-7]。星间链路是北斗导航卫星实现自主导航的关键，不仅实现了北斗卫星相互间的通信和数据传输，还能相互测距，自动"保持队形"，减轻地面管理维护压力。所谓自主导航，就是指即使地面站全部失效，30多颗北斗导航卫星也能通过星间链路提供精准定位和授时服务，地面用户通过手机等终端接收导航卫星的信号，仍旧能进行定位及导航。

众所周知，导航卫星上的原子钟性能对整个卫星导航系统的性能有重要影响。北斗三号卫星采用我国新型高精度铷原子钟和氢原子钟。与北斗二号卫星采用的原子钟相比，北斗三号卫星上的原子钟在产品体积、重量方面大幅减小，每天的频率稳定度提高了10倍，综合指标达到国际领先水平。其上的氢原子钟精度将比北斗二号的星载铷原子钟提高一个数量级。铷原子钟的天稳定度为每1万秒误差10~14秒量级，而氢原子钟的天稳定度为每1万秒误差10~15秒量级。原子钟技术的进步，直接推动了北斗导航系统的定位精度由10m量级向米级跨越，测速和授时精度同步提高一个量级。

北斗三号卫星进一步提升了连续性、稳定性和可用性的指标，采用多项新技术提高了卫星的抗干扰能力，非计划中断指标为每年0.4次，达到国际先进水平。它采用了多重可靠性"加固"措施，可最大限度提高系统的保险系数。比如，系统建成后运行卫星数量大于服务必需卫星数，即卫星有备份，配备了多台铷原子钟，形成"双保险"一起提供服务；还采用了软件冗余、故障自我诊断和故障自我修复等多项措施，可保证系统的可靠性。

该卫星还在世界上首次实现了卫星的在轨自主完好性监测功能，这一功能对民航、自动驾驶等涉及生命安全领域的用户来说，具有极强的实用价值。它将增加性能更优的互操作信号，即与世界其他卫星导航系统兼容性更好的信号B1C和B2a。其全新的导航信号体制和强大的在轨重构功能，也将极大地提升用户体验，通过兼容互操作技术，可为用户在终端上接收多个信号奠定基础，给用户提供多种选择方案。

随着全球覆盖的实现，北斗卫星导航系统为全球用户提供了广泛而可靠的导航、定位、授时和通信服务。无论是在陆地、海洋还是在空中，用户都可以依靠北斗卫星导航系统获取精准的位置信息，获得准确的导航引导以及高精度的授时服务。这对于个人用户、商业应用、科学研究等领域都具有重要意义。

在北斗三号的发展中，系统将继续进行升级和改进，以进一步提升性能和服务能力。北斗三号将致力于提高定位精度、导航可靠性和授时精确性，以满足用户对更高精度导航和定位的需求。它还将引入更先进的技术和功能，以增强系统的抗干扰能力和室内定位能力，提供更全面的导航服务。

此外，北斗三号还将进一步拓展其应用领域和服务功能。系统可能会增加更多的服务模块，涵盖天气监测、环境监测、灾害预警等多个方面，以满足不同行业的需求。北斗三号还将推动卫星导航与其他技术的融合，如人工智能、物联网等，促进跨领域创新和发展。

随着北斗系统建设和服务能力的发展，相关产品已广泛应用于交通运输、海洋渔业、水文监测、气象预报、测绘地理信息、森林防火、通信系统、电力调度、救灾减灾、应急搜救等领域，逐步渗透到人类社会生产和人们生活的方方面面，为全球经济和社会发展注入新的活力。

卫星导航系统是全球性公共资源，多系统兼容与互操作已成为发展趋势。中国始终秉持和践行"中国的北斗，世界的北斗"的发展理念，服务"一带一路"建设，积极推进北斗系统国际合作。与其他卫星导航系统携手，与各个国家、地区和国际组织一起，共同推动全球卫星导航事业发展，让北斗系统更好地服务全球、造福人类。

◎ 小贴士

**我国的北斗产业与数字经济**

北斗的定位、导航与授时（PNT）能力是数字经济的核心要素之一，为数字经济提供时空数据底座。应用场景包括：智慧城市：通过"北斗+5G"实现交通流量实时监控（如北京亦庄自动驾驶示范区）；精准农业：农机自动驾驶（2023年黑龙江农垦区北斗终端覆盖率超90%）；物流追踪：京东、顺丰等企业采用北斗实现全流程数字化管理。

另一方面，数字经济也在驱动北斗产业升级。例如，数字技术推动北斗芯片小型化、低成本化（2023年国产22nm北斗芯片量产，价格降至10美元级）；云计算提升北斗数据处理效率（千寻位置"北斗时空智能平台"日均处理数据超10PB）。

赋能应用场景扩展，例如，在工业互联网领域，三一重工公司通过"北斗+工业互联网"实现工程机械远程运维，故障率下降30%；在元宇宙领域，北斗时空数据支撑虚拟空间与现实世界映射（如高德地图3D城市建模）。

北斗产业也带动了商业模式的创新，例如，数据服务订阅：千寻位置推出"星基增强服务（StarFire）"按需收费模式；平台经济：滴滴出行基于北斗的智能调度系统降低空驶率15%。

国家《"十四五"数字经济发展规划》明确北斗与5G、AI等并列为核心技术。2023年"北斗产业化重大工程"投入超50亿元，重点支持"北斗+行业数字化"。2023年中国北斗产业规模达5800亿元，其中80%以上涉及数字经济融合应用。

未来，在6G通导一体化方面，北斗将嵌入6G标准，支撑空天地海无缝覆盖。量子PNT使北斗与量子精密测量技术结合，提升地下、深海定位能力。美国GPS-Ⅲ与北斗三代的民用市场也将竞争加剧。

## 3.2 导航定位应用

随着卫星技术的不断发展，四大全球导航卫星系统的功能不断得到完善，为用户提供的服务种类也越来越多样化，卫星导航定位系统已经融入了人类生活的各个方面，为人类社会的发展与进步作出了极大的贡献。以GPS、北斗等系统为代表的卫星导航应用产业已逐步成为一个全球性的高新技术产业，普遍应用于地理数据采集、测绘、车辆监控调度和导航服务、航空航海、军用、时间和同步、机械控制、大众消费等多个领域。

### 3.2.1 地理空间数据采集

传统空间数据的主要资料来源是测绘部门提供的大比例尺地图。这些地图的绘制需要测绘、统计、交通等部门的协作，投入大量人力、物力来完成，因此其更新周期较长；另外它们不具备汇总其他社会经济等各方面信息、提供动态综合分析的功能。在经济高速发展的现在，政府宏观决策、城市规划、交通建设等方面对空间资料的要求是实时、高精度和全方位的，这就需要健全能够实现及时更新的基础地理信息数据库。

对 GIS 来说，卫星导航系统提供了一种极为重要的实时、动态、精确获得空间数据的方法，是 GIS 的重要数据源。卫星导航系统大大拓展了 GIS 的应用领域和应用方式，然而，它虽然可以迅速给出目标的位置和速度，但无法给出目标自身周围环境的地理属性和与其相关的空间信息的描述，而 GIS 恰能满足这一互补要求。

人类 80%的活动与空间信息有关，地理数据采集是 GNSS 最基本的专业应用，用来确认航点、航线和航迹。国土、矿产和环境调查等需要确定采样点位信息，铁路、公路、电力、石油、水利等需要确定管线位置信息，房地产、资产和设备巡检等需要确定面积和航迹位置信息。GIS 数据采集产品正在成为满足各行业对空间地理数据需求的常用工具。

### 3.2.2 高精度测量

卫星导航应用给测绘界带来了一场革命，现已广泛应用于大地测量、资源勘查、地壳运动、地籍测量及工程测量等领域，在海洋测量和海洋工程中的应用也已经兴起。与传统的测量手段相比，卫星导航应用有三大的优势：测量精度高；操作简便，仪器体积小，便于携带；全天候操作；观测点之间无需通视。

以道路工程为例，随着高等级公路的迅速发展，对勘测技术提出了更高的要求。由于线路长，已知点少，因此，用常规测量手段不仅布网困难，而且难以满足高精度测量的要求。通过采用 GNSS 技术建立线路首级高精度控制网，然后用常规方法布设导线加密[3]。实践证明，在几十千米范围内的点位误差只有 2cm 左右，达到了常规方法难以实现的精度，同时也大大缩短了工期。GNSS 技术也广泛应用于特大桥梁的控制测量中[9]。由于无需通视，可构成较强的网形，提高点位精度，同时对检测常规测量的支点也非常有效。GNSS 技术在隧道测量中具有广泛的应用前景，GNSS 测量无需通视，减少了常规方法的中间环节，因此具有速度快、精度高的特点，具有显著的经济效益和社会效益。

同样，我国的北斗卫星导航系统技术用于公路边坡（滑坡、崩塌）、桥梁变形监测，由于不受通视条件的限制，因而选点灵活，可以根据监测需要，将监测点布设在对变形体的形变比较敏感的特征点上，而且卫星导航定位系统静态相对定位具有很高的定位精度和较强的作业自动化程度，这些特点使得卫星导航定位系统在公路边坡等地质灾害及桥梁变形监测中具有广阔的应用前景。

基于北斗卫星导航系统的大型桥梁安全监测系统可以监测桥梁锚碇处沉降、桥塔处变位偏移、桥身相对变形等参数；监测桥梁在异常状况下（地震、台风、船只撞击等）的动力响应,并且可以通过实时观测,得出桥梁的固有动态特性的发展状况;通过北斗卫星导航系统测试得到桥梁变形与动态数据,对桥梁的安全状况进行评估,并实施预报警。

### 3.2.3 车辆监控调度及导航服务

车辆监控调度应用系统通过 GNSS 全球定位技术,利用通信信道,将移动车辆的位置数据传送到监控中心,实现 GIS 的图形化监视、查询、分析功能,对车辆进行调度和管理。

车载导航系统结合了卫星导航技术、地理信息技术和汽车电子技术,可在显示器上精确显示汽车的位置、速度和方向,为驾驶者提供实时的道路引导。

在此方面所拥有的功能包括:

(1)利用 GNSS 和电子地图可以实时显示出车辆的实际位置,并可任意放大、缩小、还原、换图。可以随目标移动,使目标始终保持在屏幕上,还可实现多窗口、多车辆、多屏幕同时跟踪。利用该功能可以对重要车辆和货物进行跟踪运输。

(2)提供出行路线规划和导航服务。提供出行路线规划是汽车导航系统的一项重要的辅助功能,它包括自动线路规划和人工线路设计两部分。自动线路规划是由驾驶者确定起点和目的地,由计算机软件按要求自动设计最佳行驶路线,包括最快的路线、最简单的路线、通过高速公路路段次数最少的路线。人工线路设计是由驾驶员根据目的地设计起点、终点和途经点等,自动建立路线库。线路规划完毕后,显示器能够在电子地图上显示设计路线,并同时显示汽车的运行路径和运行方法。

(3)信息查询。为用户提供主要目标,如旅游景点、宾馆、医院等,用户能够在电子地图上显示其位置。同时,监测中心可以利用监测控制台对区域内的任意目标所在位置进行查询,车辆信息将以数字形式在控制中心的电子地图上显示。

(4)话务指挥。指挥中心可以实时监测区域内车辆的运行状况,并对被监控车辆进行合理调度。指挥中心也可随时与被跟踪目标通话,实行动态管理。

(5)紧急援助。通过 GNSS 定位和监控管理系统,我们可以对遇到险情或发生事故的车辆进行紧急援助。监控台的电子地图显示求助信息和报警目标,规划最优援助方案,并以报警声光提醒值班人员进行应急处理。

### 3.2.4 航空和航海应用

在航空应用方面,为满足日益增长的空中运输量的需求,适应新型飞机航程的扩展与航速的提高,克服陆基空中交通管理系统的局限性,国际民航组织(ICAO)决定实施基于卫星导航、卫星通信和数据通信技术的新的空中交通管理系统,即新航行系统。根据 ICAO 的要求,新系统和原系统在 2005 年前同时使用,到 2010 年全球范围内的陆基系统将逐步停止使用,2010 年以后新系统将作为唯一手段在全世界范围内运行。

在航海应用方面,主要包括救援、导航和港口运作等方面的内容。1992 年,国际海事组织在全世界范围内实施《全球海上遇险和安全系统》[10],利用海事卫星改善海上遇险与安全通信,建立新的全球卫星通信搜救网络。使用了全球卫星导航系统后,弥补了全球海上遇险和安全系统在确定位置方面的不足。

海洋和河道运输是当今世界上最广泛应用的运输方式，效率、安全和最优化是海洋和河道运输的重点。卫星导航技术的应用，有效地实现了最小航行交通冲突的目标，更有效地利用日益拥挤的航路，保证了航行安全，提高了交通运输效率。

卫星导航技术已经广泛应用于港口船舶进出港导航、现场调度指挥监控、GIS建库和维护、信息管理系统建设等方面，为加速港口现代化建设发挥了不可替代的作用。

以北斗卫星导航系统为例，我国以北斗卫星导航系统为基础构建的北斗卫星海洋渔业综合信息服务网络，实现多网合一的渔船船位集中监控平台，向渔业管理部门提供船位监控、紧急救援、政策发布、渔船出入港管理等服务；向海上渔船提供导航定位、遇险求救、航海通告、增值信息（如天气、海浪、渔市行情）等服务；提供船与船、船与岸间的短消息互通服务等。

北斗卫星导航系统在东沙群岛渔船搁浅事件，2008年"米娜""海贝思"台风事件，2009年多次台风和强热带风暴（"天鹅""莫拉克""巨爵""芭玛"）袭击事件，以及多次渔船被外国抓扣救援事件中，均发挥了明显的安全保障、遇险救助指挥的重要作用，也极大地提高了渔业管理部门的渔船安全生产保障水平，增加了渔民收入，减少了外事争端，维护了我国海洋权益。

## 3.2.5 军用

对于四大卫星导航系统来说，建立该系统的最初目的是满足军事领域的需要。美国GPS当初是为了军事目的而建，建成之后在诸如1991年的海湾战争、1995年的波黑战争、1998年的"沙漠之狐"行动、2003年开始的"盟军行动"等历次局部战争中发挥了重要作用。卫星导航系统在军事上的应用：为车、船、飞机等交通工具提供导航定位信息；为精确制导武器提供精确制导；为野战或机动作战部队提供定位服务；为救援人员指引方向等。

在军用领域，显然对GNSS的精度要求要高于民用领域。军方对GNSS的应用已经渐渐超越了最初简单地为飞机、战车、军舰以及地面作战人员等提供全天候、连续实时、高精度的定位导航服务的局限，GNSS的应用开始拓展成为一种战术或战略性的技术指导部分与手段，例如为精确制导武器提供复合制导等，这一类武器（如导弹）可以根据来自卫星以及自身惯性导航等其他并存的复合导航手段来修正飞行路线，从而达到提高制导精度的目的，以更好地完成远程的战术或战略打击任务；在同样的战略目标之下，这样也变相地减少了所需的攻击武器的数量，增强了武装力量。

除了在精确制导武器上的应用之外，GNSS还可以与军事通信、计算机、情报监视系统相互配合，在战场上完成多兵种的协同作战与指挥任务。还能根据需求完成精确定位与时间信息的战术操作，如布雷、扫雷、目标的截获与跟踪、全天候空投、近空支援、协调轰炸、搜索与救援、无人侦察机的控制与回收、火炮观察员的定位、炮兵快速布阵以及军用地图快速测绘等任务。可以断言，GNSS已经成为现代化战争不可或缺的重要组成部分，引发了一场新的军事革命。

### 3.2.6 灾害救援

北斗卫星导航定位系统近年来多次成功运用于灾害监测与救援行动。如在 2008 年的汶川地震救灾中发挥了突出作用。

汶川大地震发生后，国家有关部门迅速将"北斗一号"终端机配备给一线救援部队。该终端不但可以接收北斗卫星的导航信号，还可以用短报文的形式与指挥中心取得联系。指挥人员在监控中心可以随时通过监控屏幕关注每个救援小组的位置信息，并在必要时以短报文形式发出监控指令。

救援队伍在赶往灾区的过程中，通过卫星定位可得知自己所处的位置，并判断与救援目的地的距离，选择最佳路线，以最快的速度到达灾区开展救援工作。在行进过程中，如果发现沿途道路塌方堵塞，可以迅速进行定位，将位置信息及时通知后续部队，让他们绕行，并将情况报告指挥部，以便指挥部能够在第一时间派出工程部队对损毁道路进行抢修。到达灾区获得位置信息后，及时通知指挥部、后援部队、其他合作部门，让他们明确目的地的精确位置。

此外，通过对大量相关地物的定位普查并进行统计分析，也可以为救灾与灾后重建的指挥、调度、管理、统筹和各项决策提供依据，有利于灾情信息的快速上报和共享。在灾后重建的交通、农业、卫生、房屋重建、灾害预防等方面的野外工作中，利用北斗卫星导航系统、GPS 的定位功能进行数据采集、计算（如长度、面积计算）和统计，可应用于整体或局部区域的施工、综合治理、决策等。

### 3.2.7 时间和同步

卫星导航系统的每颗卫星都装有世界上最先进的原子钟，导航卫星通过发送导航电文将时间信息传递给世界上所有有需求的用户。无线通信网络可以利用卫星导航提供的时间信息进行管理、标识和在多频率之间进行同步；电力设备及网络使用时间信息作为时间基准，进行时间标记，而且作为通用参考，用于所有系统的监测和控制。为使中国网络摆脱对国外卫星导航系统授时的过度依赖，多家单位研制了北斗/GPS 双模站间时间同步设备和嵌入式北斗/GPS 双模授时模块[11]。

### 3.2.8 机械控制

卫星导航技术的应用推进了机械工业自动化、产业化的发展，使用卫星导航技术辅助控制的机械可用于防浪海堤建筑施工系统，道路桥梁建筑施工系统，航道疏浚系统，露天矿山和铁路、公路隧道开挖，精准农业等。以北斗卫星导航系统为例，我国目前建立了基于北斗卫星的水情自动测报系统，它能够实现水文数据自动采集与传输、主动数据查询、远程测站遥控/状态查询等功能。通过特定设置，数据控制中心站可以发出相关指令，关闭或激活远端测站的某些功能，例如激活或关闭水位测量等功能；数据控制中心站也可以发出指令，要求远端测站将当前本地工作状态信息回传，以达到监控的目的。

## 3.2.9 消费应用

消费应用包括娱乐、人/动物跟踪、车辆跟踪、车载导航系统以及通信应用。与专业性应用相比，消费应用由于消费群体广泛，发展潜力更大。

在登山、野外探险、越野滑雪、汽车拉力赛、自驾旅游、穿越沙漠及原始森林等活动中，带有卫星导航系统的终端已成为户外娱乐的首选装备。此外，将卫星导航模块与多媒体娱乐单元结合形成的娱乐平台可以提供基于位置的多种游戏方式。

卫星导航技术在人员跟踪中的应用方便了老人、孩子以及其他需要被保护的特殊群体的监护；在动物跟踪中的应用，则能够实时获取被监护动物的运动轨迹、习性等信息。

结合了卫星导航功能的通信设备可以提供用户需要的所有导航定位服务，如信息与导航服务、紧急帮助、跟踪服务、网络相关服务等，这是通信业的一次飞跃。

总之，若想穷尽 GNSS 的应用领域，是十分困难的。因为它不断产生着新的应用领域和分类。以上列举的应用领域仅仅是其应用的冰山一角，希望能够从这些现有应用中为读者启迪思维、拓展探索的空间，从而创新出更多的 GNSS 应用领域。

## 3.3 位置服务

进入 21 世纪，智能手机等移动设备逐步成为当今社会中人们学习、工作与生活必不可少的工具，此外，随着无线电通信技术、互联网技术、全球定位技术的发展，由互联网与移动通信的融合形成的移动互联网使用户在任何地点、任何时间都能通过移动终端来获取各种信息服务，这就是基于位置的信息服务产生的背景，此外，在各种移动增值业务中，移动位置信息服务是最具市场潜力的一种，深受移动运营商与相关商家的重视与喜爱。随着时间的推移，位置服务已经无处不在，为人们的各项工作带来了极大的帮助和便利。

### 3.3.1 位置服务的概念

位置服务又可以称为基于位置的服务(Location Based Service，LBS)[12]，其核心是定位服务。从狭义上讲，它是通过电信移动运营商的无线电通信网络(如 3G/4G/5G 网络)或通过外部定位方式(如 GNSS 定位)获取移动终端用户的位置信息(地理坐标或大地坐标)，在地理信息系统(GIS)平台的支持下，为用户提供相应服务的一种增值业务。从广义上讲，只要是基于位置的信息服务均属于 LBS 服务，比如，到某个地方旅游，查看天气预报时就会自动显示当地天气，这个就属于位置服务的案例。

进一步解释位置服务所包括的两层含义：首先是确定移动设备或用户所在的地理位置；其次是提供与位置相关的各类信息服务。它意指与定位相关的各类服务系统，简称"定位服务"，另外一种叫法为 MPS(Mobile Position Service)，也称为"移动定位服务"系统。如找到手机用户的当前地理位置，然后在上海市范围内寻找手机用户当前位置处 1 千米范围内的宾馆、影院、图书馆、加油站等的名称和地址。所以说 LBS 就是要借助互联网或无线网络，在固定用户和移动用户之间，完成定位和服务两大功能。

早期的 LBS 系统主要用于在紧急情况下快速定位求助者的位置，以实施救援，如美国的 E911 系统和欧洲的 E112 系统。当前，LBS 系统已经广泛应用在军事、交通、物流、医疗、生活等领域中。例如，用户逛街时可以利用手机查找附近有哪些感兴趣的商店；司机可以利用内置 GNSS 功能的智能手机查找最近的加油站，也可规划行车线路；在大型博物馆内，游客可以借助一个能感知位置的语音导游器来听取各个藏品的讲解。

基于位置的服务最大的特点是上下文感知，这些上下文信息包括位置、时间、物理环境、历史状态等。系统根据用户的上下文信息动态获取用户的位置信息，之后将这些信息传输到信息处理中心，再根据用户的位置信息以及用户的其他上下文信息为用户提供合适的服务。

LBS 可以通过应用卫星导航定位技术和移动通信技术，在地图数据库的支撑下，通过便捷、有效的操作，为用户提供空间信息服务，告诉别人特定的客体在哪里、去哪里、周围有什么东西等。从技术角度看，位置服务一般具有基于网络定位、基于终端定位和混合定位三种形式。

（1）基于网络定位技术，主要是利用终端设备信号到达各个基站的时间和角度等信息来测算终端在网络中的位置；

（2）基于终端定位技术，主要是利用 GNSS 全球定位系统，通过终端接收 GNSS 卫星的信号并获取相应的位置信息；

（3）混合定位技术结合前两种技术的优点，利用手机基站的信息，配合传统 GNSS 卫星定位技术，让定位的速度更快。

LBS 一般包括移动设备、定位设备、通信网络、服务与内容提供商等，其中，移动设备包括手机、汽车等。

相较于更容易相互融合的通信与导航一体化位置服务，遥感卫星具有独特的规律，与通信和导航不同，其技术门槛也较高。对此，学者们基于通导遥一体化提出了智能遥感卫星的新构想[13]。智能遥感卫星将构成空间信息网络的关键节点，促进通信、导航、遥感卫星节点的互联互通，通过充分发挥天基信息系统的通信传输、导航定位和遥感观测能力，希望达到卫星测绘遥感信息"快准灵"服务的发展目标。

### 3.3.2 基于位置服务的分类

根据信息获取方式的不同，位置服务分为主动获取服务和被动接收服务两种。

（1）主动获取服务是指用户通过终端设备主动发送明确的服务请求，服务提供商根据用户所处的位置以及用户的需求将信息返回给用户。比如用户通过手机向服务提供商发送一个请求"离我最近的加油站在哪里"。

（2）被动接收服务与主动获取服务相反，用户没有明确发送服务请求，而是当用户到达一个地点时，服务提供商自动将相关信息返回给用户。最常见的是在坐火车的长途旅行中，每到一个城市，用户就会接收到该城市的天气预报以及与住宿相关的广告信息。

根据服务的查询技术不同，位置服务又可以分为点查询服务和连续查询服务。

（1）点查询服务是指根据查询条件一次执行，返回查询结果。在主动获取服务中常采用这种查询技术，如用户查询最近的公交站。

（2）连续查询服务是指根据用户位置的持续变化更新查询结构。通常情况下，被动接收服务是通过连续查询来实现的，例如天气预报短信提醒服务。

根据使用服务的对象的不同，服务可以分为特定服务和通用服务。

（1）特定服务是指为特定服务对象(特定用户或特定区域)提供的服务，如博物馆中的文物讲解服务。特定服务需要维护特定数据集合，如博物馆文物的相关信息等。

（2）通用服务是指通信提供商对其所有用户提供的通用服务。常见的通用服务包括目录、网关、位置工具、路径和导航等。

### 3.3.3 位置服务的发展历程

LBS 的概念虽然提出的时间不长，但其发展已经有相当长的一段历史。LBS 首先从美国发展起来，起源于以军事应用为目的所部署的系统，随后在测绘和车辆跟踪定位等领域开始应用。当 GPS 民用化以后，产生了大量以定位为核心功能的应用。直到 20 世纪 90 年代后期，LBS 及其所涉及的技术才得到广泛重视和应用。

从另一个角度来看，LBS 起源于紧急呼叫服务。在 20 世纪 70 年代，美国颁布了 911 服务规范。基本的 911 业务要求美国联邦通信委员会定义的移动和固定运营商实现一种关系国家和生命安全的紧急处理业务。和我国的 110、120 等紧急号码一样，该服务规范要求电信运营商在紧急情况下，可以跟踪到呼叫 911 的电话的所在地。在有线时代，这一要求实现起来相对来说容易一些。

2002 年，高通及其子公司 Snaptrack 推出了 GPSONE 芯片，更是打通了 GPS 与 CDMA 的桥梁。与此同时，世界上第一款支持 AGPS 的手机叫作 Benefon Esc，于 2002 年年初上市，该手机支持双 GSM，同时带一个 GPS 接收器，可以实现高精度定位、个人导航、移动地图、找朋友等功能，并可以通过无线方式下载地图。另外，Benefon 同时提供一个专业版的 AGPS 终端——Benefon Track，主要为专业人员提供导航定位和通信服务，并且在该终端上首次设置了一个急救按钮，只要按这个按钮，就可以将持有者的位置信息通过短信发送到一个预先设定的电话号码，并且可以自动呼叫该电话号码。这也成为 LBS 产品的一个基本功能。

在定位技术和通信技术发展的双重推动下，西欧以及东亚等国家相继推出了各具特色的商用位置服务。美国的 Sprint 和 Verizon Wireless、加拿大的 Bell Mobility、日本的 NTT DoCoMo 和 KDDI、韩国的 SKT 和 KTF 相继推出了各自的 LBS 服务。世界上许多国家都以法律的形式规定了对移动位置服务的要求。

时至 2009 年 3 月，基于用户地理位置信息的手机社交服务网站 Foursquare 在美国上线，短时间内 Foursquare 的注册用户规模便超过 100 万，到 2011 年 3 月则达到了 750 万。其用户规模发展态势超过了当年的微博服务网站 Twitter，Foursquare 已跃然成为移动互联网业界、媒体、投资者重点关注的对象，并掀起了一股 Foursquare 模式的模仿热潮。美国本土涌现出了 Loopt、Bright Kite、Yelp、Where、Gowalla 和 Booyah 等 LBS 社交网络服务商。Google、Apple、Facebook、Twitter 等更具竞争力的领先企业也加入 LBS 市场的角逐中。可以说 Foursquare 掀起了 LBS 市场的新一轮竞争。这种全新的基于位置的社交服务体验给 LBS 市场带来了新的商机，也改变了用户的工作和生活方式。

我国的 LBS 商业应用始于 2001 年中国移动首次开通的移动梦网品牌下的位置服务。2003 年，中国联通又推出了"定位之星"业务。用户在使用这项服务时，只要在手机上输入出发地和目的地，就可以查到开车路线；如果用语音导航，还能得到实时提示，该项业务还能够实现 5~50m 的连续、精确定位，用户可以在较快的速度下体验下载地图和导航类的复杂服务。2006 年初，中国移动在辽宁、湖北、北京、天津 4 个省市进行了"手机地图"业务的试点运行，为广大手机用户提供显示、动态缩放、动态漫游跳转、全图、索引图、比例尺、城市切换以及各种查询等位置服务。互联网地图的出现加速了我国 LBS 产业的发展。众多地图厂商、软件厂商相继开发了一系列在线 LBS 终端软件产品。此后，伴随着无线技术和硬件设施的完善，LBS 行业在国内迎来一个爆发式的增长期。

纵观 LBS 的整个发展历程，其呈现出以下四个特点：

（1）从被动式到主动式。早期的 LBS 可称为被动式，即终端用户发起一个服务请求，服务提供商再向用户传送服务结果。这种模式是基于快照查询的，简单但不灵活。主动式 LBS 基于连续查询处理方法，能够不断更新服务内容，因此更为灵活。

（2）从单用户到交叉用户。在早期阶段，服务请求者的位置信息仅限于为该用户提供服务，而没有其他用途，而在新的 LBS 应用中，服务请求者的位置信息还将被用于为其他用户提供查询服务，位置信息实现了用户之间的交叉服务。

（3）从单目标到多目标。在早期阶段，用户的电子地图中仅可显示单个目标的位置和轨迹，但随着应用需求的发展，现有 LBS 系统已经可以同时显示和跟踪多个目标对象。

（4）从面向内容到面向应用。"面向内容"是指需要借助于其他应用程序向用户发送服务内容，例如短信等。"面向应用"则强调利用专有的应用程序呈现 LBS 服务，且这些程序往往可以自动安装或移除相关组件。

### 3.3.4 位置服务的应用类型

对于位置服务来说，按照应用模式类型的不同可以将其分为休闲娱乐型、生活服务型、社交型、商业型等四种类型。

1）休闲娱乐型

休闲娱乐型应该是 LBS 服务中最容易被用户接受的一种类型，它分为签到模式和大富翁游戏模式。签到模式的最大挑战在于要培养用户每到一个地点就签到的习惯，而它的商业模式也比较明显，可以很好地为商户或品牌进行各种形式的营销与推广，而国内比较活跃的街旁网现阶段则更多地与音乐会、展览等文艺活动合作，慢慢向年轻人群推广与渗透，以积累用户。

2）生活服务型

该类型分为以下几种应用：周边生活服务的搜索，以点评网或者生活信息类网站与地理位置服务结合的模式，主要体验在于工具性的实用特质，问题在于信息量的积累和覆盖面需要比较广泛；与旅游的结合，旅游具有明显的移动特性和地理属性，LBS 和旅游的结合是十分契合的，分享攻略和心得体现了一定的社交性质，代表是游玩网；会员卡与票务模式，实现一卡通，捆绑多种会员卡的信息，同时电子化的会员卡能记录消费习惯和信息，充分地使用户感受到简捷的形式和大量的优惠信息聚合。这些移动互联网化的应用正在慢慢渗透到生活服务的方方面面，使我们的生活更加便利与时尚。

3) 社交型

社交型的LBS则更加简单明了，一般安装这样的软件之后，马上就能够找到用户周围的朋友，就算是陌生人，也可能通过他自己的介绍，马上就能够聊天成为新的朋友。其中，代表应用是QQ和微信等，通过这些应用的"附近的人"的功能，可以定位用户的位置，并帮助用户找到附近使用这个功能的人的位置，交到谈得来的网友。

4) 商业型

商业型应用模式包括三种类型：①LBS+团购，用户到一些本地的签约商家，比如一间酒吧，到达后使用手机应用进行签到，当签到达到一定数量后，所有进行过签到的用户就可以得到一定的折扣或优惠。②优惠信息推送服务，例如为用户提供基于地理位置的优惠信息推送服务，该应用的盈利模式是通过与线下商家合作来实现利益分成。③店内模式，即将用户吸引到指定的商场里，完成指定的行为后赠送其可兑换成商品或礼券的虚拟点数。

对于位置服务来说，按照服务用途的不同又可以将其分为基于位置的公众安全服务、基于位置的调度监控服务、基于位置的计费服务和基于位置的信息推荐服务。

1) 基于位置的公众安全服务

目前，移动电话发起的紧急呼叫数量在全部紧急呼叫中所占的比例不断上升，特别是随着社会的迅猛发展，各种地理位置信息呈现出不断复杂化的趋势，导致用户在发起紧急呼叫时对自己所处的确切位置并不非常清楚，移动通信网络的定位技术在公众安全服务中发挥了重要的作用。

基于位置的公众安全服务能够使移动用户在一定的区域内进行紧急情况的报警，如龙卷风、火山爆发等。

2) 基于位置的调度监控服务

调度服务主要体现在基于位置的车辆调度服务，这些服务能够使企业跟踪车辆的位置，并利用该位置信息优化所提供的服务。其中最典型的是路由选择服务，可以根据车辆当前的位置以及道路信息来选择一条时间最短的路由。监控服务主要是通过对公路上汽车内的移动电话位置的抽样检查来确定车辆的平均速度。

3) 基于位置的计费服务

基于位置的计费服务可以确保用户在不同的地域使用不同的话费费率，费率既适用于整个通话期，也适用于部分通话期；可适用于单个用户，也可适用于某些团体用户。例如，可以在用户经常活动的区域内，实行优惠的话费费率；在高校内、市区商业中心实行不同的费率。用户采用基于位置的计费服务时，应首先进行注册，确定用户所在的不同计费区域。当用户进入不同的计费区域时，应及时得到提示。这项业务应透明地向用户提供，不得影响正常的语音、数据及其他业务。

4) 基于位置信息的推荐服务

目前，许多个性化服务都是基于位置信息的推荐服务。例如，城市观光服务能够将与位置有关的信息发送到游客手机上，包括名胜古迹的介绍、各景点之间的旅游路线等，可以进一步帮助游客找到离当前位置最近的餐馆、银行、公交车站、酒店等信息。

### 3.3.5 位置服务技术框架

**1. 基于位置服务的体系结构**

基于位置信息的服务是一种向用户提供与实时位置相关的各种信息及由此引申的服务，如个人定位、导航、安全及广告、游戏、社区信息等多媒体相关服务。LBS系统是各种先进的定位技术、通信技术和地理信息系统技术的集成，并带有信息处理与显示功能的系统。一个完整的LBS系统由定位系统、移动服务中心、通信网络、移动智能终端四部分组成，如图3-6所示。

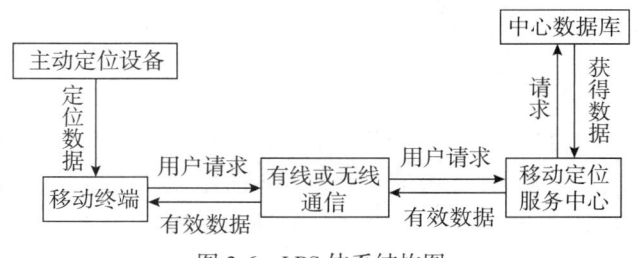

图 3-6 LBS 体系结构图

定位系统由全球卫星定位系统和基站定位系统两部分组成。空间定位技术是整个LBS系统得以实现的核心技术，这一技术正在不断地完善。移动运营商可以选择基于网络的定位技术、基于移动终端的定位技术或者它们的组合定位技术，来获得适当的定位精度，开展位置服务。

移动服务中心是定位服务系统的核心，负责与移动智能终端的信息交互和各个分中心（定位服务器、内容提供商）的网络互联，完成各种信息的分类、记录和转发以及分中心之间业务信息的流动，并对整个网络进行监控。

通信网络是连接用户和服务中心的桥梁，要求能实时准确地传送用户请求及服务中心的应答，通常可选用3G、4G、5G等无线通信手段，在此基础上依托LBS体系发展无线增值服务。另外，国内已建成的众多无线通信专用网，甚至有线电话、寻呼网和卫星通信、无线局域网、蓝牙技术等都可以成为LBS的通信链路。在条件允许或必要的情况下，可以接入Internet网络，以传输更大容量的数据或下载地图数据。

移动智能终端是用户唯一接触的部分，手机、PDA、平板电脑均有可能成为 LBS 的用户终端。但是在信息化的现代社会，出于更完善的考虑，它要求有完善的图形显示能力、良好的通信端口、友好的用户界面、完善的输入方式（键盘控制输入、手写板输入、语音控制输入等），因此，某些高性能的智能手机目前是个人 LBS 终端的首选。

LBS 系统工作的主要流程是：用户通过移动终端发出位置服务申请，该申请经过移动运营商的各种通信网关以后，为移动定位服务中心接收；经过审核认证后，服务中心调用定位系统获得用户的位置信息（另一种情况是，用户配有 GPS 等主动定位设备，这时可以通过无线网络主动将位置参数发送给服务中心），服务中心根据用户的位置，对服务内容进行响应，如发送路线图等，具体的服务内容由供应商提供。

建立 LBS 的技术基础应该包括以下四个方面：

（1）有效的、易使用的 LBS 终端设备：手机、个人电子手簿等。

（2）稳定的、精确的定位技术：应用 GNSS 及移动通信设备定位。

（3）客户端的整体应用方案：实现 LBS 需要空间数据库和相应的工具及应用平台，通过 GIS 在空间数据库建模、处理和应用方面的经验，LBS 可以向用户提供范围更广的、有意义的、个性化的应用和信息服务。

（4）支持数据传输的高速通信网络：移动设备通信的发展也进一步提高了 LBS 的服务质量，尤其是需要传输大量信息的服务。

对于位置服务的整个产业链来说，可以将其划分为硬件层、网络层和软件层，各层中的组成部分是密不可分的，它们之间相互协作，共同为用户提供准确可靠的位置服务，具体如图 3-7 所示。

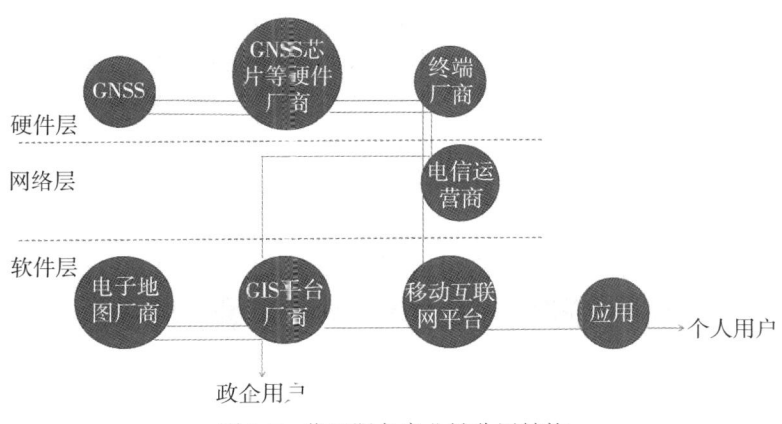

图 3-7 位置服务产业链分层结构

### 2. 位置服务网关

位置服务网关是 LBS 系统开发的一个重要的部件。它一方面要为服务提供商提供各种二次开发接口，提供地理信息服务、定位等功能；另一方面要为移动运营商提供各种运营维护管理功能，如定位、用户鉴权、计费等服务。以移动位置服务应用为例，其网关系

统特性包括:

(1)支持开放标准的应用程序、接口/协议、多厂家设备以及定位技术。

(2)提供位置信息的安全控制及用户鉴权。

(3)运营商可以通过多种渠道提供服务和应用。移动位置服务网关提供了多套接口,方便运营商提供服务。

(4)具有应对大规模并发用户访问的能力。

**3. 位置服务应用平台**

以移动位置服务应用为例,移动位置服务应用平台相当于移动通信网络中的定位服务器,它接收来自移动位置服务网关中经过处理的定位信息,并在移动位置服务应用平台中经过再处理。由于移动用户终端机的生产厂商各不相同,使用的嵌入式软件等也不同,因此位置服务应用平台服务器能够为不同的终端用户提供服务。系统可以配合短消息服务确定手机用户所在的地理位置,也能够以 Web 形式响应用户的需求。

**4. 位置服务应用程序设计流程**

同样,以移动位置服务应用为例,整个过程为:

(1)移动终端通过移动网络访问位置应用服务,并发送服务请求代码给位置服务应用平台。位置服务应用平台判断该用户申请的服务类型后,向位置服务网关提交该用户的位置服务请求。

(2)位置服务网关对该用户进行认证和安全处理,如果认证通过,则设置成功;如果认证未通过,则设置失败。

(3)在通过认证的情况下,位置服务网关根据请求参数发送给运营商网络中的相关网络实体,一般是移动业务交换中心(Mobile Switching Center,MSC)和归属位置寄存器(Home Location Register,HLR),由 MSC 进行定位运算,计算完毕后将参数返回给位置服务网关,位置服务网关再将接收到的参数处理后返回该用户的最新位置信息给位置服务应用平台。

(4)如果位置服务应用平台接收到正确的位置信息,它将根据位置和地图服务器进行综合处理,生成相应的图片和文字信息。最后,位置服务应用平台对生成的结果(成功或者失败)信息进行打包,通过移动网络返回给移动用户终端,移动用户在便携式移动终端(如 PDA、Pocket PC)上可以接收到显示的位置信息。

**5. 位置服务应用开发提供商**

位置服务应用已经贯穿于人们学习、工作与生活的各个方面,为人们带来了极大的便利,并且成为人们日常生活中必不可少的部分。位置服务应用的核心在于位置开发。目前,许多厂商都为位置服务应用的开发提供了技术支持,其中比较常用的是百度地图开放平台和高德地图开放平台。

(1)百度地图开放平台是国内最大的互联网地图基础设施,面向开发者开放六大基础服务能力,包括定位、影像、出行、轨迹、数据、分析等服务。同时,百度地图开放平台也提供并支持共享出行、快递物流、在线旅游、互联网房产、智能穿戴、LBS 游戏、车载硬件等多个行业的一站式服务解决方案，覆盖多种终端设备及硬件产品。百度地图开放平台支持 Web 开发、Android 开发和 iOS 开发，它提供了地图 SDK、定位 SDK、鹰眼轨迹 SDK、导航 SDK 和全景 SDK 等服务接口与示例源码，支持坐标拾取器、地图生成器等多个开发工具，开发者通过查询官网的开发文档教程与示例源码可以轻松方便地进行相关位置服务应用的开发。

(2) 高德地图开放平台提供的产品涵盖了地图、定位、导航、路线规划、搜索、室内地图和室内定位等多个方面，支持 Web 端、Android 平台、鸿蒙平台和 iOS 平台的开发。该平台可以为出行、O2O、电商、货运、社交、运动等行业提供解决方案。开发者同样可以在官网上通过开发文档、教程和示例源码来学习使用该平台提供的各个工具，进而帮助开发自己的位置服务应用。

同时，基于百度开放平台和高德开放平台还诞生了许多具体的应用案例，为人们的工作和生活提供了巨大的便利，比如：

(1) 地图导航应用：地图导航应用基于位置服务技术，通过定位用户当前位置和目的地，提供实时的导航指引和路线规划，包括路线选择、交通状况提示、实时导航语音指引等，帮助用户准确导航到目的地，节省时间和精力。

(2) 外卖配送服务：外卖平台利用位置服务技术，用户下单时可以标注自己的送餐地址，配送员可以通过地图定位准确找到用户的位置，提高配送效率和准时送达率，确保食物的热度和品质。

(3) 社交媒体定位功能：社交媒体平台提供定位功能，用户可以分享自己的当前位置，与好友共享所在地点、旅行足迹、美食体验等，增加交流互动的趣味性。

(4) 手机防丢功能：手机防丢应用利用位置服务技术，实现用户在手机丢失后通过远程定位功能查找手机的实时位置的功能，甚至通过触发报警、锁定手机等措施，帮助用户快速找回手机或保护个人信息安全。

(5) 酒店预订服务：旅行预订平台利用位置服务技术，实现用户根据自身位置搜索附近的酒店，并查看酒店的位置、交通情况以及周边设施的功能，方便用户选择合适的住宿地点，提供便捷的预订服务。

(6) 手机运动健康应用：手机运动健康应用结合位置服务技术，记录用户的运动轨迹、距离和消耗的卡路里等数据，提供实时定位信息和个人运动数据分析服务，帮助用户进行科学健身和个人健身目标管理。

(7) 实时交通信息服务：基于位置服务技术，实时交通信息应用提供交通拥堵情况、事故报告、道路施工等交通信息，帮助用户选择最佳出行路线，节省时间和避免交通堵塞。同时，我们提供公共交通线路规划和实时公交车位置信息，方便用户进行出行安排和乘车。

## 3.4 位置服务创新创业实践案例分析

位置服务现在已经无处不在，并且确实能够改变人们的生活。本章分析的创新创业实践案例来自武汉大学在第三届中国"互联网+"大学生创新创业大赛中获得金奖的项目"北斗即时判：米级精度警保联动车联网系统"[14-15]。

以往很多驾驶员发生机动车辆相撞事故，往往怕事后说不清楚不敢自行处理和撤离现场，不仅耗费大量警力、保险勘察、人力等资源，而且影响道路交通畅通，利用"即时判"系统，可以实现交通事故处理"精准还原现场"和"即时在线判护"。

事故发生时，系统自动采集事故发生过程的高清晰度北斗定位轨迹数据，并及时上传碰撞前后10s视频及碰撞角度、速度等事故数据。事故车主拨打保险公司电话报案后，保险公司人员根据云平台上传的车辆数据及高清影像，及时告知当事人事故责任，交警云平台系统可结合高精度车道级地图、碰撞时角度、速度等车辆数据，智能分析车主驾驶行为，模拟现场车辆轨迹，并依据事故过程的高清影像，形成完整的证据链，全方位精准还原现场，指挥中心民警先引导撤离后再远程定责，做到三分钟撤离现场，八分钟内完成"即时在线判护"。

这个例子就是使用了高精度卫星导航以及协同精密定位技术，结合多源传感及自适应导航技术，以及动态场景感知与语义理解技术（如图3-8所示），与车联网系统结合起来，以解决当前车辆保险的痛点和难点。现在有大量车辆保险的事故，其实是属于没有人身伤亡以及比较小的财产损失的事故，这一类事故其实是不需要保险勘察人员和交管人员到现场去处置的，我们完全可以利用现代化的信息技术，利用高精度的定位技术对整个事故现场进行记录和还原，结合高精度的定位轨迹、高精度的地图以及摄像头、视频资料构成一个完整的证据链体系，谁是主责、谁是次责可以在事后、在系统平台上进行完整的回放和认定。

(a) 多源传感及自适应导航技术　　(b) 动态场景感知与语义理解技术

图3-8　关键技术

"北斗即时判"就是这样一个警保联动车联网系统（图3-9），这个系统用到了导航与位置服务几个核心的关键技术。第一个技术是高精度北斗定位技术，北斗即时判系统要想实现车辆在哪个车道上运行，车辆谁是主责、谁是次责，需要将定位精度从4～20m的普通卫星导航精度提升到亚米级、米级，也就是在一个车道之内，这就需要提升定位精度。第二个技术是多源传感及自适应导航技术，我们在城市环境下，有大量的桥梁、隧道等这样的遮挡环境，所以我们需要借助组合导航来实现室内-室外的无缝定位，因为事故也可能发生在桥梁、隧道这样的遮挡环境，我们也需要进行证据的保存和还原。第三个技术是动态场景感知与语义理解技术，我们会结合很多视觉以及场景感知的技术，结合高精度地图技术，将整个现场保存下来。这样就会大大降低出警和保险勘察人员的时间成本，减少因为小事故而引起的纠纷，从而实现经济效益和社会效益的双赢。

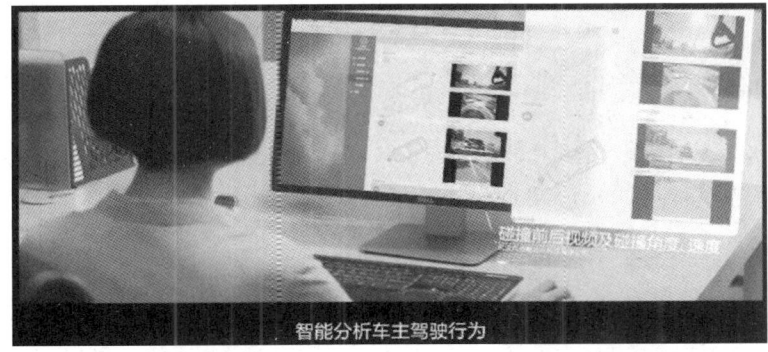

图 3-9 "北斗即时判"流程

## 本章思考题

1. 卫星导航定位系统的基本原理是什么？
2. 北斗卫星导航系统与 GPS 等其他导航定位系统的区别有哪些？
3. 举例说明我们身边有哪些位置服务应用。
4. 位置服务的技术体系架构是怎样的？

5. 请设计一个北斗授时和短报文的创新应用。

6. 通过查阅两款不同卫星导航系统(如北斗卫星导航系统和GPS)终端的资料和实际使用，对比它们在定位精度、信号覆盖范围、抗干扰能力等方面的差异。

7. 选择一项户外运动，在活动过程中使用支持卫星导航的设备(如手机或专业户外导航仪)记录运动轨迹。

8. 试说明一个常见的智能手机位置服务应用软件的技术体系。

## 本章参考文献

[1] 谭述森. 卫星导航定位工程[M]. 2版. 北京：国防工业出版社，2010.

[2] 陈安刚. 俄全力打造"格洛纳斯"抗衡美国GPS[J]. 国防科技，2006(4)：48-50.

[3] 杨元喜. 北斗卫星导航系统的进展、贡献与挑战[J]. 测绘学报，2010，39(1)：5-10.

[4] 杨元喜，李金龙，王爱兵，等. 北斗区域卫星导航系统基本导航定位性能初步评估[J]. 中国科学：地球科学，2014，44(1)：72-81.

[5] 姜卫平. GNSS基准站网数据处理方法与应用[M]. 武汉：武汉大学出版社，2017.

[6] 张小红，李星星，郭斐，等. GNSS精密单点定位理论方法及其应用[M]. 北京：国防工业出版社，2021.

[7] 施闯，赵齐乐，李敏，等. 北斗卫星导航系统的精密定轨与定位研究[J]. 中国科学：地球科学，2012，42(6)：854-861.

[8] 魏二虎，刘学习，刘经南. 北斗+GPS组合单点定位精度评价与分析[J]. 测绘通报，2017(5)：1-5.

[9] 过静珺. 卫星定位技术用于大桥变形和安全性监测探讨[J]. 建设科技，2016(6)：18-20.

[10] 单巧根. 全球海上遇险和安全系统简介[J]. 航海技术，1996(2)：3.

[11] 江金光，唐亚男，周细凤，等. 0.18μm CMOS工艺的GPS/BDS双模可重构接收机射频前端[J]. 国防科技大学学报，2016，38(3)：19-24.

[12] Schiller J, Voisard A. Location-Based Services[M]. San Francisco：Morgan Kaufmann，2004.

[13] 中国测绘. 北斗赋能万物互联助推新质生产力发展——李德仁院士谈"从PNT到PNTRC"[J]. 中国测绘，2024(7).

[14] 武汉大学. 第三届"互联网+"大学生创新创业大赛我校获金奖[EB/OL]. [2025-02-16]. https://news.whu.edu.cn/info/1002/49473.htm.

[15] 武汉大学. "北斗"推出全球首个高精度警保联动智能系统[EB/OL]. [2025-02-16]. https://news.whu.edu.cn/info/1002/48511.htm.

# 第4章

# 遥感技术

"欲穷千里目，更上一层楼。"

——王之涣在《登鹳雀楼》中描述的登高方能望远，古人通过提升视角（如现代遥感卫星的"高空俯瞰"）突破空间限制，隐喻突破认知边界。

◎ 本章简介

本章聚焦遥感技术，全面阐述遥感技术在获取广袤区域空间信息方面的重要作用。讲解遥感的基础认知框架，包括其定义、构成要素、多种分类方式、显著特点和技术系统。对比地基遥感和卫星遥感，介绍地基遥感的探测方法、独特优势和组网观测手段，以及卫星遥感的辐射传输原理、平台特性和传感器工作模式等内容。通过解读湖泊遥感动态监测的方法、关键技术和研究成果，完整呈现了一个遥感学术研究中的创新实例。

## 4.1 遥感基础

遥感在对地球乃至宇宙发展认知中发挥着怎样的作用呢？我们都知道全球气候正在变暖，那么冰川的面积减少了多少？全球气温上升了多少？农作物的长势如何？庄稼收成大概有多少呢？宇宙的起源和演化又是怎样的？这些都离不开遥感技术的支持。

### 4.1.1 遥感的定义

遥感是 20 世纪 60 年代美国创造的技术用语，随着 1972 年第一颗地球观测卫星 Landsat 的发射成功而迅速得到普及。遥感，早期称"观察"或"远程观察"，从第二次世界大战到 20 世纪 60 年代，"观察"改为"远程探测"。从字面上理解，其意思为"遥远的感知"，通常认为是在不接触物体的情况下，对物体进行探测，来感知它的属性情况，包括几何属性和物理属性。也有这样一种理解，"遥"是空间概念，"感"是信息概念，遥感技术是指一种非接触的测量和识别技术，所以，人眼看到远处的物体，就是一种生物遥感，伽利略用自制的望远镜观测星空、人们用普通照相机照相，都属于遥感的范畴。但自从 1962 年美国密歇根大学环境科学讨论会后，"遥感"主要是指利用航空航天技术宏观地研究地球、综合评价地球环境、进行资源调查与开发及管理的一种特定技术。

目前，对遥感较为简明的定义是：利用卫星、飞机等遥感平台获取地球表面特征信息的科学技术[1]。进一步说，就是在不同高度的平台上，使用遥感器收集物体的电磁波信息，再将这些信息传输到地面并进行加工处理，从而对物体进行识别和监测的全过程。

从遥感的定义来看，构成遥感技术的四个必不可少的要素是遥感对象、遥感器、信息传播媒介和遥感平台。

遥感对象：遥感对象是指被遥感技术所感测和研究的各种地球表面或大气层中的目标和现象。它们可以包括地表特征(如土地利用、植被、水体、建筑物等)、大气组成(如气体浓度、气溶胶、云等)、地球表面变化(如地形、岩石、河流、海岸线等)，以及自然灾害(如火灾、洪水、地震等)。遥感对象的种类和特征决定了采用何种遥感技术和方法进行观测和分析。

遥感器：遥感器是一种装置或仪器，能够感测和接收遥感对象发出或反射的电磁辐射或其他物理信号，并将其转换为可用的数据或图像。遥感器的种类多种多样，根据测量目标和所使用的能量范围不同，有光学遥感器(如摄影机、多光谱传感器、高光谱传感器)、微波遥感器(如雷达)、热红外遥感器等。不同类型的遥感器可以提供不同的空间分辨率、光谱分辨率和时间分辨率，以满足不同的应用需求。

信息传播媒介：信息传播媒介是在遥感对象和遥感器之间传输感测数据或信号的介质或载体。常用的信息传播媒介包括电磁波、声波和粒子流等。电磁波是最常用的信息传播媒介，其中可见光、红外线、微波和雷达波等不同频段的电磁波被广泛应用于遥感技术中。不同波段的电磁波在与遥感对象相互作用时会发生散射、吸收、辐射等过程，从而提供关于对象特征和属性的信息。

遥感平台：遥感平台是指装载遥感器并能够在空中、航天或地面等环境中进行运动的平台或载具。不同类型的遥感平台具有不同的优势和适用范围。常见的遥感平台包括卫星（如人造地球卫星）、飞机、直升机、航空飞艇和地面移动平台。卫星遥感在全球覆盖范围广，能够提供大范围、高分辨率的遥感数据，适用于全球监测和大尺度研究。航空平台（如飞机、直升机和航空飞艇）可以提供中等到高分辨率的遥感数据，适用于区域尺度的研究和监测。地面移动平台通常用于特定地区或局部区域的遥感观测，例如在移动车辆上搭载遥感仪器。

## 4.1.2 遥感的分类

按照遥感的早期定义，遥感的分类范围非常广泛，如摄影测量、大气重力测量、卫星轨道遥感、物体光谱测量、超声波鱼群定位等。遥感的分类方式多种多样，目前还没有一个完全统一的分类标准。根据上述遥感定义，较为常见的分类方式有以下几种。

**1. 按遥感对象分类**

宇宙遥感：遥感的对象是宇宙中的天体和其他物质。

地球遥感：是对地球和地球上的事物的遥感。

以地球表层环境（包括大气圈、陆海表面和陆海表面下的浅层）为对象的遥感，叫作环境遥感，它属于地球遥感。在环境遥感中，以地球表层资源为对象的遥感，叫作资源遥感。资源遥感是以地球资源作为调查研究对象的遥感方法和实践，调查自然资源状况和监测再生资源的动态变化，是遥感技术应用的主要领域。

**2. 按遥感平台分类**

地面遥感：是指平台距地球表面 100m 以下进行的遥感。常用的平台包括汽车、舰船、三脚架、塔台等。地面遥感是遥感的基础。

航空遥感：又称机载遥感，是指在飞机（飞艇或热气球）飞行高度上对地球表面进行的遥感。它的特点是灵活性大、影像清晰、分辨率高，并且历史悠久，已经形成了较完整的理论体系和应用体系。它还可以进行各种遥感试验和校正工作。

航天遥感：又称星载遥感，是从人造卫星轨道高度上对地球表面进行的遥感，主要平台有卫星、航天飞机、宇宙飞船、航天空间站等。它的特点是成像高度高，宏观性好，可重复观测，影像获取速度快，不受沙漠、冰雪、高山、海洋等自然因素的限制。

临近空间遥感：是指在 20~100km 的空域高度上对地球表面进行的遥感，是一种介于传统的航空遥感和航天遥感之间的遥感方式。平台包括平流层飞艇、浮空气球和高空长航时无人机等。临近空间遥感不仅弥补了航空和航天遥感之间的观测漏洞，还兼具航空和航天平台的诸多优势。临近空间平台的高度通常只有低轨卫星的 1/10~1/20，相较于航天平台，它更容易实现高分辨率对地观测。此外，临近空间平台具有部署速度快、机动能力强、易于更新和维护、可重复使用等优点。与传统航空平台相比，临近空间平台具有持续工作时间长、覆盖范围广、造价低、寿命长等优势。但临近空间属各国领空范围，受领空限制。

### 3. 按遥感媒介分类

电磁波遥感：电磁波遥感是利用电磁波作为信息传播媒介进行遥感观测和数据获取的一种技术。电磁波遥感包括可见光、红外线、微波等不同频段的电磁波。不同波段的电磁波与遥感对象相互作用时，会产生不同的反射、散射、吸收和辐射现象。通过测量和分析这些现象，可以获取关于遥感对象的各种信息，如光谱特征、表面温度、植被覆盖、土地利用等。

声波遥感：声波遥感是利用声波作为信息传播媒介进行遥感观测和数据获取的一种技术。声波是机械波，能够在介质中传播并与物体相互作用。通过测量声波的传播速度、反射、衍射等特性，可以获取关于遥感对象的信息，如地下结构、海洋底质、大气声学特征等。声波遥感在海洋学、地质勘探、地下水资源调查等领域具有重要的应用前景。

力场遥感：力场遥感是利用重力场、磁力场、电力场等力场作为信息传播媒介进行遥感观测和数据获取的技术。重力场遥感通过测量地球的重力场变化，可以推测出地下构造、地下水分布等信息。磁力场遥感通过测量地球的磁场变化，可以获得关于地壳结构、矿产资源等信息。电力场遥感则是利用电场的变化来获取有关地表特征、大气电离层等的数据。力场遥感在地质勘探、地球物理研究等领域具有重要的应用价值。

地震波遥感：地震波遥感是利用地震波作为信息传播媒介进行遥感观测和数据获取的一种技术。地震波是地球内部产生的机械波，在地球内部传播并与地下结构相互作用。通过测量地震波的传播速度、振幅等特性，可以获取地下构造、岩石类型、地震活动等信息。地震波遥感在地震学、地质勘探、地质灾害监测等领域具有广泛的应用。地震波遥感可以获取地下构造的三维图像，帮助地质学家和地球物理学家了解地球内部的特征和变化，预测地震风险以及评估地质灾害的潜在影响。

### 4. 按遥感成像波段分类

紫外遥感：是指利用紫外波段进行地物探测的遥感技术。探测波段为 $0.05 \sim 0.38 \mu m$。

可见光遥感：是指利用可见光波段进行地物探测的遥感技术。探测波段为 $0.38 \sim 0.76 \mu m$。

红外遥感：是指利用红外波段进行地物探测的遥感技术。探测波段为 $0.76 \sim 1000 \mu m$。

微波遥感：是指利用微波波段进行地物探测的遥感技术。探测波段为 $1mm \sim 1m$。

### 5. 按波段宽度及波谱的连续性分类

高光谱遥感：它是使用成像光谱仪遥感器将电磁波谱的紫外、可见光、近红外和中红外区域分解为数十至数百个狭窄的电磁波波段（波段宽度通常小于 $10nm$），并产生光谱连续的图像数据的遥感技术。

多光谱遥感：是指利用多通道遥感器（如多光谱相机、多光谱扫描仪等），将较宽波段的电磁波分成几个较窄的波段，通过不同波段的同步摄影或扫描，分别取得同一地面景物同一时间的不同波段影像，从而获得地面信息的遥感技术。

常规遥感：又称宽波段遥感，波段宽度一般大于 $100nm$，且波段在波谱上不连续。

**6. 按遥感器接收信号的来源和方式分类**

主动遥感：也称有源遥感，是指从遥感平台上的人工辐射源向目标发射一定形式的电磁波，再由遥感器接收和记录其反射波的遥感系统。

被动遥感：也称无源遥感，是指用遥感器从远距离接收和记录物体自身发射或反射的太阳辐射的电磁波信息的遥感系统。

**7. 按应用空间尺度分类**

全球遥感：是指全面系统地研究全球性资源与环境问题的遥感技术的统称。

区域遥感：是以区域资源开发和环境保护为目的的遥感信息工程，它通常按行政区划（国家、省区等）和自然区划（如流域）或经济区进行。

城市遥感：以城市环境、生态为主要调查研究对象的遥感技术。

**8. 按应用领域分类**

根据不同的应用目的可分为环境遥感、城市遥感、农业遥感、林业遥感、海洋遥感、地质遥感、气象遥感、军事遥感等。

## 4.1.3 遥感的特点

**1. 大面积同步观测**

在地球上进行资源和环境调查时，大面积同步观测所取得的数据是最宝贵的。依靠传统的地面调查，大面积同步观测实施起来非常困难，工作量很大，而遥感观测可以为此提供最佳的信息获取方式，并且不受地形阻隔等限制。遥感平台越高，视角越宽广，可以同步探测到的地面范围就越大，容易发现地球上一些重要目标物空间分布的宏观规律；而有些宏观规律，依靠地面观测是难以发现或必须经过长期大面积调查才能发现的。一帧美国的 Landsat 遥感图像，覆盖面积约为 $34225km^2$，在 5~6min 内即可扫描完成，实现对地的大面积同步观测；一帧地球同步气象卫星图像可以覆盖 1/3 的地球表面，实现更宏观的同步观测。

**2. 时效性**

遥感探测，尤其是空间遥感探测，可以在短时间内对同一地区进行重复探测，发现地球上许多事物的动态变化。这对于研究地球上不同周期的动态变化非常重要。不同高度的遥感平台的重复观测周期不同。例如，地球同步轨道卫星可以每半个小时对地观测一次（如 FY-2 气象卫星），而太阳同步轨道卫星（如 NOAA 气象卫星和 FY-1 气象卫星）则可以每天对同一地区进行两次观测。这两种卫星可以探测地球表面及大气在一天或几小时之内的短周期变化。地球资源卫星如美国的 Landsat、法国的 SPOT 和中国与巴西合作的 CBERS）则分别以 16 天、26 天或 4~5 天对同一地区重复观测一次，以获得一个重访周期内的某些事物的动态变化的数据。而传统的地面调查则需花大量的人力、物力，用几年甚至几十年时间才能获得地球上大范围地区动态变化的数据。因此，遥感技术大大提高了观测的时效性。这对于天气预报、火灾、水灾等灾情监测，以及军事行动等都非常重要。

**3. 数据的综合性和可比性**

遥感获得的地物电磁波特性数据综合反映了地球上许多自然、人文信息。红外遥感昼夜均可探测，微波遥感可全天时、全天候探测，人们可以从中有选择地提取所需的信息。地球资源卫星 Landsat 和 CBERS 等所获得的地物电磁波特性均可以较综合地反映地质、地貌、土壤、植被、水文等特征，具有广阔的应用领域。遥感的探测波段、成像方式、成像时间、数据记录等均可按要求设计，使其获得的数据具有同一性或相似性。同时考虑到新的传感器和信息记录都可向下兼容，所以数据具有可比性。与传统地面调查和考察相比，遥感数据可以较大程度地排除人为干扰。

**4. 经济性**

遥感的费用投入与所获取的效益，与传统方法相比，可以大大节省人力、物力、财力，具有很高的经济效益和社会效益。

**5. 局限性**

目前，遥感技术所利用的电磁波还很有限，仅是其中的几个波段。在电磁波谱中，还有许多谱段的资源有待进一步开发。此外，已经被利用的电磁波谱段对许多地物的某些特征还不能准确反映，还需要高光谱分辨率遥感以及遥感以外的其他手段配合，特别是地面调查和验证尚不可缺少。

随着遥感技术的进一步发展，所能利用的电磁波谱段将越来越多，成像的空间分辨率和光谱分辨率也越来越高[2]，其感测的目标更广，对地球上的资源和环境的调查、监测将起到更大的作用。

### 4.1.4 遥感技术系统

遥感过程是指遥感信息的获取、传输、处理、分析、解译和应用的全过程。它包括遥感信息源(或地物)的物理性质、分布及其运动状态，环境背景及电磁波光谱特征，大气的干扰和大气窗口，传感器的分辨能力、性能和信噪比，图像处理及识别，人的视觉、生理和心理及其专业素质等。因此，遥感过程不仅是遥感本身的技术过程，还涉及地物景观和现象的自然发展演变过程及人们的认识过程。这一复杂过程当前主要通过对被测目标的信息特征研究、数据获取、数理统计分析、模式识别及地学分析等方法完成。遥感过程实施的技术保障则依赖于遥感技术系统。

遥感技术系统包括被测目标的信息特征、信息的获取、信息的传输和记录、信息的处理和信息的应用五大部分。图 4-1 展示了遥感过程和技术系统的示意图，该示意图反映了遥感数据获取、数据处理分析、数据应用的全过程。

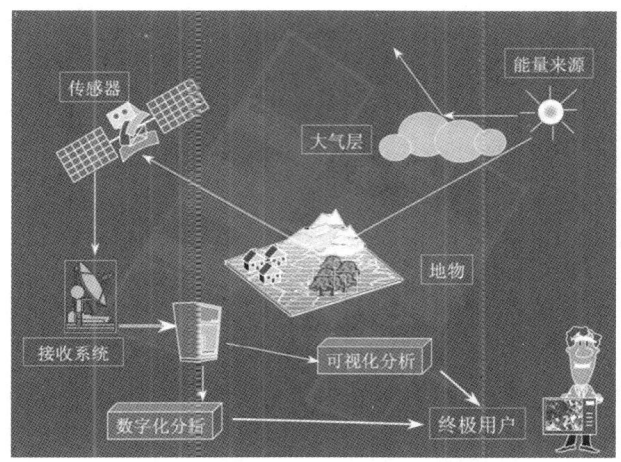

图 4-1　遥感过程和技术系统图

**1. 目标物的电磁波特征**

通过实践观察和研究，人们发现地球上的各种物体在与电磁波相互作用时会产生不同的反应。例如，植物叶子的绿色是由于叶绿素对红光和蓝光的吸收较强，而对绿光的反射较强。这种吸收和反射的特征导致了植物在遥感图像中呈现出与周围环境不同的颜色和亮度。

目标物的电磁波特征对遥感技术具有重要意义。通过遥感器捕捉到的目标物反射或辐射的电磁波信号，可以提取出物体的光谱信息。这些光谱信息包含了目标物的光谱特征，通过与事先采集的光谱库进行比较和分析，可以对不同的目标物进行识别和分类。

因此，目标物的电磁波特征是遥感技术的基础和核心。通过观测和分析目标物与电磁波的相互作用，遥感技术能够获取目标物的光谱、辐射、反射等信息，从而实现对地表和地球环境的遥感观测和监测。目标物的电磁波特征的研究和应用，对于地球科学、环境保护、资源管理等领域具有重要意义。

**2. 遥感信息的获取、传输与记录**

传感器（又名遥感器）是指收集、探测和记录目标反射和发射来的电磁波的装置，信息的获取主要由传感器来完成。目前使用的传感器主要有数码相机、扫描仪、雷达、成像光谱仪、光谱辐射计等。遥感平台是指搭载传感器并使传感器有效工作的设备，如遥感车、航天飞机、人造地球卫星等。

传感器接收到目标地物的电磁波信息，记录在数字磁介质或胶片上。胶片由人或回收舱送到地面回收，而数字磁介质上记录的信息则可通过卫星上的微波天线传输给地面的卫星接收站。地面站接收到遥感卫星发送来的数字信息，记录在高密度的磁介质上（如高密度的数字磁带或光盘上等），并进行一系列的处理，如信息恢复、辐射校正、卫星姿态校正、投影变换等，再转换为用户可使用的通用数据格式或转换成模拟信号（记录在胶片上），才能被用户使用。

从理论上讲，对整个电磁波波段都可以进行遥感，但是受大气窗口和技术水平的限制，目前只能在有限的几个波段上进行，其中最重要的波段为可见光和近红外波段、中红外和热红外波段、微波波段等。在这些遥感波段上，物体所固有的电磁波特征还受到太阳及大气等环境条件的影响，因而传感器接收到目标反射或辐射的电磁波后，还需进行校正处理及解译分析，才能得到各个领域的有效信息。

### 3. 遥感信息的处理、解译与分析

遥感信息的获取是由传感器接收并记录目标反射或自身发射的电磁波来完成的。事实上，传感器获取的电磁波是多元的。对于被动遥感，太阳辐射通过大气层时部分被大气散射、吸收和透射，透过大气层的太阳辐射到达地表，还有一部分被地物散射、吸收和反射，地物反射的电磁波及自身发射的电磁波经过大气时，再次被大气衰减后剩余的部分才能被传感器接收。主动遥感也具有同样的作用机理。当然，传感器接收的电磁波还包括大气散射的部分，如天空光等。大气对电磁波的影响是复杂的。传感器接收的电磁波的多元性使得遥感数据处理与分析变得复杂化。

遥感信息处理是指通过各种技术手段对遥感探测获得的信息进行的处理。例如，为了消除探测中各种干扰和影响，使其信息更准确可靠而进行的各种校正（辐射校正、几何校正等）处理；为了使所获遥感图像更清晰，以便于识别和解译而进行的各种增强处理等。为了确保遥感信息应用时的质量和精度，充分发挥遥感信息的应用潜力，遥感信息处理是必不可少的。

在遥感信息处理、分析与解译中，非遥感的辅助数据具有重要价值。辅助数据包括野外站点采集和调查的数据、实验室数据以及各类专题图，例如土地利用、水文、地貌、行政区划图等。它们不仅可以用于遥感数据的补充和校正，还可以用于对遥感最终结果的分析和评价。目前多模态遥感数据处理也是研究热潮，但多模态遥感数据具有非线性辐射失真和显著的对比度差异等难点，这些问题都还需要解决[3]。

数据处理、解译与分析主要有以下两种方式。

第一种方式：目视解译或模拟数字图像处理。目视解译是一种基于人眼视觉系统的图像解译方法，通过观察和分析图像中的基本要素，如大小、形状、色调、纹理和组合方式等，来获取图像中的地物信息和特征。在目视解译中，可以使用各种观测和解译设备，如立体镜、彩色合成仪、密度分割器等，来增强图像的解译效果。

模拟数字图像处理是一种利用计算机和数字图像处理技术对图像进行处理和分析的方法。通过将图像数字化，并应用各种图像处理算法和技术，如滤波、增强、分割、特征提取等，可以实现对图像质量进行改善、分析和提取有用信息的目的。

在目视解译和模拟数字图像处理中，地理信息系统起着重要的作用。GIS 是一种将空间数据和属性数据进行集成、管理、分析和展示的系统。通过将图像数据与其他地理数据集关联，可以实现对图像数据的地理定位和空间分析。这使得目视解译和数字图像处理能够与地理数据进行集成，从而更好地理解和利用图像中所包含的地理信息。

目视解译和模拟数字图像处理在地理信息领域具有广泛的应用。它们可以用于土地利用与覆盖分类、环境监测、资源管理、城市规划等诸多领域。通过对图像进行观察、解译

和处理，可以提取出地物的信息和特征，为决策制定、资源管理和环境评估提供支持和依据。随着计算机技术的发展和数字图像处理算法的改进，模拟数字图像处理在自动化图像解译和高效分析方面取得了显著的进展，为地理信息系统的发展和应用带来了更多的可能性。

第二种方式：计算机图像处理，即数字图像处理，是指利用计算机技术对数字图像进行分析、处理和改善的过程。它涵盖了一系列的算法、方法和技术，旨在提取、增强、分割和识别图像中的信息和特征。

在计算机图像处理中，数字图像是通过将连续的光学图像转换为离散的数字表示而获得的。这些数字表示可以由像素组成的矩阵来表示，其中每个像素存储着图像在特定位置上的亮度或颜色信息。通过对这些像素进行计算和操作，可以实现对图像的各种处理。

数字图像处理的目标是改善图像的视觉质量，提取人们感兴趣的特征和信息，并帮助人们更好地理解和利用图像。常见的数字图像处理任务包括图像增强（如去噪、增强对比度）、图像恢复（如去除模糊、纠正畸变）、图像分割（将图像分成不同的区域或物体）、图像压缩（减少图像数据的存储和传输空间），以及图像识别和分类等。

为了实现这些处理任务，计算机图像处理依赖于各种算法和技术。其中包括滤波器的设计与应用、数学变换（如傅里叶变换和小波变换）、图像分割算法（如阈值分割、区域生长、边缘检测），以及机器学习和深度学习方法等。这些算法和技术被广泛应用于医学影像分析、遥感图像处理、计算机视觉、图像检索和图像识别等领域。

随着计算机技术的不断发展和图像处理算法的不断进步，计算机图像处理技术在各个领域中的应用也越来越广泛。它在医学诊断中用于辅助疾病检测和分析，在安全监控中用于人脸识别和行为分析，在数字娱乐中用于图像特效和虚拟现实等。计算机图像处理为人们提供了更多的图像处理工具和方法，使得我们能够更好地处理和利用数字图像，并从中获取有用的信息。

**4. 遥感信息应用**

遥感信息应用是遥感技术的最终目的，旨在利用遥感获取的信息和数据来满足各种实际需求，并支持决策制定、资源管理和环境监测等领域的工作。通过遥感信息的应用，可以实现以下目标：

土地利用和覆盖分类：遥感信息应用可以帮助识别和监测土地表面的不同类型和覆盖状况，如农田、森林、城市、湖泊等。这对土地管理、规划和保护至关重要，可以支持农业生产、生态保护和城市规划等方面的决策。

环境监测和变化检测：遥感信息应用可以监测和评估环境变化，如森林覆盖的变化、湖泊水体的演变、气候变化的影响等。这对环境管理、自然资源保护和生态系统监测具有重要意义，可以提供及时的环境信息和预警。

自然灾害监测和应对：遥感信息应用可以监测自然灾害的发生和演变，如洪水、地震、火灾等。通过遥感技术，可以及时获取受灾区域的影像和信息，为救灾和应急响应提供支持。

资源管理和评估：遥感信息应用可以帮助管理和评估各种自然资源，如水资源、森林资源、矿产资源等。通过监测和分析遥感数据，可以获得资源的空间分布、数量和质量等关键信息，为资源的合理利用和管理提供决策依据。

城市规划和交通管理：遥感信息应用可以支持城市规划和交通管理，通过获取城市的空间特征和交通流量信息，可以优化城市布局、交通规划和交通流动，提高城市的可持续发展能力和交通运输效率。

## 4.2 地基遥感探测

地基遥感和卫星遥感都是遥感技术的应用领域，用于获取地球表面信息。它们有一些相似之处，但也存在一些不同之处。

### 4.2.1 地基遥感与卫星遥感的区别

地基遥感是指利用位于地球表面或近地轨道上的传感器设备，通过直接接收来自地面目标的辐射或反射信号来获取信息的遥感技术[4]。这些传感器可以是相机、雷达、激光扫描仪等。地基遥感技术常用于高分辨率的地物探测、测绘和环境监测等应用。它可以提供详细的地表信息，对于小范围的研究和观测非常有效（图4-2）。

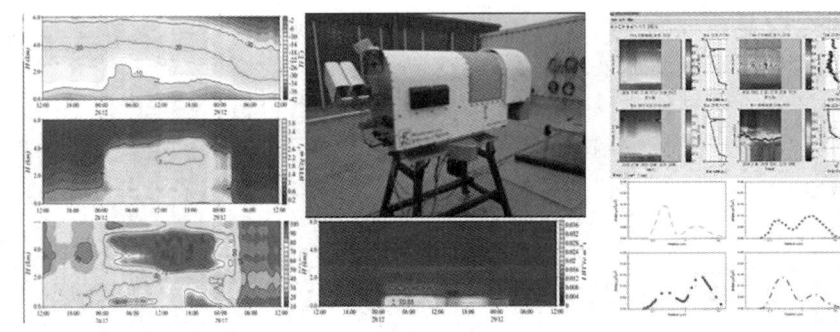
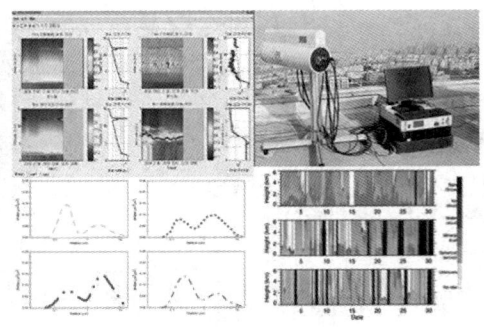

（a）非成像被动地基遥感探测——微波辐射计　　（b）非成像主动极地遥感探测——激光雷达

图4-2　地基遥感系统

卫星遥感则是利用搭载在卫星上的遥感传感器设备，通过接收和记录地球表面反射、辐射或散射的电磁波来获取信息的技术。这些卫星可以位于不同的轨道上，包括近地轨道、极地轨道和地球同步轨道等。卫星遥感具有全球覆盖的优势，可以获取大范围的地球表面信息。它广泛应用于气象预报、环境监测、资源调查、土地利用规划等领域。

地基遥感和卫星遥感的选择取决于具体的应用需求。地基遥感适用于对小范围区域进行详细观测和研究，可以获得高分辨率的图像和数据。卫星遥感适用于对大范围区域进行全球监测和分析，可以提供连续和定期的遥感数据。在一些应用中，地基遥感和卫星遥感可以结合使用，通过获取地基观测数据进行校正和验证，提高遥感数据的精度和可靠性。同时，地基遥感也可以为卫星遥感提供地面真实情况的验证和参考。

总之，地基遥感和卫星遥感是互补的遥感技术，可以在不同尺度和不同应用场景下应用，为地球科学、环境保护、资源管理等领域提供重要的信息支持。

地基遥感常用的探测方法和技术有以下六种[5]：

(1) 摄影测量：使用地面相机或摄像机进行影像捕捉和记录，获取地表的二维影像信息。这种方法广泛应用于测绘、地质勘探、城市规划等领域。

(2) 激光扫描：利用激光雷达设备测量地面、建筑物、植被等目标的三维坐标和形状信息。激光扫描可以提供高精度的地形和地貌数据，常应用于地形测量、建筑物立体模型构建等领域。

(3) 雷达遥感：通过发送和接收微波信号，测量信号的回波时间和强度来获取地面目标的信息。雷达遥感技术广泛应用于天气预报、土壤湿度测量、地表形变监测等多个领域。

(4) 热红外遥感：利用热红外相机或热像仪测量地物的热辐射，获取地表温度和热分布信息。热红外遥感技术广泛应用于环境监测、火灾监测、热岛效应研究等领域。

(5) 光谱测量：通过光谱仪或光谱相机测量地物的光谱反射或吸收特性，获取地物的光谱信息。这种方法广泛应用于植被监测、水质评估、矿产勘探等领域。

(6) GPS 定位：利用全球定位系统接收卫星信号，确定地面观测点的准确位置和坐标，能够获取信息，我们认为它也是一种遥感手段。

这些地基遥感技术可以单独应用或结合使用，根据具体的应用需求和目标进行选择。地基遥感的优势在于可以提供高分辨率的观测数据，并且可以对特定区域进行详细的监测和分析。

地物的光谱测量是进行地物识别的一个重要依据，在地基光学遥感观测实验过程中，我们可以比较详细地描述典型地物的光谱反射信息，并且选取重要的波段对不同的地物进行有效划分。例如，裸土通常在可见光波段呈现较低的反射率，而在近红外波段呈现较高的反射率。绿植在可见光波段表现出较高的反射率。建筑物通常在可见光和短波红外波段具有较高的反射率。基于这些先验知识，可以对遥感探测器进行设计以对波段进行选择，并且对大区域尺度的地表覆盖进行有效的分类。例如，选择可见光和近红外波段可以有效区分裸土和绿植，而选择可见光和短波红外波段可以较好地识别建筑物。通过合理选择波段组合，可以获得裸土的分布、绿植的分布以及建筑物的分布信息。

为什么我们需要多波段和多平台的遥感探测？遥感所选用的波段是不一样的，探测方式也有很大区别，所以它所应对的目标也不一样。例如一个人在释放探空气球，在大气遥感探测中，我们每天都需要了解大气垂直方向上温湿度以及压力的廓线分布信息，若用传统的方法释放探空气球，它需要搭载一个小的探测器，在结束探测以后，这个探测器和气球的生命周期也就结束了，因此它的经费开销非常大，同时它的时间分辨率也非常低，仅仅在早上 8:00 和晚上 8:00 可以获得垂直廓线分布。当有了微波辐射计以后，它作为一个非成像的被动地基遥感探测技术，可以让我们获得全天候的温度、湿度、压力和水汽的垂直分布信息。例如我们对极端污染天气雾霾的了解，很多是基于卫星影像数据，这个被动影像数据能够获得的是地表到大气层的整体描述，但是当我们用了激光雷达以后，可以发现我们不仅可以了解整体的从地表到全天空的信息，而且可以详细地看到污染物所在的空间位置、浓度分布的信息，同时还可以捕获粒子的粒径谱分布。多波段和多平台的遥感探测主要是为了获取更全面、多样化的地球表面信息，并提高遥感数据的解译能力。以下是我们需要多波段和多平台的遥感探测的几个关键原因：

（1）多光谱信息：不同地物在不同波段上的光谱反射特性不同，通过多波段遥感数据可以获取地物的更丰富的光谱信息。多波段数据可以提供更详细和准确的地物分类、植被监测、土地利用等信息，提高遥感数据的解译能力。

（2）光谱特征提取：多波段数据可以用于提取地物的光谱特征，如植被指数、水体反射率等。这些特征可以用于环境监测、资源调查、农业管理等领域，帮助我们了解地球表面的物理、化学和生态过程。

（3）数据互补性：不同波段的遥感数据具有互补性，可以提供不同层面的地表信息。可见光波段适合观测地表物体的形态和结构，而红外波段可以反映物体的热特性和植被健康状况。多波段数据的组合可以综合利用不同波段的优势，获取更全面的地表信息。

（4）多平台覆盖：不同平台的遥感探测器可以提供不同分辨率和覆盖范围的数据。卫星遥感提供全球覆盖的能力，适用于大范围的地表监测和分析。而地基遥感则提供高分辨率的观测数据，适用于局部区域的详细研究和观测。多平台的遥感数据可以相互补充，提供全球和局部尺度的综合信息。

（5）应用需求多样性：不同的应用领域对遥感数据的需求各异。环境监测、农业管理、城市规划等领域需要多样化的地表信息，多波段和多平台的遥感数据可以满足不同领域的应用需求，提供多样化的地表信息支持。

综上所述，多波段和多平台的遥感探测可以提供丰富、全面的地球表面信息，增强数据解译能力，满足不同应用领域的需求，为资源管理、环境保护、灾害监测等提供技术支持。

## 4.2.2 地基遥感的优势

地基遥感探测的优势，例如武汉大学大气辐射超级观测站，因为它的观测环境是非常稳定的，所以观测精度非常高，同时只要天气晴朗，我们都可以获得遥感探测数据，所以对它的评价就是观测精度高、时间分辨率高。其中几个主要的优势总结如下：

（1）高空间分辨率：地基遥感设备可以接近地面目标，提供高分辨率的观测数据。这使得我们能够获取详细的地表信息，对小范围区域进行精确的观测和分析。高空间分辨率有助于检测和监测细微的地表特征，对于土地利用、环境监测、城市规划等具有重要意义。

（2）灵活性和可控性：地基遥感设备的位置和观测角度可以根据需求进行调整和控制。这使得我们能够灵活地选择观测区域和时间，并根据需要改变观测策略。地基遥感具有较高的操作灵活性和可控性，可以满足特定需求的观测任务。

（3）高时空分辨率：地基遥感设备可以进行连续观测，并且可以快速获取数据。这使得我们能够获得高时空分辨率的地表信息。地基遥感可以进行实时监测，捕捉地表变化的动态过程。这对于灾害监测、环境变化分析和应急响应具有重要意义。

（4）多源数据集成：地基遥感数据可以与其他数据源集成使用，如地理信息系统数据、地面测量数据等。通过整合不同数据源的信息，可以获得更全面和准确的地表信息。

这样的综合分析有助于深入理解地表特征和变化，支持决策制定和资源管理。

（5）校正和验证：地基遥感数据可以用于对其他遥感数据进行校正和验证。通过获取地基观测数据，并与卫星遥感数据进行对比和匹配，可以提高遥感数据的准确性和可靠性。地基遥感设备可以提供真实的地面情况验证，为其他遥感数据的解释和应用提供重要支持。

综上所述，地基遥感探测具有高空间分辨率、灵活性和可控性、高时空分辨率、多源数据集成和校正验证等优势。这使得地基遥感成为获取详细、精确地表信息的重要工具，在多个领域中发挥着重要作用。

### 4.2.3 多源遥感探测

多源仪器的组合探测，其优势就是发挥各类遥感探测设备的优势，获取更丰富的参数，提高定量模型的估算精度[6]。例如太阳光度计，它可以帮我们得到大气气溶胶的浓度信息、尺度信息和其他光学信息。而微波辐射计能得到水汽的垂直廓线分布。将所有的这些参数结合其他假设参数输入辐射传输模型，可以让我们获得气溶胶短波的辐射效应，这样大大减少了单纯依靠经验假设所带来的误差。多源仪器组合探测是利用不同类型的遥感仪器和传感器进行综合观测和数据融合，以获取更全面、多样化的地表信息的探测方法。将不同源的遥感数据进行集成和组合，可以充分发挥各种仪器的优势，提高数据解译能力和应用范围。以下以武汉大学大气辐射观测站为例介绍一些常见的多源仪器组合探测的例子（图4-3）：

（1）光学遥感与热红外遥感：将光学遥感仪器（如多光谱相机）和热红外遥感仪器（如热像仪）进行组合。光学遥感可以提供地物的光谱信息，而热红外遥感可以提供地物的热分布和温度信息。通过组合这两种数据，可以实现对地表覆盖的更全面和细致的观测和分析。例如，在农业领域中，结合光学和热红外数据可以进行作物生长监测、灌溉管理等。

（2）光学遥感与雷达遥感：将光学遥感仪器和雷达遥感仪器进行组合。光学遥感提供了地物的光谱反射特性，而雷达遥感可以通过微波信号穿透云层和植被，获取地表的三维结构和形变信息。通过组合这两种数据，可以获得更全面的地表信息。例如，在地貌和地形测量、地质勘探等领域中，结合光学和雷达数据可以获得更全面的地貌特征和地下构造信息。

（3）光学遥感与激光扫描：将光学遥感仪器和激光扫描仪进行组合。光学遥感提供了地物的光谱信息，而激光扫描仪可以通过激光束扫描地面，获取地物的三维坐标和形状信息。通过组合这两种数据，可以实现对地物的准确识别和定量测量。例如，在城市规划和建筑物监测中，光学和激光扫描数据可以提供建筑物的高度、形状等信息。

（4）光学遥感与GPS：将光学遥感仪器和GPS进行组合。光学遥感提供了地物的光谱反射特性，而GPS可以提供地面观测点的准确位置和坐标。这对于地物定位、地物提取和影像配准非常重要，可以提高遥感数据的准确性和可靠性。

图 4-3　武汉大学大气辐射超级观测站

## 4.2.4　组网联网观测

当我们需要对大气污染物进行观测的时候，不能单单依靠单点观测，因为大气污染物的传输是非常迅速的。因此，现在国际上发展了很多知名的组网联网观测手段，例如欧洲的激光雷达观测网以及全球知名的太阳光度计辐射观测网。我们国家在经济发展的前提条件下，科技也得到了很大提升，从早年单纯依靠国外采购到目前自主研发，分别构建了太阳光度计观测网、"一带一路"激光雷达观测网以及微波辐射计观测网。组网联网观测手段是利用多个遥感仪器或传感器进行观测，并通过互联网或局域网进行数据的传输和共享。这种方式可以实现多个观测点的协同工作，提高数据采集的效率和覆盖范围。以下是一些常见的组网联网观测手段：

(1) 卫星网络观测：利用多颗卫星进行组网观测，可以实现全球范围的遥感监测。这些卫星可以携带不同类型的传感器，如光学、雷达、热红外等，用于获取地表信息。通过卫星之间的数据传输和共享，可以实现大范围的遥感监测和数据融合。

(2) 航空观测网络：利用多个航空平台进行组网观测，可以获取高分辨率的地表影像和数据。这些航空平台可以是无人机、飞艇或飞机等，配备不同类型的遥感仪器和相机。通过航空平台之间的数据传输和共享，可以实现灵活的观测任务和高精度的数据采集。

(3) 地面观测站网络：在地面上建立分布广泛的观测站，通过网络连接这些观测站进行数据采集和共享。这些观测站可以配备各种地基遥感仪器，如光学相机、气象站、土壤湿度传感器等。通过数据的实时传输和共享，可以实现对地表特征和环境参数的连续监测。

（4）物联网观测网络：利用物联网技术建立观测设备之间的网络连接，实现数据的实时传输和共享。通过在地表或地下部署传感器节点，可以实现对各种环境参数的监测，如温度、湿度、水质等。这些传感器节点可以通过无线通信技术将数据传输到中心服务器或云平台，从而实现数据的集中管理和分析。

（5）云计算平台：利用云计算技术进行数据的存储、处理和共享。将观测数据上传到云平台，可以实现大规模数据的存储和分析，利用云计算资源进行高效的数据处理和算法运算。多个观测点的数据可以在云平台上进行集成和融合，从而提供更全面的地表信息。

有了较好的单点观测或者全球的高密度观测是否就可以解决所有的问题呢？其实不然，地基观测网还存在很多瓶颈。例如一个全球覆盖率、路面覆盖率非常高的太阳光度计的组网观测，依然存在很多问题，很多区域仍然无法获取数据，且海洋表面、极地内陆和战争地区的站点覆盖率依然很低。我们该如何填补这些空白呢？现有的经典插值算法克里金法确实可以有效地缓解部分问题，但是依然存在比较大的困难，因为克里金插值很难描述区域极端的突发性事件[7]。此外，这些台站的建设需要购置大量的仪器，经费开销大、人力消耗大。最后，所有的仪器设备需要周期定标校准，否则，无法确保在多个区域在设的多台仪器针对多种事件观测时具备测量的一致性。克里金法基于对数据的统计分析和空间自相关性的假设，对于非线性和非平稳的极端事件，其表现可能不够理想。针对这个问题，可以考虑用以下方法来缓解：

（1）多重插值方法：使用多种插值方法结合，综合利用克里金法和其他插值方法的优势。例如，可以将克里金法与逆距离加权法（Inverse Distance Weighting，IDW）或径向基函数插值（Radial Basis Function，RBF）等方法结合，根据不同的数据特征和空间变异性选择合适的插值方法。

（2）针对极端事件的特殊处理：针对极端事件的特殊性，可以采取一些预处理或后处理的方法。例如，在克里金法中引入离群点检测和修正，通过剔除或调整极端值来提高插值结果的准确性。

（3）非参数插值方法：考虑使用非参数插值方法，如样条插值、泰森多边形插值等。这些方法不依赖于空间自相关性假设，能够更灵活地处理极端事件的突发性。

（4）空间统计建模：结合空间统计建模方法，例如地统计学（Geostatistics）中的扩散模型或波动模型，可以更好地描述极端事件的空间变异性。这些模型能够更准确地捕捉和模拟极端事件的发生和传播过程。

（5）数据融合和模型集成：结合多种数据源和模型进行数据融合和模型集成，以提高对极端事件的描绘能力。通过融合多种观测数据和模型结果，可以获得对极端事件更全面和准确的描述。

需要根据具体的应用场景和数据特点来选择合适的方法。在处理极端事件时，可能需要考虑多种方法的组合和优化，以达到更准确和可靠的插值结果。

我们已经看到地基遥感观测所存在的一些技术局限，所有遥感观测都要慢慢地从地基向卫星的方向进行过渡。无论是被动大气观测还是主动大气观测，都有对应的卫星探测载荷。这些载荷通常安装在遥感卫星上,用于测量和监测大气成分、气象参数、气候变化等信息。被动大气观测主要利用大气吸收、散射和辐射特性来获取信息。常见的被动大气观测载荷包括光学/红外传感器和微波辐射计,其中光学/红外传感器是使用可见光、红外波段的传感器来捕捉地球大气层的辐射特征,例如,多光谱传感器、高光谱仪等。这些载荷可以提供大气成分、云覆盖、气溶胶、温度等信息。微波辐射计是通过测量微波辐射的强度和频率,获取大气中水汽含量、降水、云中液态水含量等信息的仪器。微波辐射计在降水观测和气候研究中具有重要的应用价值。主动大气观测利用探测器向大气发送特定的信号,然后通过接收信号的反射或散射来获取相关信息。常见的主动大气观测载荷包括雷达和激光雷达(LiDAR)。

其中雷达系统可以向大气发射雷达波,并接收和分析其与大气中目标(如云、降水)相互作用后的信号。这些数据可用于降水测量、云的结构和运动分析等方面的研究。

激光雷达发射激光脉冲并测量其返回的时间和强度,用于测量大气中的云底高度、大气湍流等信息。

现在卫星遥感已经在天上通过长期的飞行和观测,获得了大量的全球观测数据。与地基的多源遥感观测相类似,例如美国的A-Train星系,它在整个星系的轨道上,有很多多功能的卫星在一起飞行,卫星的飞行时间间隔非常短,可以认为它有同步的观测效果。那么多源的遥感探测手段结合的话,可以让我们看到例如MODIS影像数据,它让我们了解台风所在的区域和覆盖的面积,而云微波物理雷达可以让我们有效地了解强对流天气在云层垂直方向上的空间分布以及变化特性,让我们更好地评估、预测和预报台风的运动方向以及对我国东南沿海地区所造成的影响。

地基遥感是卫星遥感先验知识的前期铺垫,除此之外,如果我们想做定量遥感的话,例如我们想对植被的类型进行划分,我们想对农作物的生长状态进行划分,那么精细的地表光谱曲线的观测和描述是非常重要的,所以说,无论是卫星遥感影像的解译还是定量遥感,地基遥感观测都是非常关键的。地基遥感观测还能为卫星观测进行有效的地面验证,以大气遥感为例,我们在AERONET图片中选几个像元,当我们选择了像元里面的太阳光度计观测到的大气参数时,我们就认为它是精度非常高的,可以对卫星数据进行有效的修正,那么和卫星数据进行对比的时候,我们就可以将卫星算法中存在的不足以及卫星数据的空缺进行有效的填补。

## 4.3 卫星遥感探测

极轨卫星,也称为太阳同步轨道卫星,在大气遥感参数的示意图中,为什么是条带状的呢?这主要是由于它的飞行轨道所产生的观测效果。静止卫星,也称地球同步轨道卫星,与极轨卫星不同,静止卫星的飞行轨道非常高,有3万多千米,全球只要有4颗静止卫星,基本上就可以达到全球覆盖的观测效果。

不同卫星被应用于不同的遥感探测领域。例如植被的光学厚度反演结果和全球$CO_2$浓度分布的观测结果,这样的参数不会发生短时的剧烈变化,因此用极轨卫星,在10~20天的观测周期范围内都是满足它的遥感观测需求的。但是有一些情况,就需要有一个时间分辨率非常高的观测手段来获取数据，这个时候就需要静止卫星，例如灰霾事件的发生，空气污染事件通常都是在3~5天内发生和结束的，此外台风的形成、发生、发展和在我国东南沿海的登陆过程，也需要静止卫星对它进行遥感观测。

卫星遥感能不能一劳永逸？显然它是不能的。地基遥感所在的工作环境是非常简单、稳定和良好的，它没有较多的干扰因素。但是卫星遥感不一样，它的太阳辐射需要穿透大气层，而卫星所接收到的信号需要经过地物反射的光谱再次穿透一遍大气层回到卫星。此外，地面建筑物的阴影也会对光谱信息造成干扰。方向性和多角度的遥感也会对光谱信息产生影响，一般情况下我们认为地表是一个朗伯体，也就是说入射的光在各个方向上的能量分布是均匀的，但实际上它的能量分布有较大差异，因此如果想获得一个比较好的定量遥感的观测效果，就要考虑多方面的影响。

尺度的影响也是非常重要的。例如反演大气气溶胶参数的流程图，在这个过程中，有一个非常重要的步骤，就是我们一定要有它的先验知识，了解地表反射率，描述地表反射率的重要参数是植被的覆盖情况，如果分辨率不一样，植被覆盖情况是有很大区别的，例如分辨率非常高的时候，可能单个影像的大小是2.5m×2.5m，那么单个影像中可能全部都是植被，但是当分辨率非常低的时候，如100m×100m，那么区域中不仅含有植被，还含有建筑物等其他的相关信息，区域中的植被覆盖指数就会发生改变，它的地表反射率也会发生变化，因此不同尺度的遥感反演模型不能混用。

卫星遥感的技术局限，以美国NASA的A-Train星系的组队观测为例，分别来看位于Aqua卫星上的MODIS和PARASOL卫星上的POLDER这两个探测器之间存在的差异，MODIS有一个多波段和分辨率相对较高的探测功能，而POLDER虽然分辨率比较低、波段数量比较少，但是它的观测角度达到了14个，同时它还有3个通道带有偏振探测的功能，所以鱼与熊掌不可兼得，多传感器之间的联合观测、发挥各自所长才是关键。

卫星遥感本身还存在一些问题，例如我们在对一个区域进行观测的时候，它会存在局限，因为现有的卫星技术和卫星数据处理方法都是由国外主流开发、发展和改进的，那么在用到我们自己的区域的时候，例如武汉出现严重雾霾的时候，地表反射率非常高，会有大量的像元数据缺失，就无法得到一个具体的城市污染的情况。基于此就提出改进措施，主要是以地基的观测资料来更好地了解、积累区域污染性气溶胶的先验知识，并对现有的模型算法进行有效的改进。改进措施包括分别对地表的反射信息和气溶胶模型本身进行改进，改进结果非常突出，不仅明显有效地填补了缺失像元，而且提升了地表整个像元的分辨率，以前的分辨率是3km，提升后可以达到500m。

国家在不断地进步和发展，除了基础设施建设，卫星事业也在紧锣密鼓地发展。我国风云卫星的发展情况，其中风云1号和风云3号是极轨卫星，风云2号和风云4号是静止卫星。除了与气象局相关的风云卫星，高分5号在2018年发射的时候，也搭载了很多大气遥感探测载荷。

我国的卫星探测技术水平怎么样呢？例如我国风云3号卫星的MERSI探测器，继续以反演步骤为例，地表的反射率是非常重要的，所以我们需要了解它的植被覆盖信息，但是风云3号的MERSI探测器和美国NASA很经典的MODIS探测器存在的重要差异就是我们缺少了一个重要的探测波段，这导致我们无法用传统的植被覆盖指数（NDVI）进行地表反射率的估算,为了解决这个问题,我们通过植被覆盖指数(AFRI)进行实验和分析,从而有效地填补了通道空缺,所反演得到的风云3号MERSI探测器的东南亚地区的气溶胶的光学参数和MODIS反演的结果具有较好的一致性,这也充分证实了我国硬件技术的发展已经有了非常好的结果和前景。

### 4.3.1 卫星遥感辐射传输原理

**1. 电磁辐射**

卫星遥感辐射传输原理涉及电磁辐射的概念和特性。电磁辐射是指电磁波在空间传播的过程,包括一系列不同波长和频率的电磁波,如可见光、红外线、紫外线、微波、射频等。

在卫星遥感中,卫星上的传感器通过接收地球表面反射、散射或发射的电磁辐射,将其转化为数字信号,进而提供地球表面的信息。为了理解卫星遥感辐射传输原理,以下是一些关键概念和过程的介绍。

发射(emission):物体可以自行产生电磁辐射,这种辐射称为发射。物体的发射与其温度有关,温度越高,物体产生的辐射强度越大。发射的电磁波的特性与物体的温度和辐射频谱分布有关。

反射(reflection):当电磁波遇到物体表面时,部分电磁波会被物体表面反射回去。反射的强度和方向取决于物体表面的材质和几何特征,以及入射角和波长等因素。

散射(scattering):当电磁波遇到物体或介质时,会在各个方向上进行散射,即改变其传播方向。散射的强度和方向取决于物体或介质的形状、大小和光学特性,以及入射波长和散射角等因素。

吸收(absorption):当电磁波遇到物体或介质时,部分电磁波会被物体或介质吸收。吸收的强度取决于物体或介质的材质、波长、入射角和厚度等因素。

卫星遥感辐射传输原理是通过接收地球表面的反射、散射和发射的电磁辐射,利用遥感传感器测量和记录这些辐射的强度和波长分布。通过对辐射的分析和处理,可以提取地球表面的信息,如地表温度、植被覆盖、土地利用等。这些信息对于环境监测、资源管理、灾害评估等应用具有重要意义。

**2. 太阳辐射**

在卫星遥感辐射传输原理中,太阳辐射是一个重要的组成部分。太阳辐射是指太阳向外发出的电磁辐射,它包括可见光、红外线和紫外线等。

太阳辐射是地球能量平衡和气候系统的主要驱动力之一,对地球表面的物体和大气层都会产生影响。卫星遥感利用太阳辐射的特性来获取地球表面的信息。

在卫星遥感中,太阳辐射的传输过程涉及以下几个方面。

太阳辐射的发射:太阳是一个巨大的等离子体球体,它通过核聚变反应产生能量,并以电磁辐射的形式向外传播。太阳辐射主要包括可见光、红外线和紫外线等不同波长范围的辐射。这些辐射在传播过程中会遇到地球的大气层和表面。

大气吸收和散射：当太阳辐射进入地球的大气层时，一部分辐射会被大气吸收和散射。大气吸收主要发生在紫外线和红外线波段，特别是水汽、氧气、臭氧等成分对特定波长的辐射具有吸收作用。大气散射会使太阳辐射的方向发生改变，包括散射到不同方向和散射到地面上。

地面反射：当太阳辐射照射到地球表面的物体上时，一部分辐射会被物体的表面反射回大气层和空间。地面反射的辐射包含地物的信息，如地表类型、植被覆盖、地表温度等。通过卫星遥感，可以测量和记录不同波段的地面反射辐射，用于地表特征和变化的分析。

综合考虑太阳辐射的发射、大气层的吸收和散射以及地面反射等因素，卫星遥感可以利用不同波段的传感器测量和记录太阳辐射的特征。通过分析太阳辐射的变化和分布，可以推断地表特征、气候变化和环境状况。因此，太阳辐射的传输原理是卫星遥感数据处理和解译的基础，为研究和监测地球系统提供了重要的信息来源。

### 3. 大气校正

卫星遥感辐射传输原理中的一个重要概念是大气校正。大气校正是指通过考虑大气对遥感数据的影响，对原始观测数据进行修正，以减少或消除大气效应，从而获取更准确的地表反射率或辐射值的过程。

在卫星遥感中，大气层对来自地表的辐射和太阳辐射的传输都会产生一些变化和扰动。这些变化包括大气吸收、散射、反射以及大气成分对辐射的影响等。由于大气的存在，遥感数据中的辐射信号会受到大气的遮挡、吸收和散射，从而干扰地表信息的获取和分析。

为了消除大气效应，进行大气校正是必要的步骤。大气校正的目标是尽可能减少大气干扰，还原地表的真实辐射或反射率。通过对遥感数据进行大气校正，可以更准确地提取地表特征，如地表温度、植被指数和地物分类等。

大气校正的方法通常基于对大气物理特性和光学特性的理解。其中一种常用的方法是利用大气传输模型，通过对大气中的气溶胶、水汽和气体成分等进行建模和估算，来估计和校正大气效应。这些模型考虑了大气的吸收和散射特性，以及光线在大气中的传输过程。通过将观测数据与模型计算的辐射值进行比较和校正，可以获得校正后的数据。

此外，大气校正还需要考虑卫星传感器的波段特性和响应函数。由于不同波段的传感器对大气的敏感程度不同，需要根据传感器的特性对数据进行适当的校正。此外，大气校正还要考虑地表和大气的空间变化，因为大气条件和地表特征在不同地点和时间可能存在差异。

### 4. 地球辐射

卫星遥感辐射传输原理涉及地球表面辐射的产生、传输和接收过程。地球辐射由自发辐射和散射辐射组成，其中自发辐射是由地球表面物体根据其温度而产生的热辐射。散射辐射是由大气中的分子和气溶胶对入射辐射进行散射而形成的。

自发辐射是地球表面物体根据其温度自发发射的电磁辐射。根据黑体辐射理论，地球表面物体的自发辐射强度与其温度相关，遵循普朗克定律。斯蒂芬-玻尔兹曼定律描述了不同物体的自发辐射在不同波长上具有不同的辐射能量分布的规律。这种自发辐射的强度和频谱特征对于遥感数据的获取和解译至关重要。

散射辐射是指入射辐射在大气中的分子和气溶胶粒子上发生散射而形成的辐射。散射过程取决于入射辐射的波长和大气中散射物质的特性。在大气中，散射分为不同类型，包括瑞利散射、米氏散射和非选择性散射等。这些散射过程导致入射辐射在不同方向和波长上发生变化，从而影响遥感数据的质量和解译。

在卫星遥感中，遥感传感器接收地球辐射并将其转换为电信号。传感器的设计应该充分考虑目标物体的辐射特征和应用需求，并选择适当的波段和探测技术。传感器接收到的辐射信号经过校正和处理，转化为可用的遥感数据，这些数据可用于地表特征分析、环境监测和资源调查等。

**5. 地物的反射辐射**

卫星遥感辐射传输原理中的地物反射辐射指的是地球表面物体对入射辐射进行反射的过程。该过程涉及地物的光谱特性、表面结构以及入射辐射的能量分布等因素。

当入射辐射照射到地球表面物体上时，一部分能量被物体吸收，另一部分则被反射出来。被反射的能量的强度和波长特征取决于地物的光谱反射率和入射辐射的光谱能量分布。地物的光谱反射率是指在不同波长下物体反射能力的比例，它与地物的成分、形态、粗糙度和光学性质等因素密切相关。

地物的反射辐射可以通过遥感传感器被捕捉到，并转化为数字信号进行记录和分析。遥感传感器在选择波段和探测技术时会考虑不同地物的光谱特性，以便能够准确获取地物的反射辐射信息。例如，多光谱传感器可以使用多个窄波段来捕捉地物在不同波段上的反射率，从而实现地物的识别和分类。

地物的反射辐射具有重要的遥感应用价值。通过分析地物反射辐射的光谱特征和空间分布，可以获取关于地表覆盖类型、植被生态、土壤含量、水体质量等地球表面信息。这种方法在环境监测、资源管理、土地利用规划和灾害监测等领域具有广泛的应用前景。

**6. 辐射定标和辐射校正**

卫星遥感辐射传输原理中的辐射定标和辐射校正是重要的步骤，用于将遥感数据中的辐射能量转化为可靠的物理量值，以实现精确的遥感信息提取和分析。

辐射定标是将遥感仪器接收到的原始辐射数据转换为辐射能量值的过程。这一过程中需要考虑遥感仪器的响应特性、探测器的量化特性以及仪器对辐射源的响应等因素。通过辐射定标，可以将原始数据转化为辐射亮度值或辐射通量值，以描述遥感数据中的辐射能量。

辐射校正是指对由于外界因素，数据获取和传输系统产生的系统的、随机的辐射失真或畸变进行校正，消除或改正因辐射误差而引起影像畸变的过程。辐射校正是在辐射定标的基础上，进一步对遥感数据进行修正，以消除大气、地表反射和传感器特性等因素对辐射信号的影响。大气校正是其中的一个重要步骤，通过考虑大气吸收、散射和发射等作用,对接收到的辐射数据进行校正,以准确获取地物的反射率或辐射通量。地表反射校正是根据地表特性和反射率,对遥感数据进行调整,以消除地表反射对辐射信号的影响。传感器特性校正是针对遥感仪器的非线性响应、敏感度不均匀性和光谱波动等因素进行修正,以确保数据的准确性和可比性。辐射误差产生的原因可分为传感器响应特性、太阳辐射情况、大气传输情况以及地形阴影等。

辐射定标和辐射校正(见图4-4)的目的是将遥感数据转化为可靠的物理量,以实现遥感数据的定量分析和比较。这些步骤需要利用地面辐射观测站点、大气模型和地表反射率数据库等参考数据,结合数学模型和算法,对遥感数据进行处理和校正。通过辐射定标和辐射校正,可以消除仪器和大气等因素的影响,提高遥感数据的精度和可靠性,从而实现准确的地物识别、分类和定量分析。

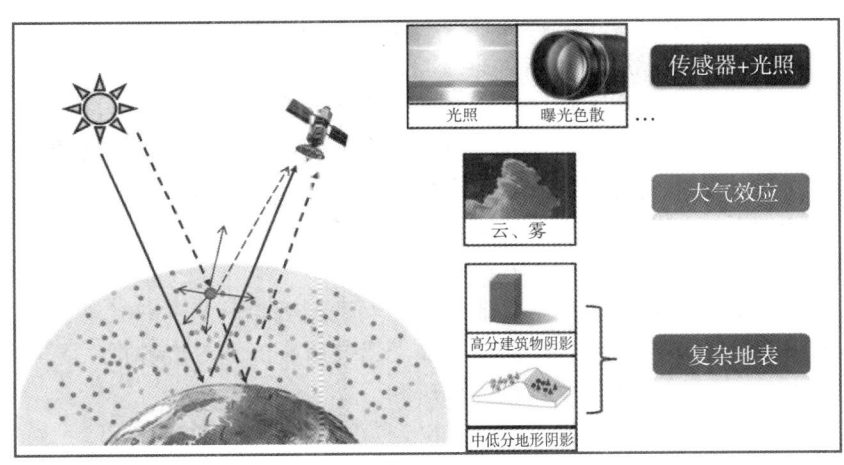

图 4-4 辐射校正过程

## 4.3.2 卫星遥感平台

### 1. 卫星遥感平台的特点

卫星遥感平台是指用于卫星遥感数据获取和传输的载体或设备。它具有以下几个特点。

高空间分辨率:卫星遥感平台通常搭载在卫星上,通过在轨运行实现对地观测。相较于其他遥感平台(如航空平台),卫星遥感平台能够提供更高的空间分辨率,即能够捕捉到更细节的地表信息。

广覆盖范围:卫星遥感平台可以实现全球范围内的遥感观测,不受限于地理位置的限制。它可以覆盖广阔的地域,从极地到赤道,从陆地到海洋,提供全球尺度的遥感数据。

长期稳定观测:卫星遥感平台通常具有较长的在轨寿命,可以进行长期稳定的观测任务。这使得它能够提供连续的遥感数据,以监测地表环境的变化和演变,支持长期的地球资源调查、环境监测和气候研究。

高重访周期：卫星遥感平台的设计通常考虑到高频次的重访能力，即在一定时间内对同一地点进行多次观测。这种高重访周期有助于获取多时相的数据，以便进行动态变化分析和监测，例如对植被生长、城市扩张和自然灾害等进行时间序列分析。

多光谱观测能力：卫星遥感平台通常搭载多光谱传感器，能够在不同波段范围内获取多光谱数据。这些数据对地表物质的不同特征有不同的响应，从而提供丰富的地物信息，用于土地利用分类、植被监测、水资源管理等应用。

数据实时性：卫星遥感平台能够实时获取遥感数据，并通过卫星通信系统将数据传输回地面接收站或数据中心。这使得遥感数据能够及时用于应急响应、自然灾害监测和其他需要快速决策支持的应用领域。

**2. 卫星遥感图像分辨率**

卫星遥感平台的图像分辨率是指在地面上观测到的图像中能够分辨出的最小细节的大小。它是衡量卫星遥感图像质量及细节捕捉能力的重要指标之一。

卫星遥感平台的图像分辨率可以分为空间分辨率、光谱分辨率和时间分辨率。

空间分辨率：空间分辨率是指卫星遥感图像中能够分辨出的最小地物的大小。它取决于卫星传感器的技术能力和观测参数。较高的空间分辨率意味着图像中能够显示更小的地物细节，具有更高的精度和清晰度。常见的卫星遥感平台具有不同的空间分辨率，从数十米到亚米级不等。

光谱分辨率：光谱分辨率是指卫星遥感平台所观测的光谱范围和光谱带宽。它决定了卫星能够捕捉的不同光谱特征和波段信息。高光谱分辨率的卫星能够提供更丰富的光谱信息，可以对地物的光谱特征进行更精细的分析和分类。

时间分辨率：时间分辨率是指卫星遥感平台观测同一地区的时间间隔。较高的时间分辨率意味着卫星能够更频繁地获取图像，提供更多的时相信息和动态变化监测能力。时间分辨率对于监测地表的季节性、周期性和短时变化具有重要意义。

卫星遥感平台的图像分辨率与传感器的技术特性和设计参数密切相关。通常情况下，为了满足不同应用的需求，卫星遥感平台会在空间分辨率、光谱分辨率和时间分辨率之间进行权衡。较高的空间分辨率通常意味着牺牲光谱和时间分辨率，而较高的光谱分辨率和时间分辨率可能会对空间分辨率产生一定的限制。

◎ 小 贴 士

### 美国 Landsat 卫星

Landsat 卫星是美国国家航空航天局（NASA）和美国地质调查局（USGS）联合推出的一系列地球观测卫星，旨在提供长期稳定的遥感数据，支持地表环境的监测和资源管理。

Landsat 卫星系列由多颗卫星组成，包括 Landsat 1 至 Landsat 8。每颗卫星都搭载了一台多光谱扫描仪（Multispectral Scanner，MSS）或增强型陆地成像仪（Enhanced

Thematic Mapper Plus，ETM+），用于获取地球表面的遥感图像数据。

Landsat 卫星的主要特点包括：

高质量遥感数据：Landsat 卫星搭载的传感器具有优良的遥感性能，能够提供高质量的遥感图像数据。这些数据具有较高的空间分辨率和光谱分辨率，可以捕捉到地表细节和不同波段的信息。

中等空间分辨率：Landsat 卫星的空间分辨率通常为 30m，这意味着它能够辨别出地表上 30m 大小的细节。这种中等空间分辨率适用于许多地表特征的监测和研究，如土地利用分类、植被覆盖、水体分布等。

多光谱观测能力：Landsat 卫星搭载的传感器具备多光谱观测能力，可以获取不同波段的遥感数据。这些波段覆盖了可见光、红外和热红外等范围，可以提供丰富的地表信息，用于光谱分析、物质识别和环境评估。

长期数据连续性：Landsat 卫星系列提供了长期的数据连续性，能够对地表变化进行长期监测和分析。这对于研究地表变化趋势、评估自然资源的可持续利用以及应对环境变化具有重要意义。

开放数据政策：Landsat 卫星数据以开放数据政策发布，方便科学家、研究人员和公众自由获取和使用这些数据进行各种研究和应用。

### 3. 高光谱卫星

高光谱卫星是一类具有高光谱分辨率的卫星遥感平台，其主要特点是能够获取连续的光谱信息，并在更多的窄波段范围内观测地表特征。相较于传统的多光谱卫星，高光谱卫星能够提供更丰富的光谱细节，增强对地物的光谱分析和识别能力[8]。

高光谱卫星的特征和功能如下：

高光谱分辨率：高光谱卫星具备较高的光谱分辨率，通常在可见光和近红外等波段内拥有数十个甚至上百个窄波段。这种连续的光谱观测能力使得卫星可以更详细地探测地表反射和辐射特征，提供更准确的光谱信息。

光谱细节获取：高光谱卫星能够获取地表物体在不同波长下的反射或辐射光谱曲线，对不同地物和目标物体的光谱特征进行详细分析。通过分析这些光谱细节，可以实现地物分类、物质识别、环境评估等应用。

物质识别和分类：高光谱卫星可以利用其丰富的光谱信息来识别和分类地表上的不同物质。每种物质在不同波段上的光谱特征是独特的，通过对这些光谱特征进行比较和分析，可以准确地识别出地表上的不同物质，如植被类型、土地利用类型、水体、矿产等。

## 4.3.3 卫星遥感传感器

### 1. 光机扫描

光机扫描是一种常用于卫星遥感传感器的工作模式，它允许传感器获取地球表面的影像数据。光机扫描传感器通过机械或电子扫描的方式，以一定的速度和方向对地面进行扫描，并记录每个扫描点的光谱信息。

光机扫描传感器的原理如下：

扫描装置：光机扫描传感器通过内置的扫描装置，如旋转镜或光学棱镜，将入射的光束从一个方向转向另一个方向。这种装置可以控制光束的扫描范围和扫描速度。

光谱记录：传感器接收经扫描装置转向后的光束，并通过光学元件（如透镜、光栅等）将光束分成不同的波长通道。每个波长通道对应特定的光谱范围，可以记录该波长范围内的光谱信息。

行扫描和列扫描：光机扫描传感器采用行扫描和列扫描的方式，将光束分为一系列行和列，形成一个像元阵列。行扫描是沿着传感器移动方向进行的扫描，列扫描是垂直于传感器移动方向的扫描。

光谱数据记录：在扫描过程中，传感器记录下每个像元的光谱信息，并将其转换为数字信号进行记录。这些数字信号可以表示不同波长通道的辐射强度或反射率，形成一幅光谱图像。

光机扫描传感器在卫星遥感中具有广泛的应用，可以用于获取高分辨率的地球表面影像数据。通过扫描整个地表并记录下每个像元的光谱信息，光机扫描传感器可以提供详细的地物特征，如地表覆盖类型、植被指数、土地利用情况等。这些数据对于环境监测、资源管理、灾害评估等领域具有重要意义，为研究和管理提供了有价值的信息基础。

### 2. CCD 扫描

CCD（Charge-Coupled Device）扫描是一种常用于卫星遥感传感器的探测方式，它利用 CCD 器件来感测和记录地球表面的光信号。CCD 扫描传感器通过逐行扫描的方式，将光信号转换为数字图像数据。

CCD 扫描传感器的原理如下：

光敏元件：CCD 传感器使用光敏元件作为光信号的接收器。光敏元件通常是由一系列光敏电荷耦合器件组成的芯片，每个电荷耦合器件对应一个像元。

光信号感测：当地球表面的光照射到 CCD 传感器上时，光敏元件中的光敏电荷耦合器件会将光信号转化为相应的电荷。

逐行扫描：CCD 传感器通过逐行扫描的方式将光敏元件中的电荷转换为电压信号。扫描过程从一行像元开始，逐行移动到下一行，直至扫描完整个图像。

数字转换：每行扫描完成后，CCD 传感器将每个像元的电压信号转换为数字信号。这些数字信号表示每个像元在光谱范围内的光强度或反射率。

数据存储：经过数字转换后的数据被存储在传感器内部的存储器中，或通过数据传输系统传送到地面接收站进行存储和处理。

CCD 扫描传感器在卫星遥感中具有广泛的应用。它可以提供高分辨率、高灵敏度和低噪声的图像数据，对地球表面的细节进行精确捕捉。CCD 传感器的扫描过程是逐行进行的，因此可以获得高空间分辨率的图像数据。这使得 CCD 传感器特别适用于地物分类、地貌分析、植被监测等需要高精度图像数据的应用领域。

值得注意的是，随着技术的不断发展，一些新型传感器如 CMOS（Complementary Metal-Oxide-Semiconductor）传感器，已经逐渐在卫星遥感中得到广泛应用。这些传感器在一定程度上取代了传统的 CCD 传感器，具有更高的性能和更低的功耗，为卫星遥感应用提供了更加可靠的数据支持。

◎ 小贴士

## 高分卫星——天眼见证中国辉煌

在中国的航天史上，高分卫星系列无疑是一颗璀璨的明星。这些卫星以其高分辨率的观测能力，如同天眼一般，精准地绘制着中国大地的每一寸土地，见证了国家建设与发展的辉煌历程。

高分卫星系列是中国自主研发的高分辨率对地观测卫星系统，旨在满足国民经济建设、社会发展和国家安全对高分辨率遥感数据的迫切需求。自 2013 年高分一号卫星成功发射以来，高分卫星系列已经发展成为拥有多颗卫星、多种载荷的现代化对地观测系统。高分卫星的每一次升空，都是中国航天事业的一次重大突破。它们不仅搭载了先进的遥感器，还具备快速机动、高精度定位等能力，能够对地表进行全天候、全天时的观测。这些卫星的数据，为国土资源调查、城市规划、环境保护、灾害监测等领域提供了强有力的支持。

以高分二号卫星为例，它以其亚米级的空间分辨率，成为中国首颗真正意义上的亚米级光学遥感卫星。这意味着，从太空中看中国，每一栋建筑、每一条街道都清晰可见。高分二号卫星的数据，广泛应用于城市扩张监测、土地利用变化、生态环境评估等方面，为国家决策提供了科学依据。除了高分二号卫星，高分四号卫星也是高分卫星系列中的佼佼者。作为一颗地球同步轨道卫星，高分四号卫星具备对特定区域进行连续观测的能力。在应对自然灾害时，高分四号卫星能够迅速获取灾区影像，为救援指挥提供及时准确的信息。例如，在森林火灾、洪水等灾害中，高分四号卫星的数据成为救援人员制定救援方案的重要依据。

高分卫星系列的发展，离不开党的坚强领导和广大科技工作者的辛勤付出。在党的领导下，中国航天事业不断取得新的突破，高分卫星系列作为其中的重要成果，不仅服务于国家经济建设和社会发展，更在国际舞台上展现了中国科技的力量和担当。高分卫星的故事，是中国航天事业发展的一个缩影，也是中国人民自强不息、勇攀科技高峰的真实写照。它们见证了中国从站起来、富起来到强起来的伟大飞跃，也激励着更多年轻人投身到科技事业中，为实现中华民族伟大复兴的中国梦贡献力量。

## 4.4 遥感在湖泊动态监测中的创新研究①

遥感在湖泊动态监测中具有广泛的应用，可以提供湖泊水质、水量、水体动态变化等方面的信息[10]。遥感在湖泊动态监测中的应用主要有以下几种：

（1）水质监测：遥感可以获取湖泊水体的光学特性，如水体反射率、吸收率等信息，从而评估水质参数，如水体浊度、叶绿素含量、溶解有机物含量等。这些参数对于湖泊水质评估、污染监测和水生态环境研究具有重要意义。

（2）水体温度监测：通过热红外遥感技术，遥感可以获取湖泊水体的表面温度。水体温度是湖泊生态系统和水文循环的重要指标，对于湖泊生态研究和气候研究具有重要意义。

（3）湖泊水域变化监测：遥感可以通过多期卫星影像的比较分析，监测湖泊的水域变化情况，包括湖泊面积、湖岸线的变化等。这对于湖泊资源管理、湿地保护和水文模拟等非常重要，如图 4-5 所示，长江中下游流域湖泊被转化为其他类型土地。

（a）围湖造田　（b）围湖养殖　（c）填湖造房　（d）水域转化为洲滩植被

图 4-5　长江中下游流域湖泊转化为其他类型土地的示例

（4）湖泊水位监测：遥感技术可以利用雷达高度计或干涉测高技术来获取湖泊的水位信息，实时监测湖泊水位的变化，对于洪水预警、水资源管理和水文模拟具有重要作用。

（5）湖泊悬浮物监测：遥感可以获取湖泊悬浮物的分布和浓度信息，包括悬浮颗粒物

---

① 本节以一篇武汉大学师生共同合作发表在国际顶级期刊 *Environmental Science & Technology* 上的创新研究"Impacts of Land-Use Changes on the Lakes across the Yangtze Floodplain in China"为案例[9]，希望给读者以利用遥感做学术创新方法方面的启发。

等。这对于湖泊沉积物输运、湖泊富营养化研究和水生态恢复等非常重要。

本节介绍的方法以 Landsat 为长时序遥感数据,制作土地利用分类数据集,通过提取和统计我国 32 个主要城市的湖泊面积与分布,利用景观形态指数对城市湖泊景观格局时空动态变化进行分析,探讨在城市化进程中城市建设活动对湖泊水域面积与景观形态的影响。最后,利用全球地表水体数据集,通过大量人工目视检查与修正,完成近 30 年我国湖泊面积与分布数据集,统计了我国湖泊数量和面积的时空动态变化,比较与分析了我国五大湖区湖泊水域面积的长期变化趋势,讨论流域土地利用变化对我国湖泊的影响,并结合气候数据与社会经济统计数据,探究中国湖泊面积时空变化的驱动因素。

湖泊遥感监测的关键步骤包括遥感影像预处理、湖泊面积提取和湖泊变化分析[12]。

对于遥感影像预处理,通过从 USGS 获取 1975—2015 年的 Landsat 系列卫星,并选择其中云层覆盖少、质量好的数据用于后续湖泊变化的研究,为了减少季节性扰动对湖泊水域面积估计的影响,本研究选取的大部分 Landsat 卫星影像数据的拍摄时间为风水季,也就是雨水比较多的季节,并结合气象站点的降水量数据,通过人工比较前后两年内的遥感数据来排除洪涝年和干旱年获得的影像,避免异常气候对湖泊水域提取的影响,考虑到在同一年度内覆盖整个区域的 Landsat 无云或少云的影像存在缺失的情况,需要收集前后相邻年度 Landsat 质量好的影像来对数据进行补充,特别是 1990 年前可利用的影像数据比较少,所以在创新研究中,利用 Landsat 卫星影像主要获取了 1975 年、1990 年、2010 年和 2015 年湖泊的水域面积,此外,Landsat 卫星影像通常需要经过辐射校正和大气校正等预处理操作,目的是尽可能消除或减弱由于传感器自身性能、光照条件差异以及大气散射和吸收等因素带来的辐射误差,因此,在研究中,利用 ENVI 软件中的经典的 FLASSH 大气校正模块将天井辐射亮度值校正后得到地表真实反射率,FLASSH 大气校正模块需要输入的卫星图像参数包括传感器类型、过境时间、像元大小以及图像中心坐标等,可通过厚数据获得,另外,大气模型相关参数需要根据研究区域、影像质量等的实际情况来选择。目前,许多学者利用卫星遥感影像对地表水进行提取,遥感水体提取方法可以分为四大类:(1)单波段阈值法,通过对遥感影像的近红外波段反射率选取一个简单的阈值进行分割,来区分水体与非水体地物;(2)多波段光谱指数法,利用水体在可见光和近红外波段反射率的差异来提取水体,比如归一化差异水体指数(Normalized Difference Water Index, NDWI)和改进的归一化差异水体指数(MNDWI);(3)专题分类法,利用遥感监督或非监督分类算法对卫星影像进行地物分类,比如支持向量机(Support Vector Machine, SVM)和最邻近规则分类算法(K-Nearest Neighbor);(4)线性光谱解混法,利用基于稀疏性的光谱混合像元分解的方法对遥感影像中的水体进行提取。由于单波段阈值法和光谱指数法计算简单、快速,在实际应用中常常用来在卫星遥感影像中提取水体。

预处理完成后,就可以开始湖泊面积提取,使用的是多波段的光谱指数法来提取湖泊水体的覆盖范围,主要包括归一化差异的水体指数(NDWI)和改进的归一化差异水体指数(MNDWI)。虽然这两个指数可以方便快速地提取遥感影像中的水体信息,但是由于受分割阈值难以统一、山体阴影混淆等因素的影响,特别是对大范围的水体的提取容易出现遗漏或虚景的问题[13],因此,在实验中,还利用最大链接方差法对每幅水体指数特征影像选取一个初始的最优分割阈值,并通过人工调优的方式对初始分割阈值进行调整,以得到接近最优的阈值，对光谱指数特征影像进行分割获得水体边界。此外，利用SRTM提供的高程数据减少山体阴影对于水体提取结果的影响以提高水体提取精度。为了进一步确保遥感水体提取结果的准确性，基于原始Landsat卫星遥感影像及同时期的其他高分辨率遥感影像，通过大量人工目视解译，对所有遥感水体提取结果进行检查与纠正。利用随机选取的4525个湖泊水体样本进行水体提取的精度验证，结果表明，总遗漏率低于3%，总错分率仅为1.7%。在利用Landsat卫星影像提取湖泊水域边界的基础上，通过GIS软件对1975—2015年不同年度的湖泊边界矢量进行叠加分析，可以获得湖泊水域面积的变化区域。此外，在提取湖泊水域面积变化的基础上，利用遥感土地，采用解译方法定量统计湖泊在不同年度转化为其他土地类型的面积，包括农业用地、养殖耕塘、建筑用地、植被裸地等。遥感光谱信息指数是在不同类型地物具有不同波谱变化规律的基础上，通过设计不同波段之间的运算，如差值、比值等，突出目标地物信息的同时，很好地抑制背景地物的信息。本研究中使用的遥感光谱的信息指数包括水体指数（NDWI）、植被指数（NDVI）、建成区指数（NDBI）和裸土指数（BSI）[14]，综合使用这些指数构建遥感土地利用分类的算法，以监测出湖泊转化为其他土地利用类型的面积。

  本研究的精度验证工作包括遥感湖泊面积提取和湖泊土地利用转化两个方面。为了评价湖泊水域面积提取的精度，随机选取了4525个水体样本像元，均匀覆盖了每个湖泊、每个年度以及每个传感器数据，来计算水体像元提取的遗漏误差（omission error）和错分误差（commission error）。水体样本数据集分为两个部分，其中，2425个样本像元用来计算遗漏误差，其余的2100个样本像元用来计算错分误差。为了计算水体提取遗漏误差，首先，在全球地表水数据集（GSW）的基础上建立$1km^2$格网。建立格网的目的是确保选取的水体样本均匀分布于每个湖泊，从每个格网中随机选取一个水体参考样本，并基于同时期的Landsat卫星遥感影像对参考样本数据进行人工验证和修正，以保证参考样本集的准确性。其次，对参考样本数据中的每个水体像元，比较和判断本研究的水体提取图中是否有与参考样本中同样的水体像元。

  在利用Landsat系列卫星影像数据提取长江中下游流域湖泊面积和分布的基础上，通过基于光谱信息指数的遥感解译算法，以及人工目视检查与修正，得出近40年来，在人为和自然因素驱动下，湖泊水域转化为农业耕地、养殖坑塘、建筑用地、洲滩植被、裸露地表的面积，包括养殖坑塘、洲滩植被、建筑用地、裸地和农业耕地。

  遥感是监测大面积湖泊动态的有效手段，城市化过程中的人类活动加剧和土地利用变化对湖泊有显著的影响。中国地域辽阔，拥有丰富的湖泊水资源，在人口密集的地方比如长江中下游流域，人为驱动的复杂土地利用变化，对湖泊的数量和面积产生了严重的影响，给区域的生态安全和社会经济持续健康发展带来了威胁。因此，开展长时间序列中国湖泊水域面积时空动态变化监测以及驱动因素分析的研究，这种创新性研究对我国湖泊水资源保护，科学合理地开发利用水资源以及水生态安全具有重要的意义。

### 本章思考题

1. 什么是遥感？

2. 地基遥感与卫星遥感在应用方面的主要区别是什么?
3. 遥感技术系统是怎样的?
4. 卫星遥感的空间分辨率、光谱分辨率、时间分辨率有什么区别?
5. 请设计一个地理信息系统、卫星导航定位系统、遥感系统(3S)相结合的应用方案。
6. 搜索互联网资料,看有哪些途径可以免费获得遥感数据。
7. 通过查找文献,尝试说明森林火灾遥感监测的原理,分析有哪些创新的研究与应用。

## 本章参考文献

[1] 李德仁,龚健雅,秦昆,等. 面向国家需求的世界一流遥感人才培养体系创新与实践[J]. 高等工程教育研究,2023(2):1-5,177.

[2] 顾行发. 卫星遥感应用学与高分辨率遥感应用系统设计概论[M]. 北京:高等教育出版社,2019.

[3] Zhang Y, Yao Y, Wan Y, et al. Histogram of the orientation of the weighted phase descriptor for multi-modal remote sensing image matching[J]. ISPRS Journal of Photogrammetry and Remote Sensing, 2023.

[4] 徐淼,史浩东,王超,等. 空间目标多维度探测与激光通信一体化技术研究[J]. 中国激光,2021,48(12).

[5] 赵传峰,杨以坤. 地基云遥感反演进展及挑战[J]. 暴雨灾害,2021,40(3):243-258.

[6] 周前祥,敬忠良,姜世忠. 多源遥感影像信息融合研究现状与展望[J]. 宇航学报,2002,23(5).

[7] 苏刚,秦胜伍,乔双双,等. 基于Stacking集成学习的泥石流易发性评价:以四川省雅江县为例[J]. 世界地质,2021,40(1):175-184.

[8] 张良培,杜博,张乐飞. 高光谱遥感影像处理[M]. 北京:科学出版社,2014.

[9] Cong X, Huang X, Mu H, et al. Impacts of Land-Use Changes on the Lakes across the Yangtze Floodplain in China[J]. Environmental Science & Technology, 2017, 51(7): 3669-3677.

[10] 傅国斌,刘昌明. 遥感技术在水文学中的应用与研究进展[J]. 水科学进展,2001(4):547-559.

[11] 范成新,王春霞. 长江中下游湖泊环境地球化学与富营养化[M]. 北京:科学出版社,2007.

[12] 毛海颖,冯仲科,巩垠熙,等. 多光谱遥感技术结合遗传算法对永定河土壤归一化水体指数的研究[J]. 光谱学与光谱分析,2014,34(6):1649-1655.

[13] 李丹,吴保生,陈博伟,等. 基于卫星遥感的水体信息提取研究进展与展望[J]. 清华大学学报(自然科学版),2020,60(2):147-161.

[14] 李琴,胡斌华,黄心一,等. 江西鄱阳湖南矶湿地国家级自然保护区社区社会经济调查与分析[J]. 生态经济,2012(2):29-35.

# 第 5 章

# 摄影测量与虚拟现实技术

"不识庐山真面目，只缘身在此山中。"

——苏轼《题西林壁》的白话翻译就是置身山中反难见全貌。

虚拟现实通过"上帝视角"或全景映射突破物理局限，呼应古人"跳出此山"的观察理想。

## ◎ 本章简介

本章围绕元宇宙几何建模的关键核心技术——摄影测量展开，探讨虚拟世界的构建和应用。主要内容包括：单目和多目摄影测量的原理、发展历程和应用；阐述机器视觉的系统组成、功能，以及机器视觉与摄影测量的联系；分析图像智能处理的关键方法；讲解虚拟现实的定义、发展阶段、系统构成和关键技术；对比增强现实（AR）、混合现实（MR）和扩展现实（XR）的技术差异与应用场景；最后以大学生创新创业竞赛项目为例，展示多模态摄影测量遥感技术在构建元宇宙校园中的实践应用。

## 5.1 单目摄影与多目测量

### 5.1.1 单目摄影

单目摄影是指使用单个摄像机将光影记录在一个静止画面上,简单来说就是拍照。光圈是光影通过镜头的孔径,与快门、感光度密切相关。光圈的大小、快门速度和感光度的组合决定了最终的曝光效果。

单目摄影的成像原理如图 5-1 所示,照相机的镜头相当于一个凸透镜,来自物体的光经过照相机的镜头后会聚在胶片上,成倒立、缩小的实像。

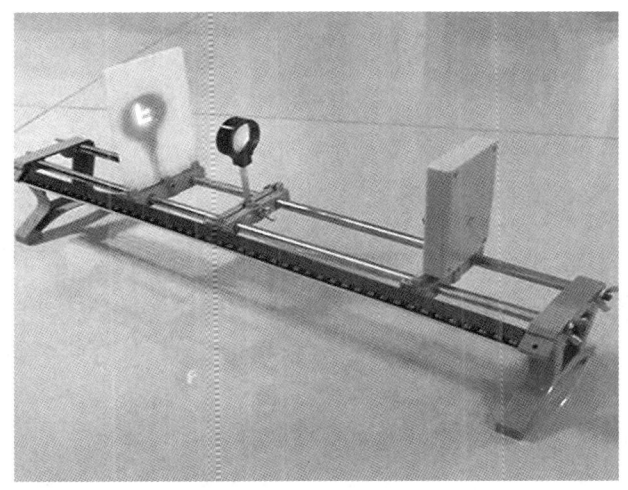

图 5-1 单目摄影的成像原理

单目摄影的发展历程分为两个阶段。第一阶段:利用理化成像的胶片时代,就是物理的成像和化学的洗胶片形成的照片。第二阶段:利用电子技术的数码时代。现在我们使用的大部分相机是数码相机,包括手机里面的相机。传统摄影与数码摄影的不同在于,传统摄影采用传统照相机、胶片、暗室冲印处理,属于光化学过程;数码摄影采用数码照相机、电子芯片、计算机、打印设备,属于光电过程。

在单目摄影中,我们常用的设备有普通相机、手机相机和网络摄像头等。这些设备通过镜头将光线聚焦到感光元件(如 CMOS 或 CCD)上,记录下场景的影像信息。通过调整曝光时间、光圈和 ISO 等参数,可以获得不同的曝光效果和图像质量。单目摄影广泛应用于多个领域,包括摄影艺术、广告、新闻报道、科学研究等。在摄影艺术中,单目摄影是记录和传达艺术家视觉创作的重要方式。摄影师通过选择拍摄角度、光线条件和构图方式等因素,捕捉并呈现出独特的视觉表达。而在广告和新闻报道中,单目摄影被用于传递产品信息和新闻事件,以引起观众的兴趣和关注。此外,单目摄影在科学研究中也发挥着重要作用。例如,地质学家使用单目摄影记录地质现象,天文学家利用单目摄影观测天体现象，生物学家通过单目摄影研究动植物行为等。单目摄影提供了一种直观、可靠的方法，用于捕捉和记录研究对象的可视信息。单目摄影的应用已经延伸到虚拟现实（VR）和增强现实（AR）等领域。通过采集场景的立体影像，结合计算机图形学和图像处理技术，可以生成逼真的虚拟现实体验。在增强现实中，单目摄影则用于捕捉现实世界的图像，与计算机生成的图像进行叠加，实现虚拟与现实的交互融合。随着科技的不断发展，单目摄影技术也在不断创新和进步。现代相机配备了更高分辨率的感光元件、更精确的自动对焦系统和更强大的图像处理芯片，使得摄影者能够获得更清晰、更真实的图像。同时，计算机视觉和机器学习的进步为单目摄影带来了新的机遇和挑战。例如，深度学习算法用于图像识别和场景分析，可以提供更智能化的摄影辅助功能。

◎ 小贴士

### 小孔成像的故事

大约两千四五百年以前，我国的学者——墨翟（墨子）和他的学生，做了世界上第一个小孔成倒像的实验。《墨经》中这样记录小孔成像："景到，在午有端，与景长。说在端。"

"景。光之人，煦若射，下者之人也高；高者之人也下。足蔽下光，故成景于上；首蔽上光，故成景于下。在远近有端，与于光，故景库内也。"

这里的"到"，古文通"倒"，即倒立的意思。"午"指两束光线正中交叉的意思。"端"在古汉语中有"终极""微点"的意思。"在午有端"指光线的交叉点，即针孔。物体的投影之所以会出现倒像，是因为光线为直线传播，在针孔的地方，不同方向射来的光束互相交叉而形成倒影。"与"指针孔的位置与投影大小的关系。"光之人，煦若射"是一句很形象的比喻。"煦"即照射，照射在人身上的光线，就像射箭一样。"下者之人也高；高者之人也下。"是说照射在人上部的光线，成像于下部；照射在人下部的光线，则成像于上部。于是，直立的人通过针孔成像，投影便成为倒立的。"库"指暗盒内部而言。"远近有端，与于光"，指物体反射的光与影像的大小同针孔距离的关系。物距越远，像越小；物距越近，像越大。

《墨经》在两千多年前关于小孔成像的描述，与照相光学所讲的是完全吻合的。

### 5.1.2 多目测量

多目测量是利用光学摄影机获取的相片，研究和确定被摄物体的形状、大小、位置、特性及其相互关系的测量方法。多目测量技术在计算机视觉、机器人学、虚拟现实和工业测量等领域得到了广泛应用。

多目测量的原理如图 5-2 所示，所谓多目测量，是多个摄像机共同对一个地方进行拍照，例如要对一个物体进行测量的话，我们至少要在两个位置设摄像机并对同一个点进行摄影，产生两张影像，如果有更多位置拍摄也是可以的。在物理原理上较为简单，其本质是基于几何交会原理。例如，对同一实物拍摄的两幅影像，在两幅影像上找同一个点，对实物也是同一个点，结合拍摄时的位置信息，即可解析获得这个方程的所有参数。这个原理的步骤简单来说就是先摄影后测量。

图 5-2　多目测量原理

尽管摄影测量有各种各样的分类，但它们的基本理论依据是相同的，就是摄影构像的数学模型。对单张像片而言，这个数学模型是基于摄影时物点、镜头中心、像点三点位于同一直线上，由此建立的方程称为共线条件方程或构像方程。对于一个立体像对（由不同摄影站摄取的、具有一定影像重叠的两张像片），则又可引申出能够表明内部和外部几何关系的数学模型，具体到实际作业中，这些数学模型构成了单像摄影测量和双像（立体）摄影测量的理论基础。

采用摄影测量方法绘制地形图时，必须对测区进行有计划的空中摄影。将航摄仪安装在航摄机上，从空中一定的高度对地面物体进行摄影，取得航摄像片。运载航摄机的飞机飞行的稳定性要好，在空中摄影过程中要能保持一定的飞行高度和航线的直线性。

飞机的航速不宜过快，续航时间要长。实施飞行直至把整个航摄区域摄影完毕，经过室内摄影处理（显影、定影、水洗、晾干等），从而得到覆盖整个航摄区域的航摄像片。所采用的像幅大小有两种：一种是 18cm×18cm 的像片，另一种是 23cm×23cm 的像片（也称大像幅的像片）。

以测绘地形为目的的空中摄影多采用竖直摄影方式，这种方式要求摄影机在曝光的瞬间，物镜主光轴保持垂直于地面。实际上，由于飞机的稳定性和摄影操作的技能限制，航摄机主光轴在曝光时总会有微小的倾斜，按规定要求像片倾角应小于 2°~3°，这种摄影方式称为竖直摄影。竖直航空摄影可分为面积航空摄影、条状地带航空摄影和独立地块航空摄影 3 种。面积航空摄影主要用于测绘地形图，或进行大面积资源调查；条状地带航空摄影主要用于公路、铁路、输电线路定线和江、河流域的规划与治理工程等，它与面积航空摄影的区别在于一般只有一条或少数几条航带；独立地块航空摄影主要用于大型工程建设和矿山勘探部门，只拍摄少数几张具有一定重叠度的像片。

摄影测量有了基本原理以后，就可以进行量化计算，有了量化计算就可以把它以数字的形式存储在计算机里，就可以形成数字栅格图、数字线划图、数字高程模型、数字正射影像图、三维数字城市和实现古建筑还原。

数字栅格图是将地表分成网格或像元，并为每个像元分配特定的属性值，例如地物类型、地表覆盖等。它们通常由航空或卫星影像生成，可以用于制图、地图更新、资源管理等应用。数字栅格图在地理信息系统（GIS）中广泛应用，为空间数据的可视化和分析提供了重要支持。数字线划图是通过影像解译和特征提取生成的矢量数据，描述了地表上的线性要素，如道路、河流、铁路等。它们提供了准确的地理参考，可用于城市规划、交通规划、环境评估等领域。数字高程模型（Digital Elevation Model，DEM）是描述地表高程信息的数字化数据集。它通过摄影测量技术和地面测量数据生成，可以呈现地形的三维特征。DEM 在地形分析、洪水模拟、土地利用规划等方面具有重要作用。数字正射影像图是利用航空摄影或卫星遥感获取的图像数据，经过几何校正和辐射校正后，形成的具有真实比例和几何精度的影像产品。它们可用于地理信息提取、土地覆盖分类、监测变化等应用领域。三维数字城市是基于摄影测量数据构建的城市模型，以数字形式展示城市的地理空间信息。它包括建筑物、道路、绿地等要素，并提供了精确的几何、拓扑和语义信息。三维数字城市在城市规划、可视化演示、虚拟现实等方面具有广泛的应用前景。古建筑还原是通过摄影测量技术获取建筑物影像数据进行重建和还原的过程。通过分析建筑物的影像数据，可以还原其原始的几何形状和结构，以及细节特征。这对于文化遗产保护、历史研究等具有重要意义。

多目测量的过程如图 5-3 所示，选择合适的传感器是至关重要的。常用的传感器包括相机和激光雷达等。相机是常见的传感器，可以捕捉被摄物体的影像。相机的选择取决于应用需求，包括分辨率、感光度、视场角等。激光雷达能够通过测量激光束的反射时间，获取物体的三维坐标信息。传感器的选择可以根据测量目的和环境条件进行优化。在影像获取阶段，选定的传感器将捕获被摄物体的影像，并将其传输给计算机或图像处理系统进行进一步处理。影像量测是对影像中的目标进行数字化计算的过程。通过对影像进行量测，可以获取目标物体的尺寸、形状、位置等信息。常见的影像量测方法包括特征点匹配、边缘检测和形状拟合等。这些方法利用图像处理算法和计算机视觉技术，对影像进行精确的数值测量。影像解译是指对量测结果进行分析和识别，以获取被摄物体的特征和属性信息的过程。在解译过程中，可以利用光谱信息、纹理特征、形状特征等进行目标识别和分类。例如，在遥感影像中，可以通过分析光谱反射率来识别地物类型，如植被、水域、建筑等。此外，还可以利用形状特征进行目标的形状分析和识别，例如判断建筑物的几何结构。在多目测量中，多个传感器之间的相对位置和定向关系也需要进行准确的定标和标定。通过测量和校准传感器之间的几何关系，可以实现不同传感器之间的数据对齐和一致性。这对于综合不同传感器的测量结果以及进行多源数据融合非常重要。

多目测量技术的应用十分广泛。在计算机视觉领域，多目测量可用于三维重建、物体识别和运动跟踪等任务。例如，通过多个相机同时观测场景，可以从不同视角获取丰富的图像信息，用于重建场景的三维模型。在机器人学中，多目测量可用于机器人定位和导

图 5-3 多目测量过程

航,通过多个相机观测机器人周围的环境,实现对机器人位置和姿态的精确测量。此外,在虚拟现实和增强现实应用中,多目测量可以提供更真实的虚拟场景和交互体验,通过多个相机捕捉用户的动作和位置,实现对用户的精确跟踪。在工业测量领域,多目测量通常被用于三维扫描和尺寸测量。通过多个相机或传感器对物体进行多角度观测,可以获取物体的完整三维形状和尺寸信息,用于工业设计、质量控制和逆向工程等应用。多目测量在汽车工业、航空航天、建筑和制造等领域有着广泛的应用。为了实现多目测量,需要考虑多个相机或传感器的标定和同步。相机标定是指确定相机的内外参数,以确保视角和尺度测量的准确。相机的内参数包括焦距、主点和畸变系数等,外参数则描述了相机的位置和姿态。相机标定可以通过使用校准板、结构光或特殊标定物进行。同步是指保证多个相机或传感器在时间上一致地获取观测数据,以确保精确地匹配和测量。随着计算机视觉和传感器技术的不断进步,多目测量的精度和效率不断提高。现代多目测量系统常采用高分辨率相机、深度传感器和惯性测量单元等先进设备,结合计算机视觉算法和机器学习技术,实现对复杂场景和动态目标的精确测量和分析。

### 5.1.3 摄影测量

摄影测量的发展历程,是从模拟摄影测量(1851s—1960s)到解析摄影测量(1950s—1980s)再到数字摄影测量(1970s 至今)。这也是随着摄影技术的发展而逐渐过渡的,现在的主要方式是数字摄影测量方式[1]。

数学家勃兰特最早论述了摄影测量的基础——透视几何理论。1889 年,法国报道了第一张摄影像片后,摄影测量开始了它的发展历程。法国陆军上校劳塞达利用所谓的"明箱"装置测制了万森城堡图,这位上校被公认为"摄影测量之父"。

随着计算机技术以及数字图像处理、模式识别、计算机视觉和人工智能等相关技术的不断发展,摄影测量与计算机学科相互渗透、交叉,摄影测量在经历模拟摄影测量、解析摄影测量两个发展阶段后,现已进入数字摄影测量阶段,这对整个摄影测量的教学、科研、生产都产生了深远的影响。

就摄影测量本身而言，从测绘的角度来看，数字摄影测量是利用影像来进行测绘的科学与技术；而从信息科学和计算机视觉科学的角度来看，它是利用影像来重建三维表面模型的科学与技术，也就是在"室内"重建地形的三维表面模型，然后在模型上进行测绘。因此，从本质上来说，它与原来的摄影测量没有区别。因而，在数字摄影测量系统中，整个生产流程与作业方式，与传统的摄影测量差别似乎不大，但它给传统的摄影测量带来了重大的变革。事实上，数字摄影测量的许多概念，以及它在整个地理信息产业中的影响，都远远超过了从模拟摄影测量到解析摄影测量的变革所带来的影响。

摄影测量的三个发展阶段(图 5-4)从时间上来看没有严格准确的划分：在 20 世纪 50 年代早期，没有计算机，那时的摄影测量就是要避免计算，对于制图和影像输出都采用模拟技术来实施。20 世纪 60 年代早期出现第一批数字式计算机，但摄影测量还是没能跳出传统摄影测量的范围。因此，以上时期属于模拟摄影测量时期。到了 20 世纪 70 年代，正射影像和解析测图仪的出现，标志着解析摄影测量时代的到来。当时的摄影测量仪器制造业没有参与软件的研制，也没有严格地考虑硬件，这种情况持续了 10 年。计算机技术的发展，促进了数字制图和计算机图形学的发展，同时遥感也逐渐发展。到了 20 世纪 80 年代，数字摄影测量开始得到发展。

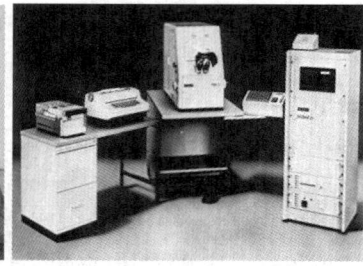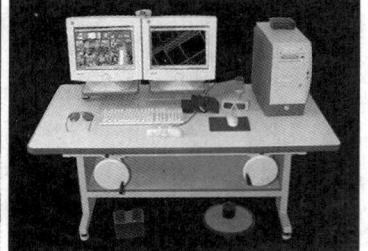

图 5-4　摄影测量发展历程

**1. 模拟摄影测量**

劳塞达利用摄影像片和所谓的"明箱"装置，测制了万森城堡图，标志着摄影测量的诞生。当时采用的是图解法逐点测绘。直到 20 世纪初，才由维也纳军事地理研究所按奥雷尔的思想制成了"自动立体测图仪"，后来由德国卡尔蔡司厂进一步发展，成功地制造出实用的"立体自动测图仪"。由于这些仪器均采用光学投影器或机械投影器或是光学-机械投影器"模拟"摄影过程，用它们交会被摄物体的空间位置，所以我们称之为"模拟摄影测量仪器"。因此，这一时期也被称为"模拟摄影测量时代"。在这个时期，能够用来解决摄影测量主要问题的全部摄影测量测图仪，实际上都以同样的原理为基础，这个原理可以称为"模拟原理"。仪器虽冠以"自动"二字，但实际上它只能够避免烦琐的计算，即利用光学机械模拟的装置，实现了复杂的摄影测量解算。但它仍然需要人工来观测。摄影测量技术的发展可以说基本上是围绕开发昂贵的立体测图仪展开的。到了 20 世纪 70 年代，这种类型的仪器已经发展到了顶峰。

**2. 解析摄影测量**

电子计算机的出现和自动控制技术、模拟转换技术的实用化，为摄影测量立体测图仪的发展提供了新的技术条件。Helava 于 1957 年提出了摄影测量的一个新概念，就是用"数字投影代替物理投影"。所谓"物理投影"就是指"光学的、机械的或光学-机械的"模拟投影。"数字投影"是利用电子计算机实时地进行共线方程的计算，从而获取被摄物体"空间位置"的过程。解析摄影测量是依据像点与相应的地面点间的数学关系，用电子计算机解算像点相应地面点的坐标并进行测图解算的技术。在解析摄影测量中，利用少量的野外控制点，布设加密测图用的控制点或其他用途的更加密集的控制点的工作，叫作解析空中三角测量，也称为电算加密。电算加密和解析测图仪的出现，标志着摄影测量进入解析摄影测量时代。

解析测图仪与模拟测图仪的主要区别有三点：一是前者使用数字投影方式，后者使用模拟的物理投影方式。二是在仪器设计和结构上，前者为由计算机控制的坐标量测系统，后者使用纯光学、机械型的模拟测图装置。三是在操作方式上，前者是计算机辅助的人工操作，后者是完全手工操作。

**3. 数字摄影测量**

用影像相关（或影像匹配）技术代替双眼观测，实现真正的自动化测图，采用数字方式实现摄影测量自动化，这样，摄影测量发展到了数字摄影测量阶段。随着数字图像处理、模式识别、人工智能、人工神经网络、专家系统和计算机视觉等学科的不断发展，以及计算机性能的快速提高，数字摄影测量被公认为摄影测量的第三个阶段。数字摄影测量就是以数字影像为基础，用电子计算机进行分析和处理，确定被摄物体的形状、大小、空间位置及其性质的技术。

数字摄影测量与模拟、解析摄影测量的最大区别在于：它处理的原始信息不仅可以是像片，更主要的是数字摄影（如 CCD 影像）或数字化影像，这最终是以计算机视觉代替人眼的主体观测，因而它所使用的仪器最终将只是通用计算机及其相应外部设备。

**4. 摄影测量的特点**

摄影测量的特点如下：

（1）传统的测量需要非常复杂的过程，而摄影测量无须接触物体本身，就可以获得被摄物体的信息。
（2）能够使二维影像重建三维目标。
（3）可以采用面采集数据的方式进行数据获取。
（4）可以同时提取物体的几何与物理特性。

摄影测量的优点主要体现在以下几个方面：

影像记录的物体目标客观、信息丰富、图像清晰，人们可以比较方便地获得所需要的几何或物理信息。将影像信息作为制图的依据具有非常突出的优势。

摄影测量不需要接触被测目标，因此测量作业不受工作现场条件的限制。例如，对滑坡、泥石流等地质灾害的监测具有危险性，不可能让人去现场进行实地观测，因此，摄影测量手段的应用就显得尤为重要。

摄影测量可以绘制动态变化或移动的目标。影像记录是对目标物体某一时刻状态的真实反映，因此摄影测量可以用来研究动态的目标。并且，这种研究是整体、全面、同时的，而非局部、片面、有时差的。例如，研究液体、气体等移动的非固定目标时可以应用摄影测量技术。

摄影测量可以绘制形态复杂的目标。在地形图绘制中，使用经纬仪测绘山区的地形将会非常困难。采集地形地貌的特征点时，如果丢失或缺少关键的特征点将会影响所绘地形图的准确性。

影像资料可以重复使用，并且可以永久保存。一份影像资料客观详细地反映了该地的地表情况，成为记录当地信息的重要资料。通过对不同时期的影像资料进行对比，可以研究该地的地貌变化特征和演变规律。

在进行地貌测绘时，与全站仪的测绘方法相比，摄影测量具有显著的优势：

(1) 出图时间短，生产速度快。

(2) 操作人员的劳动强度较低，主要从事内业工作。因为摄影工作将大部分测绘工作搬到了室内进行。

(3) 节约测绘时所需要的经费。

(4) 摄影测绘的地图具有精度高、客观逼真的特点。

正因为摄影测量具有如此多的优势，所以这项技术的应用范围在逐渐扩大。

对摄影测量来说，最关心的几个问题包括：

(1) 这个物体在哪里？

(2) 地面上的这个物体发生了什么变化？例如这个建筑从无到有的变化过程。

(3) 这个物体是什么？通过摄影可以得到它的影像特征，通过影像特征可以判断拍到的地方是房屋还是土地。

## 5.2 机器视觉与图像智能处理

### 5.2.1 机器视觉

机器视觉(又称计算机视觉)是人工智能快速发展的一个分支[2]。人工智能有很多个分支，例如机器人、自然语言处理等，而机器视觉是其中的一个分支。简单地说，机器视觉就是用机器代替人眼来进行测量和判断。在现代，机器的眼睛主要是摄像头、相机。

机器视觉系统是通过机器视觉产品将被摄取目标转换成图像信号，传送给专用的图像处理系统，得到被摄目标的信息，然后转变成数字信号。图像系统对这些信号进行各种运算来抽取目标的特征，进而根据判别的结果来控制现场的设备动作。如果是通过机器来进行控制的话，这就是一种自动化的控制，而现在一个很流行的应用——无人驾驶，其中机器视觉部分就占了很大的比例。

机器视觉系统(图5-5)主要包括以下几个组成部分：

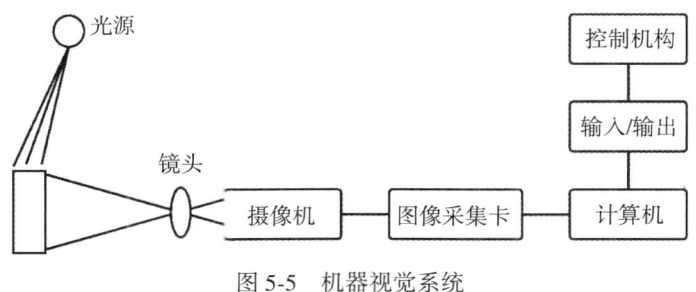

图 5-5 机器视觉系统

(1) 图像获取，主要依赖于光源，要有光才能获取图像，还要有镜头、相机、采集卡和机械平台。

(2) 图像处理和分析主要由计算机进行，软件在其中占据了很大的一部分。计算机是存储和处理数据的主要工具，包括工控主机、图像处理分析软件、图形交互界面。

(3) 判决执行，它是做什么用的？是无人驾驶还是生产线上的自动检测？这就需要判决执行单元，它主要是电传单元，把要控制的信号传递给被控制的机械单元，例如车辆、生产线，需要把判断的信号传递过来，好比人的眼睛获取了自然界的影像，影像通过大脑传递给人，人的神经元就控制身上的其他肢体如手或脚来进行反应。

机器视觉的功能包括物体定位、特征检测、缺陷判断、目标识别、计数和运动跟踪。机器视觉系统可以快速获取大量信息，而且易于自动处理，也易于与设计信息以及加工控制信息集成。

(1) 物体定位。物体定位是机器视觉的核心功能之一。它涉及在图像或视频中准确地定位和定向物体的能力。通过机器视觉算法，计算机可以识别出图像中的物体，并确定它们的位置、大小和姿态。物体定位技术已经广泛应用于自动驾驶、机器人导航、安防监控等领域。

(2) 特征检测。特征检测是指在图像中寻找和提取具有独特性质的特征点或特征描述子的过程。这些特征点可以是角点、边缘、纹理等。通过特征检测，计算机可以识别和匹配图像中的特征，从而实现目标跟踪、图像配准和三维重建等任务。

(3) 缺陷判断。机器视觉可用于检测和判断产品或材料中的缺陷。通过分析图像数据，计算机可以自动识别和定位产品表面的缺陷，如裂纹、凹陷、划痕等。这在质量控制和生产过程中具有重要意义，可以提高产品的可靠性和一致性。

(4) 目标识别。目标识别是机器视觉中的关键任务之一。它涉及识别和分类图像或视频中的目标物体。通过训练和使用机器学习算法，计算机可以学习不同类别的目标，并在新的图像数据中进行识别和分类。目标识别在图像搜索、人脸识别、物体识别等方面具有广泛应用。

(5) 计数。机器视觉还可以用于对图像或视频中的物体进行计数。通过检测和追踪物体，计算机可以自动计算物体的数量。这在人流统计、货物管理、动物研究等领域中非常有用。

(6) 运动跟踪。运动跟踪是指在图像序列中跟踪物体的运动轨迹。通过分析相邻帧之间的差异，计算机可以确定物体的运动方向和速度。运动跟踪在视频监控、交通监测、运动分析等领域具有广泛的应用。

机器视觉与摄影测量有着密切的联系。机器视觉是研究如何使计算机系统能够模拟和理解人类视觉的科学与技术。它涉及图像处理、图像分析、目标检测与识别、图像重建和理解等多个方面的任务。机器视觉旨在让计算机能够从图像或视频数据中提取有用的信息，并进行自动化的视觉分析和决策。摄影测量学是研究利用摄影测量技术获取和处理地理空间信息的学科。它涉及从摄影测量仪器中获取图像数据，并通过测量和分析这些数据来推导出地理对象的几何、位置和属性信息。摄影测量主要用于地图制作、地形建模、测绘、地理空间数据管理等领域。在数据获取方面，机器视觉和摄影测量都需要使用图像数据作为输入。摄影测量使用航空摄影、卫星遥感或其他传感器获取的图像数据，而机器视觉可以使用来自各种传感器(如相机、摄像机或深度传感器)获取的图像数据。在图像处理和分析方面，机器视觉和摄影测量都依赖于图像处理和分析技术。图像处理技术用于图像数据的预处理、去噪、增强和校正，以提高后续分析的准确性和可靠性。图像分析技术用于检测、识别、跟踪和重建地物或目标。在三维重建和建模方面，机器视觉和摄影测量都涉及三维重建和建模。通过结合多个图像或利用摄影测量技术获取的几何信息，可以从图像数据中推导出地物的三维位置、形状和尺寸等。例如，摄影测量中以地面移动测量系统采集道路和街景信息；而机器视觉同样关注道路信息的提取与重建，并应用于机器人、城市地图、智能交通和自动驾驶汽车中，并由此产生了一个称为同时定位与地图构建(SLAM)的新技术，其以激光扫描仪为主。有了这样的激光扫描技术之后，城市就可以被快速地测量和构建。

◎ 小贴士

## SLAM 技术介绍

SLAM(Simultaneous Localization and Mapping)技术是一种在未知环境中实现同时定位和地图构建的技术。它在计算机视觉、机器人技术和自主导航领域具有重要应用。SLAM 技术的目标是通过感知环境并自主地构建环境地图，同时准确地确定自身的位置。

SLAM 的基本原理是通过使用传感器数据，如摄像头、激光扫描仪、惯性测量单元(IMU)等，收集环境信息。传感器数据可以用来提取特征点、地标或边缘等特征，然后使用这些特征点来进行定位和地图构建。

SLAM 技术的主要挑战之一是传感器数据的融合和对齐。传感器可能存在噪声、不确定性和误差，因此需要进行数据融合和滤波来提高定位和地图的准确性。常用的滤波方法包括卡尔曼滤波和粒子滤波等。

SLAM 技术在自主导航、无人驾驶汽车、增强现实、虚拟现实等领域具有广泛应用。例如，在自动驾驶汽车中，SLAM 技术可以帮助车辆定位、规划路径和避免障碍物。在增强现实中，SLAM 技术可以将虚拟对象与真实世界进行对齐，实现更逼真的交互体验。

SLAM 技术的发展离不开计算机视觉、机器学习和传感器技术的进步。随着硬件设备的不断改进和计算能力的增强，SLAM 技术在实时性、准确性和稳定性方面取得了显著的进展。

### 5.2.2 图像智能处理

深度学习作为图像智能处理算法研究中的一种新技术，其动机在于建立、模拟人脑进行分析学习的神经网络。机器视觉中一个很重要的步骤就是分析，这种分析如果要实现自动化的话，必须是自动的、能够训练的分析，传统方法称为无监督或非线性分类分析，类似于人的方法来进行分析，比拟于人的分析，人是用神经网络进行分析，深度学习借鉴了人的神经网络设计了自己的卷积神经网络（CNN），是深度学习算法应用最成功的领域之一，这是当前的主流方法，但该方法在几十年前就已提出，只不过当时的计算机水平还未达到快速处理这些数据的能力。直到 2000 年后，随着 GPU 的产生，卷积神经网络的研究才开始火热起来。其主要原理是先卷积再实化，再卷积再实化，最后形成输出。卷积是积分中常用的一种方法，通俗地说就是把图像上每个像素表示的特征进行非线性分类，理论上可以把每个像素都作为特征分类，但这是没必要的，需根据具体应用需求分层分类以达到最终输出效果。深度学习 AlphaGO 击败了人类围棋大师后，深度学习已成为人工智能的主流研究方向，其学习能力被人类认可。深度学习是相对于简单学习而言的，其应用场景主要包括图像智能处理、语音识别和自然语言处理三方面。

图像智能处理主要包括图像检测、图像分割、图像标注和图像生成等技术。

**1. 图像检测**

图像检测（见图 5-6）是指在对图像进行分类的同时，将物体用矩形框圈起来[3]。图像

图 5-6　图像检测

检测不仅需要判断图像中是否存在某个特定物体，还需要确定物体的位置信息。图像检测包括以下几个关键步骤：

(1) 特征提取：在图像检测任务中，首先需要在输入图像中提取特征。这通常通过使用预训练的卷积神经网络来实现。卷积神经网络能够自动学习图像中的视觉特征，例如边缘、纹理和颜色等信息。

(2) 候选框生成：图像中可能存在多个物体，因此需要生成一组候选框来涵盖潜在的物体位置。常用的候选框生成方法包括滑动窗口和区域提议算法。滑动窗口将一个固定大小的窗口应用于图像的每个位置，并生成一系列不同大小和位置的候选框。区域提议算法是一种通过识别图像中可能包含物体的感兴趣区域来生成候选框的算法。

(3) 物体分类与定位：对于生成的候选框，需要通过分类器来判断其是否包含特定物体，并确定物体的类别。这通常通过在每个候选框上应用图像分类器来实现。分类器可以是传统的机器学习算法，如支持向量机（SVM）或随机森林（Random Forest），也可以是基于深度学习的方法，如使用卷积神经网络的物体检测网络（如 Faster R-CNN、YOLO 和 SSD）。

(4) 边界框回归：在确定物体的存在和类别后，还需要进一步精确地定位物体的位置。这一步骤通常使用回归算法来调整候选框的位置和大小，使其更准确地贴合物体的边界。常见的回归方法包括线性回归和神经网络回归。

(5) 非极大值抑制：由于候选框的生成和分类可能会产生重叠的检测结果，因此需要使用非极大值抑制（NMS）来消除冗余的检测结果。NMS 会对重叠的候选框进行打分，并保留得分最高的候选框，同时抑制其他高度重叠的候选框。通过上述步骤，图像检测算法可以有效地在图像中识别和定位多个物体，并用矩形框标记出来。这项技术在许多领域中具有广泛应用，包括目标跟踪、人脸检测、车辆识别、工业质检等。随着深度学习和计算机硬件的不断发展，图像检测算法在准确性和效率方面不断提高，为实现更精确的物体检测和识别提供了强大的工具。

## 2. 图像分割

图像分割（见图 5-7）的目的是把图像中各种不同物体用不同颜色分割出来，具体是将图像中的不同物体或区域进行像素级别的分割，使得每个物体或区域被标记为独立的部分，并用不同的颜色或标签进行表示[4]。例如，人骑自行车的图像，对人用一种颜色，对自行车用另一种颜色。图像分割在许多应用中都起到关键作用，例如目标识别、场景理解、医学图像分析等。它能够提供图像中不同物体的精确边界信息，为后续的图像分析和理解任务提供有价值的数据。在计算机视觉中，图像分割可以分为多种方法和技术，下面是一些常见的图像分割方法。

(1) 基于阈值的分割。这是较简单的分割方法之一，通过设定一个或多个阈值，将图像中的像素分成不同的区域。例如，可以根据像素的灰度值将图像分为前景和背景。

(2) 基于边缘的分割。该方法通过检测图像中的边缘来实现分割。常用的边缘检测算法包括 Canny 边缘检测和 Sobel 算子。通过检测图像中的边缘，可以将物体的轮廓分割出来。

图 5-7 图像分割

(3) 基于区域的分割。这种方法将图像分割为具有相似属性的区域。通常使用区域生长、分水岭算法等技术来实现。区域生长是从种子点开始，逐渐生长并合并相邻像素，直到满足预设的停止条件；分水岭算法利用图像中的梯度信息来定义区域。

(4) 基于图割的分割。这是一种基于图论的分割方法，将图像分割为具有最小能量的子图。它通过将图像像素视为图的节点，将像素之间的相似性作为边的权重，使用最小割最大流算法来实现分割。

(5) 基于深度学习的分割。随着深度学习的发展，卷积神经网络在图像分割中取得了巨大成功。通过使用深度卷积神经网络，如 U-Net、Mask R-CNN 等，可以实现端到端的图像分割，即从输入图像直接生成像素级别的分割结果。这些方法在不同的场景和任务中具有各自的优势和适用性。选择适当的图像分割方法取决于具体的需求和应用。

**3. 图像标注**

图像标注是一种引人关注的研究领域，它的研究目的是给出一张图片，用一段文字描述它[5]。它旨在让计算机能够理解图像的内容，并以自然语言的方式准确地描述图像中所见的物体、场景或事件。图像标注的过程通常包括以下几个主要步骤：

(1) 数据准备。为了进行图像标注，首先需要准备一个标注数据集。该数据集包含一系列图像和相应的文字描述。每张图像都需要与描述建立对应关系，以便用于模型的训练和评估。

(2) 特征提取。在图像标注任务中，通常使用卷积神经网络来提取图像的视觉特征。预训练的 CNN 模型（如 VGG、ResNet 等）可以将图像映射到高维特征空间中，以捕捉图像中的边缘、纹理和语义信息。

（3）序列建模。图像标注通常涉及对图像内容的逐词生成。因此，需要使用序列建模的方法来生成描述语句。其中，一种常用的方法是使用循环神经网络（RNN）或其变体，如长短时记忆网络（LSTM）或门控循环单元（GRU）。这些模型可以根据前面生成的单词和当前图像特征来预测下一个单词。

（4）训练和优化。在训练阶段，图像和相应的描述被输入模型。模型通过最大化生成描述的概率来学习参数，以便生成与真实描述尽可能接近的语句。通常使用最大似然估计或强化学习等方法进行模型的优化。

（5）评估和调优。为了确保生成描述的质量和准确性，需要进行评估和调优。常用的评估指标包括 BLEU（Bilingual Evaluation Understudy）、ROUGE（Recall-Oriented Understudy for Gisting Evaluation）、METEOR（Metric for Evaluation of Translation with Explicit ORdering）等，这些指标可以衡量生成描述与人工标注之间的相似度。根据评估结果，可以对模型进行调优，例如调整网络架构、调整超参数或增加训练数据等。通过上述步骤，图像标注算法可以将给定的图像转化为相应的文字描述。这项技术在图像搜索、自动图像描述、辅助视觉障碍者等方面具有广泛的应用前景，并为计算机更好地理解和解释图像提供了重要的工具。

**4. 图像生成**

图像标注任务本身是一个循环，既然我们可以从图片产生描述文字，那么我们也能从文字生成图片[6]。图像生成的关键挑战在于将抽象的文本描述转换为具体的图像内容，同时保持生成图像的真实性和多样性。在计算机视觉中，图像生成可以分为以下几个主要方法：

（1）基于规则的生成。这种方法基于预定义的规则和模板生成图像。根据给定的文本描述，可以使用规则和规则库生成相应的图像。这种方法通常用于生成简单的图标、符号或模式。

（2）基于示例的生成。这种方法通过从大型图像数据库中学习样本图像的统计特征，从而生成新的图像。通过学习图像的纹理、颜色和形状等特征，可以使用统计模型，如生成对抗网络（GANs）和变分自编码器（VAEs）来生成具有逼真性和多样性的图像。

（3）基于条件的生成。这种方法基于给定的条件或文本描述来生成图像。条件可以是文本句子、关键词或其他形式的语义信息。将条件与生成模型相结合，可以生成与给定条件相关的图像。常见的方法包括条件生成对抗网络（CGAN）和注意力机制等。

（4）基于深度学习的生成。深度学习方法在图像生成任务中取得了重大突破。使用深度生成模型，如生成对抗网络（GANs）、变分自编码器（VAEs）和自回归模型（如 PixelRNN、PixelCNN），可以从随机噪声或其他形式的输入中生成高质量的图像。

（5）基于迁移学习的生成。迁移学习技术将已经在大规模数据集上训练过的模型的知识迁移到生成任务中。利用预训练模型的图像特征表示和生成能力，可以更有效地生成图像。迁移学习还可以通过将图像生成任务与其他相关任务（如图像分类或目标检测）相结合来提高图像生成质量。通过上述方法，图像生成算法可以从文本描述或其他形式的输入中生成逼真的图像。这项技术在广告、创意设计、虚拟现实、游戏开发等领域具有重要的应用价值,同时为计算机理解和生成视觉内容提供了强大的工具。

## 5.2.3 深度学习在遥感和摄影测量领域的应用

深度学习在遥感和摄影测量领域的应用广泛而多样(图 5-8),它可以有效地处理道路自动提取、水系自动提取和建筑物自动提取等任务[7]。相比传统的监督分类方法,深度学习具有更强大的特征学习和自动分类能力,使得这些任务的实现更加高效和准确。对于道路自动提取,传统方法通常需要手动选择和提取道路的特征点,然后进行监督分类。这种方法需要依赖领域专家的经验,并且对于复杂的道路网络和变化多样的道路场景,提取准确的特征点变得困难,而深度学习方法可以直接从图像数据中学习道路的特征表示,通过卷积和池化等操作,自动提取道路的特征并进行分类。例如,可以使用卷积神经网络对遥感图像进行训练,从而实现道路的自动提取。类似地,深度学习在水系自动提取方面也具有很大的优势。传统方法需要依靠图像处理和机器学习算法进行水体的分割和分类,通常需要手动设计特征和选择分类器。而深度学习可以通过学习大量的遥感图像数据,自动学习水体的特征表示,并实现准确的水体提取和分类。例如,可以使用基于深度学习的语义分割模型,如 U-Net、SegNet 等,来实现对水体区域的精确分割。此外,在建筑物自动提取方面,深度学习同样具有很高的应用潜力。对于正射影像,深度学习可以通过卷积神

(a)图像分类任务　　　　(b)目标检测任务　　　　(c)语义分割任务

图 5-8　深度学习在遥感领域的应用

经网络对建筑物进行自动识别和提取,而对于倾斜影像,可以利用深度学习方法进行建筑物的倾斜三维提取,从而获取更准确的建筑物几何信息。

做机器视觉深度学习的工具非常多,很多公司都推出了自己的平台和工具,不需要从底层进行开发,可以在网上找一个开源的工具,为自己搭建一个软件平台,但是有一点,在做深度学习的时候最好有一个 GPU,GPU 的处理速度比传统的 CPU 快很多,这也是为什么深度学习发展得快的原因,是计算机对图形的处理能力快速发展导致的,常见的 GPU 厂商包括 NVIDIA 和 AMD。NVIDIA 的 CUDA 平台是深度学习开发中较常用的 GPU 加速框架之一。现在有很多开源的深度学习框架,它们的效率在某些方面都有不同,一般来说,最流行最先进的框架效率会更高,所以在学习的时候,可以注意选择开源的网络工具。以下是一些常用的开源深度学习工具和平台:

(1)TensorFlow:由 Google 开发的 TensorFlow 是目前最受欢迎和最广泛使用的深度学习框架。它提供了丰富的功能和灵活性,支持多种深度学习模型的构建和训练。官方网址:https://www.tensorflow.org/。

(2)PyTorch:PyTorch 是 Facebook 开发的深度学习框架,它以动态图模型为特点,易于使用和调试。PyTorch 也是深度学习研究领域的首选框架之一。官方网址:https://pytorch.org/。

(3)Keras:Keras 是一个高级深度学习框架,它提供了简单而强大的 API,可以在多个后端(如 TensorFlow、Theano 和 CNTK)上运行。Keras 的设计目标是用户友好和快速实现。官方网址:https://keras.io/。

(4)Caffe:Caffe 是一个基于 C++的快速深度学习框架,特别适用于计算机视觉任务。它具有高效的计算性能和简单的模型定义语法。官方网址:http://caffe.berkeleyvision.org/。

(5)MXNet:MXNet 是一个高度灵活且可扩展的深度学习框架,它支持多种编程语言,并提供了动态和静态图模型的选项。MXNet 还具备分布式训练的能力。官方网址:https://mxnet.apache.org/。

除了这些工具和平台,还有许多开源项目和库可供选择,以满足特定的需求和任务。在学习和实践过程中,可以参考官方文档、示例代码和社区论坛,以获取更多的资源和支持。

◎ 小 贴 士

**深度学习的发展历史**

深度学习是人工智能领域的一个重要分支,它基于人工神经网络模型,通过对大量数据进行训练和学习,实现对复杂任务的自动化处理和高级特征的提取。20 世纪 50 年代,Warren McCulloch 和 Walter Pitts 提出了一种模拟神经元网络模型,奠定了人工神经网络的基础。然而,由于计算能力和数据量的限制,神经网络的应用受到了限制,深度学习的发展进入一个相对低迷的时期。

随着计算机性能的提升和大数据时代的到来,深度学习重新受到关注。在 2006 年,Geoffrey Hinton 等人提出了一种称为深度信念网络的模型,利用无监督学习的方法进行训练,成功地解决了一些传统机器学习方法难以处理的问题,这标志着深度学习的复兴。在接下来的几年中,深度学习的发展迅速加速。2012 年,Hinton 的团队使用深度神经网络模型 AlexNet 在 ImageNet 图像分类比赛中取得了显著的突破,大幅度降低了图像分类的错误率。这一突破引起了广泛的关注,标志着深度学习在计算机视觉领域的重要地位。

自此以后,深度学习在各个领域取得了许多重要的突破。它在语音识别、自然语言处理、机器翻译、推荐系统、医学图像分析等任务上展现出强大的能力和优势。近年来,深度学习还涌现出了许多重要的模型和技术,如卷积神经网络(CNN)、循环神经网络(RNN)、生成对抗网络(GAN)、Transformer 等。这些模型和技术的出现进一步拓宽了深度学习的应用范围,并推动了人工智能技术的发展。

## 5.3 虚拟现实

### 5.3.1 虚拟现实的定义

虚拟现实(Virtual Reality,VR),是一种可以创建和体验虚拟世界(Virtual World)的计算机系统,其中虚拟世界为全体虚拟环境(Virtual Environment)或给定仿真对象的全体[8]。它是利用电脑模拟产生一个三维空间的虚拟世界,通过视、听、触觉等作用,使用户产生身临其境的感觉的交互式视景仿真技术,可以即时、无限制地观察三维空间内的事物。用户进行位置移动时,电脑可以立即进行复杂的运算,将精确的三维世界影像传回并产生临场感。该技术整合了电脑图形、电脑仿真、人工智能、感应、显示及网络并行处理等技术的最新发展成果,是一种由电脑技术辅助生成的高技术模拟系统。

虚拟世界是由给定仿真对象的全体或全体虚拟环境组成(图 5-9),它可以是一个虚拟的城市、森林、海洋,甚至是一个虚拟的星球。VR 技术可以让用户在现实生活中难以体验或无法体验的场景中获得身临其境的感受,从而拓展人类的感官和思维。因此,一个虚拟现实系统是由计算机图形学、图像处理与模式识别、多传感器、语音处理与音像处理以及网络等技术构成的大型综合集成环境。

VR 技术具有 3I 特征,即交互(Interaction)、沉浸(Immersion)、想象(Imagination)。交互是指 VR 技术能够让用户与虚拟环境进行实时的交互,从而实现一种自我探索和自我决策的体验。VR 技术通过将用户的行为转换为计算机可以理解的信号,并将其反馈到虚拟环境中,从而实现用户与虚拟环境的实时交互。交互的方式包括手势识别、语音识别、头部追踪等多种形式,让用户能够在虚拟环境中自由探索和自主决策。

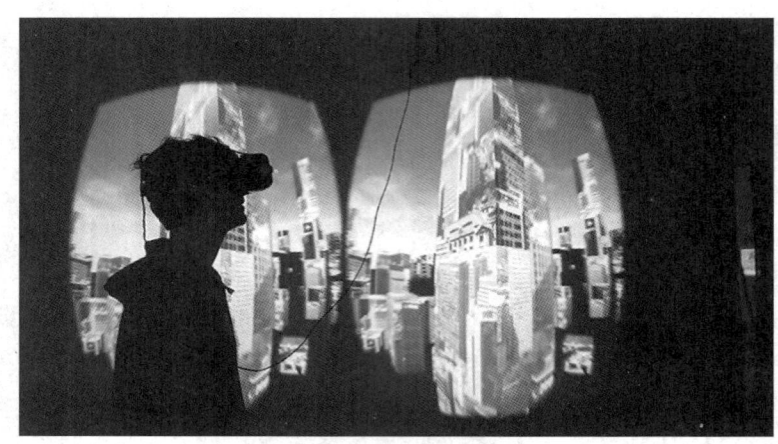

图 5-9　VR 中的虚拟世界

沉浸是指 VR 技术能够创造出一种身临其境的感觉，让用户完全沉浸在虚拟环境中。VR 技术通过计算机生成逼真的 3D 场景，并将用户置身其中，使用户感觉到自己身处于虚拟世界中，同时屏蔽外界的干扰，从而创造出一种身临其境的感觉。沉浸的程度取决于虚拟环境的逼真程度和用户的感知能力，虚拟环境的逼真程度越高，用户的感知能力越强，沉浸的程度就越深。

想象是指 VR 技术能够让用户在虚拟环境中实现自己的想象和创造力，创造出一种与现实世界不同的、自由的虚拟世界。VR 技术通过计算机生成虚拟环境，并让用户能够自由探索和创造，从而发挥用户的想象和创造力。想象的程度取决于用户的创造力和虚拟环境的自由度，用户的创造力越强，虚拟环境的自由度越高，想象的程度就越大。

### 5.3.2　VR 技术的发展历史

VR 技术的发展历史可以分为以下几个阶段：

第一阶段（1963 年以前）是有声形动态的模拟，是蕴含虚拟现实思想的阶段。早在 1929 年，美国发明家 Edward Link 设计了一种模拟器用于训练飞行员（图 5-10），旨在提高飞行员的飞行技能和训练的安全性。在过去，飞行员的培训一般是通过实际的飞行经验来获得的，这种方法不仅费时费力，而且存在较大的风险。而模拟器的出现，使得飞行员可以在虚拟环境中进行训练，从而提高飞行技能和安全性，减少事故的发生。模拟器可以模拟各种天气条件和机械故障，使得飞行员可以在安全的环境中体验各种复杂的情况，不必冒险去实际体验。同时，模拟器可以模拟不同类型的飞机，使得飞行员可以在模拟器中体验多种机型的飞行，提高其技能水平。此外，模拟器可以记录和分析飞行员的表现，帮助他们识别和改进自己的不足之处。因此，模拟器的出现推动了虚拟现实技术的发展。

1956 年，美国电影制片人和发明家 Morton Heilig 开发出多通道仿真体验系统 Sensorama（图 5-11），它可以让用户在虚拟环境中感受到视觉、听觉、嗅觉、触觉等多种感官刺激，是一种早期的虚拟现实设备。Sensorama 的外形类似于一个大型头盔，内含一个立体声耳机、一个呼吸器（用于模拟气流）、一个振动器（用于模拟风等触觉刺激）、一个运动座椅和一个宽广的屏幕。用户戴上头盔后，可以通过屏幕观看 3D 影像，同时听到立体声音效，并通过座椅和振动器感受到触觉刺激，呼吸器则模拟了风的流动和气味。

图 5-10　Link 设计的模拟器

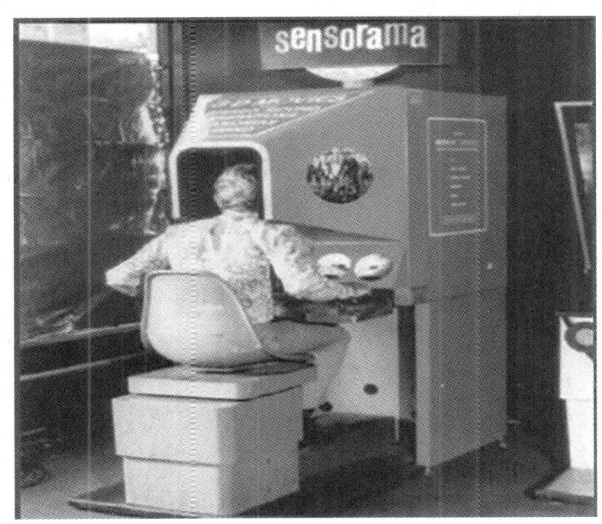

图 5-11　Sensorama

Morton Heilig 设计 Sensorama 的初衷是为了创造一种全新的电影体验，让观众能够更加身临其境地感受到电影中的场景和情节。他认为电影不仅应该是一种视觉体验，还应该涵盖多种感官刺激，从而更加真实地模拟现实世界。

虽然 Sensorama 最终并未成为一种主流的消费产品，但它对 VR 技术的发展产生了深远的影响。Sensorama 成为后来 VR 技术的先驱，为后来更加先进的 VR 设备奠定了基础。同时，Sensorama 也为人们提供了一种全新的多感官体验，为电影和娱乐产业带来了全新的创意和可能性。此后，VR 技术开始逐渐发展壮大。

第二阶段（1963—1972 年）是虚拟现实的萌芽阶段。这个阶段的显著特点是将 VR 技术应用于人的身体上，而头盔则是其中的一个重要标志，这是 VR 技术产生的启蒙阶段。人们戴上头盔来感受周围与真实世界不同的事物。1965 年，计算机图形学和 VR 技术领域的先驱 Ivan Sutherland 发表了题为"The Ultimate Display"的论文，提出了一种全新的 VR 设备的设计思路。他在论文中提出了一种名为"头戴式 3D 显示器"的设想，即通过头盔将虚拟现实投射到用户的眼睛中，使用户可以看到一个完全虚拟的世界。这个想法是 VR 技术发展历程中的一个重要里程碑，它奠定了头盔作为 VR 设备的基本框架。

1968 年，Ivan Sutherland 成功研制出带有跟踪器的头戴式立体显示器(Head-Mounted Display)。在 Sutherland 的设计中，头戴式显示器需要包括两个显示器和一个追踪装置。两个显示器分别对应左、右眼，可以将不同的图像投射到用户的两只眼睛中，从而产生 3D 效果。追踪装置可以感知用户的头部运动，并通过计算机对虚拟世界进行实时响应，使得用户可以自由探索虚拟世界中的各个角落。Sutherland 的头戴式显示器是 VR 技术发展历程中的一个重要里程碑，奠定了头盔作为 VR 设备的基本框架。同时，这种设备也成为后来 VR 设备的基础，为现代 VR 技术的发展和应用打下了坚实的基础。

第三阶段(1973—1989 年)是虚拟现实概念的产生和理论初步形成的阶段。在这个阶段，人们开始意识到 VR 技术不仅需要在视觉上进行模拟，还需要在触觉和其他感官上进行模拟。因此，VR 设备开始包括手套、衣服等，可以捕捉整个人的特征，或者让用户与虚拟现实世界进行交互。这个阶段的主要特点是人们开始尝试在虚拟现实中实现全面感官交互，以更加真实地模拟现实世界。VR 设备的发展也逐渐从单一的头盔转向全身感官模拟，为后来 VR 技术的应用提供了更加完整的解决方案。

在这个过程中，人们对 VR 技术的理解也逐步深化，开发研制出一系列产品。1977 年，Dan Sandin 等人研制出可以捕捉手部动作并将其转换为电信号传输到计算机中的数据手套 SayreGlove，从而实现了在虚拟世界中的手部交互。1984 年，NASA AMES 研究中心开发出用于火星探测的虚拟环境视觉显示器，用于模拟火星探测任务中的环境和情况，以帮助科学家和工程师更好地理解和解决火星探测任务中的问题。这种虚拟环境视觉显示器主要由一个头戴式显示器和一个手持控制器组成。头戴式显示器可以将虚拟环境投射到用户眼前，使用户可以看到一个与火星相似的环境。手持控制器可以让用户通过手部动作来控制虚拟世界中的对象，从而更加自然地进行交互。1984 年，VPL 公司的 JaronLanier 首次提出了"虚拟现实"这一概念。1987 年，JimHumphries 设计了双目全方位监视器的最早原型，双目全方位监视器是一种头戴式显示器，由两个显示器和一个追踪装置组成。它可以让用户看到全景的虚拟现实世界，并且能够实时跟踪用户的头部运动，从而使用户可以自由地探索虚拟现实世界中的各个角落。

第四阶段(1990 年至今)是虚拟现实理论进一步完善和应用的阶段。在这一阶段，三维模型相关技术的广泛应用使虚拟现实更加逼真。1990 年，VR 技术被定义为包括三维图形生成技术、多传感器交互技术和高分辨率显示技术，将 VR 技术与计算机图形学、传感器技术和显示技术紧密相连，推动了计算机图形学的快速发展，促进了传感器技术的发展和应用，推动了显示技术的发展。20 世纪 90 年代，虚拟现实技术公司 VPL 开发出第一套传感手套"DataGloves"和第一套 HMD"EyePhoncs"，并在硬件和软件方面进行了大量的研究和开发工作。这些设备的研制为 VR 技术的应用提供了技术支持和新的解决方案。21 世纪以来，VR 技术高速发展，软件开发系统不断完善，有代表性的如 MultiGen Vega、Open Scene Graph、Virtools 等。

## 5.3.3 虚拟现实系统

典型的虚拟现实系统由多个组成部分构成(图 5-12)，包括计算机软件、硬件系统(其中包括虚拟现实软件和虚拟现实环境数据库)，以及虚拟现实输入设备、输出设备等。

图 5-12 虚拟现实系统

虚拟现实输入设备是用户与虚拟现实系统之间的接口，它可以将用户的动作或身体感受转换为计算机可以理解的信号。虚拟现实输入设备可以包括传感器、控制器、手套，还可以包括戴在头上的头盔等。这些设备可以通过各种方式感知用户的动作和感受，例如通过跟踪用户的头部和手部运动等，从而实现用户在虚拟现实环境中的操作和交互。

虚拟现实输出设备是将计算机生成的虚拟现实图像输出给用户的设备。虚拟现实输出设备可以将虚拟现实图像投射到显示器、眼镜等设备上，使用户可以看到虚拟现实世界中的图像和景象。虚拟现实输出设备通常包括头戴式显示器、投影仪、3D 眼镜等，其中头戴式显示器是常用的虚拟现实输出设备之一。

虚拟现实系统涉及的虚拟现实交互设备有显示设备，如头盔显示器、BOOM 可移动式显示器、CRT 终端-液晶光闸眼镜、大屏幕投影液晶光闸眼镜，还有操作设备，如数据手套、TELETACT 手套、数据衣等。

VR 技术的关键技术主要有以下五点。

(1)动态环境建模技术是一种通过计算机模拟现实世界中的物理特性和运动规律，实现虚拟环境动态模拟的技术。这种技术可以为虚拟现实系统提供更加真实、动态的环境模拟，从而使用户可以更加自然地进行交互和体验。

动态环境建模技术通常需要利用传感器、摄像头、激光扫描仪等设备采集环境中的数据，并利用计算机软件进行模拟和处理。通过对环境数据进行分析和处理，可以创建出具有物理特性和运动规律的虚拟物体，并将其嵌入虚拟环境，从而实现虚拟现实环境的动态模拟。

(2)立体显示和传感器技术为虚拟现实环境的呈现和交互提供关键支持。立体显示技术是指通过特殊的显示设备,将虚拟现实环境中的图像以立体的形式呈现给用户的技术。传感器技术是指通过各种传感器设备,捕捉用户的动作和身体感受,并将其转换为计算机可以理解的信号,从而实现交互的技术。

立体显示和传感器技术在 VR 技术的应用中都具有重要作用。立体显示技术可以为用户提供更加真实、沉浸的虚拟现实环境体验,使用户感觉自己仿佛身临其境。传感器技术可以使用户更加自然地进行交互,从而增强虚拟现实环境的真实感和互动性。

(3)系统开发工具应用技术。VR 技术的开发离不开系统开发工具应用技术。系统开发工具应用技术是指利用各种软件和硬件工具,实现虚拟现实系统开发和测试的过程。

系统开发工具应用技术涵盖了许多不同的技术和工具,例如虚拟现实软件开发工具包(SDK)、虚拟现实引擎、3D 建模软件、虚拟现实仿真软件等。这些工具可以帮助开发者快速创建虚拟现实环境、虚拟物体和虚拟交互系统,并进行测试和调试。

(4)实时三维图形生成技术是虚拟现实技术中非常重要的技术之一,可以将虚拟现实环境中的图像及时生成并显示出来,为用户提供更加流畅、自然的虚拟现实体验。

实时三维图形生成技术通常需要结合虚拟现实引擎、图形处理器(GPU)、物理引擎等技术,实现对虚拟世界中的物体、光照、材质、动画等各个方面的实时计算和渲染。虚拟现实引擎可以提供基于物理的渲染、阴影投射、碰撞检测等功能;图形处理器可以提供高效的图形计算和渲染能力;物理引擎可以模拟虚拟现实环境中物体的运动和碰撞等物理特性。

(5)系统集成技术是指将各种 VR 技术和组件整合到一起,形成一个完整的虚拟现实系统的技术。系统集成技术包括硬件集成和软件集成两个方面。

硬件集成是指将各种硬件设备整合到一起,形成一个完整的虚拟现实系统的技术。硬件集成包括各种虚拟现实设备的连接和配置,例如头戴式显示器、手柄控制器、传感器阵列等设备的连接和配置,以及电脑、服务器等设备的配置和管理。

软件集成是指将各种虚拟现实软件和组件整合到一起,形成一个完整的虚拟现实系统的技术。软件集成包括虚拟现实引擎、虚拟现实软件开发工具包(SDK)、3D 建模软件等各种软件和组件的整合和调试,以及虚拟现实应用程序的开发和测试。

◎ 小贴士

## 数字敦煌——让千年文化活起来

在古老的丝绸之路上,敦煌莫高窟以其辉煌的壁画和雕塑艺术,成为人类文明史上的瑰宝。然而,随着时间的流逝,这些珍贵的文化遗产面临着自然侵蚀和人为破坏的双重威胁。如何更好地保护和传承敦煌文化,成为摆在中国人民面前的一道难题。

在党的坚强领导下,中国政府高度重视文化遗产的保护工作,积极探索科技赋能文化遗产保护的新路径。在此背景下,"数字敦煌"项目应运而生。该项目利用虚拟现实、三维扫描、图像处理等先进技术,对敦煌莫高窟进行了全面、细致的数字化记录和展示,让千年文化在数字世界中焕发出新的生机。

"数字敦煌"项目的实施,不仅极大地提高了文化遗产保护的效率和精度,还为全球观众提供了身临其境的观展体验。通过虚拟现实技术,观众足不出户就能近距离观赏到敦煌壁画的精美细节,感受到千年文化的深厚底蕴。同时,数字化手段也为敦煌文化的传承和创新提供了无限可能,激发了更多年轻人对传统文化的兴趣和热爱。

在项目实施过程中,广大科技工作者和文化遗产保护专家紧密合作,共同攻克了一个又一个技术难关。他们的辛勤付出和无私奉献,为"数字敦煌"项目的成功奠定了坚实的基础。同时,该项目也促进了科技与文化产业的深度融合,为新时代中国特色社会主义建设注入了新的活力。

## 5.4 增强现实

增强现实(Augmented Reality,AR)技术是一种能够实时计算摄像机影像的位置和角度,并向其中加入相应虚拟图像的技术。其主要目的是将虚拟世界与现实世界结合在一起,让用户可以在现实世界中看到虚拟元素,从而增强或扩展用户的感知体验,并能够在屏幕上实现这两者之间的互动[9]。

增强现实(AR)与虚拟现实(VR)的相同之处在于,它们都是一种基于计算机图形学、传感器技术、显示技术等多种技术手段的交互式3D模拟系统。它们都可以模拟虚拟环境并将用户置身其中,而不同之处有以下三点。

1)实现方式不同

VR是一种将用户完全置身于虚拟环境中的技术,通过模拟逼真的3D场景并将用户置身其中,让用户感受到身临其境的感觉。VR技术通常需要使用头戴式显示器等特殊设备,将用户的视野完全覆盖,并通过虚拟环境中的物体、声音等多种方式,创造出一种逼真的虚拟世界。

AR是一种将虚拟元素叠加到现实环境中的技术,通过摄像头、传感器等设备获取用户所处环境的信息,并将虚拟元素与现实环境进行融合,让用户能够在现实环境中看到虚拟元素。AR技术通常需要使用手机等设备来实现。

2)应用场景不同

VR技术通常应用于需要完全置身于虚拟环境中的场景,例如游戏、模拟、教育培训等。在游戏中,VR技术可以为用户提供更加逼真、沉浸式的游戏体验;在模拟中,VR技术可以为用户提供更加真实、安全的实验环境;在教育培训中,VR技术可以为学生提供更加生动、直观的学习体验。

AR技术通常应用于需要将虚拟元素叠加到现实环境中的场景,例如娱乐、广告、导航等。在娱乐方面，AR 技术可以为用户提供更加丰富、沉浸式的游戏体验；在广告方面，AR 技术可以为用户提供更加生动、直观的产品展示；在导航方面，AR 技术可以为用户提供更加智能、便捷的导航服务。

3）技术要求不同

VR 技术需要高性能的计算机和显示设备，以及高精度的传感器等设备，以实现逼真的虚拟环境和高质量的用户体验。VR 技术对计算机的性能、显示设备的分辨率、刷新率等要求非常高，同时还需要支持实时渲染、头部追踪、手柄控制等多种功能。

AR 技术需要高性能的计算机和传感器设备，以及高精度的摄像头等设备，以实现精确的虚拟元素叠加和高质量的用户体验。AR 技术对摄像头的分辨率、帧率等要求非常高，同时还需要支持实时图像处理、位置追踪、手势识别等多种功能。

简而言之，AR 是通过仿真等多种信息增强技术对当前现实的感知，并与之互动，而 VR 则是将现实世界用模拟仿真的计算机场景来替代。AR 技术是将虚拟场景和真实场景进行混合，对于虚拟场景，它需要实时的渲染技术，而对于真实场景，它需要与虚拟场景进行定位配准，从而形成虚拟融合，或称为虚拟信息在真实场景中配准，最后形成增强现实的显示，即混合场景，如图 5-13 所示。

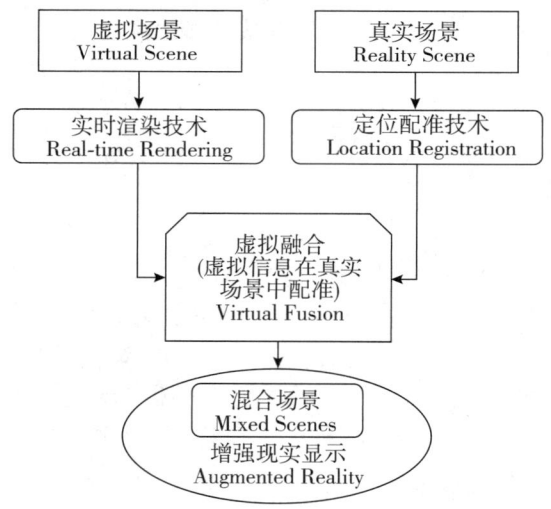

图 5-13　虚拟现实和增强现实的具体场景

AR 技术的实现需要多种技术手段的协同作用。首先，AR 需要传感器技术，可以通过摄像头、陀螺仪、加速度计等传感器获取用户所处环境的信息，例如位置、朝向、加速度等。其次，AR 需要计算机视觉技术，可以通过图像处理、模式识别等算法，识别并跟踪现实世界中的物体，以及将虚拟元素与现实世界中的物体进行精确的对齐。此外，AR 还需要图形学技术，可以生成逼真的虚拟元素，并将其与现实世界进行融合。最后，AR 需要显示技术，可以将虚拟元素渲染到用户的视野中，例如头戴式显示器、手机屏幕等。

AR 技术的应用非常广泛。在教育领域，AR 技术可以为学生提供更加直观、生动的学习体验。例如，通过 AR 技术可以将三维模型投影到真实场景中，让学生直观地了解物体的结构和特性；通过 AR 技术还可以为学生提供互动式的学习内容，例如拼图游戏、实验模拟等。在娱乐领域，AR 技术可以为用户提供更加丰富、沉浸式的游戏体验。例如，通过 AR 技术可以将虚拟元素与现实世界进行融合，让用户在现实世界中进行游戏，例如打怪兽、射击等；通过 AR 技术还可以为用户提供增强现实的社交体验，例如 AR 社交应用、虚拟现实社交游戏等。在医疗领域，AR 技术可以为医生提供更加精准、直观的手术辅助工具。例如，通过 AR 技术可以将患者的影像数据与手术实况进行对比，帮助医生更加准确地定位手术位置；还可以通过 AR 技术为医生提供手术模拟，让医生在虚拟现实环境中进行手术练习。

AR 技术的发展也面临着多种挑战。首先，AR 技术需要高精度的传感器、计算机视觉、图形学、显示等技术的支持，这需要在多个领域进行技术创新和突破。其次，AR 技术需要大量的计算和存储资源，这需要高效的算法和优化技术。最后，AR 技术还需要解决用户交互、隐私保护等多个方面的问题，这需要对 AR 技术与法律、伦理等方面的深入探讨和研究。

## 5.5 混合现实

混合现实(Mixed Reality，MR)是一种新兴的技术。它将虚拟现实(VR)和增强现实(AR)结合在一起，创造出了一个更加丰富、更加沉浸的虚拟世界。MR 技术的出现为人们带来了更加丰富的体验，不仅可以用于娱乐，还可以用于教育、医疗、工业等领域。

MR 技术的核心是深度感知技术和空间映射技术。深度感知技术可以通过摄像头、激光雷达等设备获取环境的深度信息，以确定虚拟物体应该放在哪个位置，同时也可以实现手势识别等功能。空间映射技术可以将虚拟物体与现实物体进行精准的位置匹配，以实现虚拟物体与现实物体的融合。MR 技术的优点是可以将虚拟物体和现实物体结合在一起，创造出一个更加逼真、更加沉浸的虚拟环境。

MR 技术的应用场景非常广泛。在娱乐和游戏领域，MR 技术可以提供更加逼真、更加沉浸的游戏体验，比如在游戏中可以将虚拟角色放在现实世界中，让虚拟角色与现实世界进行互动。在教育领域，MR 技术可以提供更加直观、更加生动的教学方式，比如在生物课上可以通过 MR 技术创造出生物细胞的模型，让学生更加直观地了解生物结构。在医疗领域，MR 技术可以为医生提供更加真实、更加安全的手术模拟环境，从而提高手术成功率。在工业领域，MR 技术可以为工人提供更加直观、更加安全的工作环境，从而提高工作效率。

微软的 HoloLens 是最为知名的头戴式 MR 设备之一(见图 5-14)，它采用深度摄像头和传感器来获取用户周围环境的深度信息，以实现虚拟物体与现实物体的融合。此外，HoloLens 还具备手势识别功能，可以通过手势控制虚拟物体。最近，苹果公司推出了混合现实头戴式电子设备——Apple Vision Pro(图 5-14)，可以通过摄像头和传感器获取环境的深度信息，以实现虚拟物体与现实物体的融合，从而创造出更加逼真、更加沉浸的虚拟体验。它采用了先进的光学技术和计算机视觉算法，可以实现高精度的深度感知。其中，它采用了一种被称为 Time-of-Flight(ToF)的技术，可以通过激光发射器和摄像头来测量光线的时间差，从而计算出物体的距离和形状。同时，它还可以通过双目摄像头和机器学习算法实现更加精准的深度感知。

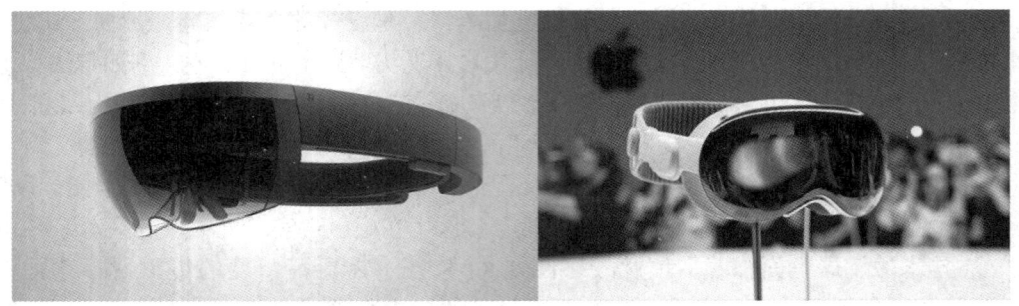

图 5-14　微软 HoloLens 与苹果 Apple Vision Pro

MR 技术的未来发展方向是更加智能化、更加自然化。随着人工智能技术的不断发展，MR 技术可以实现更加智能化的虚拟交互，比如自动识别用户的手势、语音等，以提供更加自然的交互方式。同时，MR 技术还可以结合其他技术，比如云计算、物联网等，创造出更加丰富、更加智能的虚拟世界。

## 5.6　扩展现实

扩展现实（Extended Reality，XR）是一种新兴技术。它将虚拟现实（VR）、增强现实（AR）和混合现实（MR）结合在一起（图 5-15），创造出了一个更加丰富、更加沉浸的虚拟世界。XR 技术的出现为人们带来了更加丰富的体验，不仅可以用于娱乐和游戏，还可以用于教育、医疗、工业等领域。

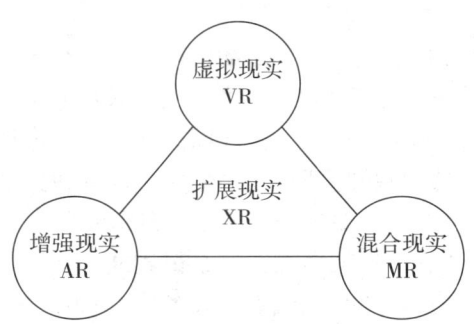

图 5-15　XR 与 VR、AR、MR 的关系

XR 技术的核心是虚拟现实技术，它可以创建一个全新的数字世界，使用户感觉自己置身其中。虚拟现实技术通常需要一些特殊的设备，如头戴式显示器、手套、体感控制器等，以提供更加逼真的体验。虚拟现实技术的优点是可以创造出完全不同于现实世界的体验，比如飞行、潜水等，同时也能够为一些特殊的应用场景提供模拟环境，比如在手术前进行模拟手术，以提高手术的成功率。

增强现实技术是另一种 XR 技术，它可以将数字信息叠加在现实世界中，以增强用户对现实世界的体验。增强现实技术通常需要一些特殊的设备，如智能手机、平板电脑、AR 眼镜等，以显示数字信息。增强现实技术的优点是可以将数字信息与现实世界融合起来，为用户提供更加丰富的体验，比如在购物时可以通过 AR 眼镜看到虚拟的试衣效果。

混合现实技术是虚拟现实技术和增强现实技术的结合体，它可以将虚拟物体和现实物体结合在一起，创造出一个全新的混合现实世界，比如在游戏中可以将虚拟角色放在现实世界中，与现实世界进行互动。混合现实技术通常需要一些特殊的设备，如头戴式显示器、AR 眼镜、手套等，以提供更加逼真的体验。

XR 技术具有广泛的应用场景。在制造业中，XR 技术可以为工人提供更加直观、更加安全的工作环境，以提高工作效率；同时，还可以为制造商提供更加精准、更加高效的产品设计和生产过程。在建筑和房地产行业，XR 技术可以为建筑师和设计师提供更加直观、更加生动的设计和展示方式，以提高设计效率和客户满意度；同时，还可以为购房者提供更加直观、更加实用的房屋参观和装修方案。在旅游和文化方面，XR 技术可以为游客提供更加直观、更加生动的旅游和文化体验，比如在博物馆中可以通过 XR 技术创造出历史场景的模型，让游客更加直观地了解历史文化。

## 5.7 元景校园创新创业案例

本节的创新创业案例取自第三届武汉大学生"英雄杯"创新创业大赛的冠军创业项目"元景校园——多智能体协作建模技术构建数字孪生新质生产力"[10]，该项目也是武汉大学第一届"英诺创新成果奖"唯一特等奖作品（图 5-16）。

项目目标是"用摄影测量遥感技术助力校园数字孪生更上一层楼""开发元宇宙共享服务技术与平台，引领元宇宙技术与应用的发展"。本项目利用多模态摄影测量遥感技术解决元宇宙数字底座空间几何精度、可视化渲染效果和智能交互应用等问题，并为武汉大学打造了全国首个实景元宇宙校园。

项目利用无人机、激光雷达和相机等设备，采用贴近摄影测量方式对武汉大学老图书馆、老斋舍等标志性建筑进行室内外映射纹理数据采集，通过自动建模软件生成三维实景模型，将武汉大学最美校园 1∶1 还原，分辨率高达 0.01m。一草一木、一砖一瓦，校园最美的场景，以元宇宙的方式被保存复刻下来。

元宇宙在还原现实的同时，还提供了更多现实之外的可能性。图 5-17 展示了项目的应用功能和操作说明。综合文字、图像、地图、音频等多方面的信息，项目开发智慧语音助手控制天气、传送、酷跑游览等功能，避免了复杂的按键操作。第一、三人称切换移动，箭头指引打卡跑酷，任何角度体态拍照，晴阴早晚自如转变。作为一个观赏性和游览性都超高的项目，为用户提供了一体化的赏玩体验。

项目团队自己认为："好的校园应用不是简单的功能堆砌，不是功能越多越好，而是要符合用户们的游览体验。"元宇宙的访客登录校园，能够在数字世界中完成众多在现实世界中难以实现的事情。与伙伴们联机，足不出户跑酷打卡，弹指间变幻天地风云。元宇宙与现实世界相比，具有更多的自定义属性。

图 5-16 元景校园武汉大学元宇宙

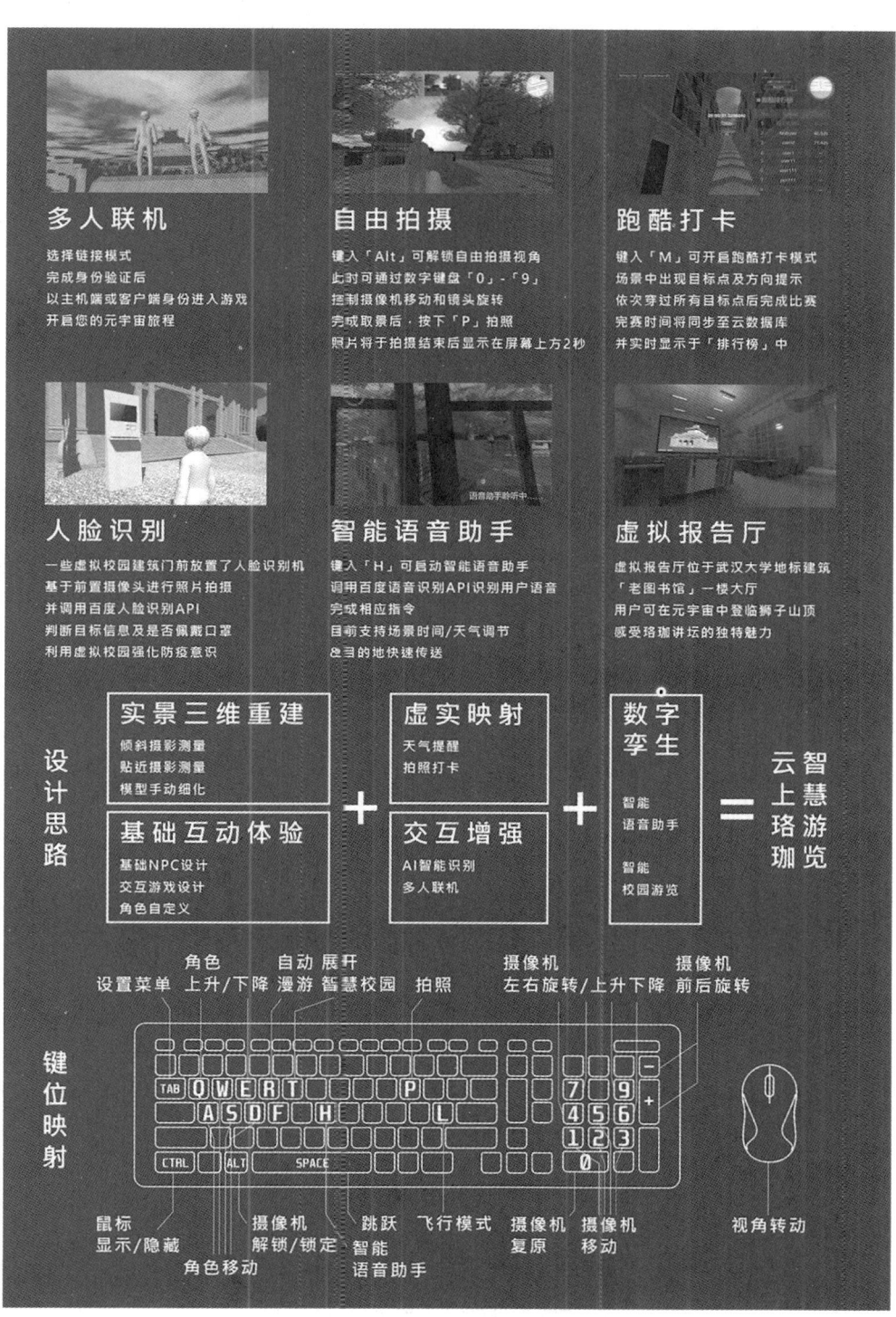

图 5-17 应用功能与操作说明

◎ **小贴士**

## 元 宇 宙

  元宇宙（Metaverse）也称为后设宇宙、形上宇宙、元界、超感空间、虚空间。钱学森将其命名为灵境。元宇宙是一个在线可与现实世界交互的虚拟空间，其中所有事件都是实时发生的，且具有永久的影响力。对于"元宇宙"的概念至今没有准确的定论，在维基百科中这样描述"元宇宙"：元宇宙是通过虚拟增强的物理现实，是呈现收敛性和物理持久性特征的、基于未来互联网的具有连接感知和共享特征的3D虚拟空间。

  伴随互联网3.0、工业4.0、社会5.0，元宇宙成为当前备受关注的产业领域与研究热点。作为人类对未来社会终极形态的积极想象，元宇宙所构造的虚拟世界与现实世界的关系成为讨论的焦点。

  元宇宙将在办公、游戏、医疗、社交、教育等领域产生深远的影响，通过虚拟与现实交融的互动方式极大地便利人们的日常生活，并在潜移默化中颠覆人们的生活。

## 本章思考题

1. 数字摄影测量与传统摄影测量的区别是什么？
2. 计算机视觉中的图像智能处理主要包括哪些？
3. 虚拟现实系统一般由哪些部分组成？
4. 增强现实、混合现实、扩展现实有什么区别？
5. 选择一个简单的室内场景，如书桌一角。准备两台或多台相机，在不同位置和角度设置相机。同时对该场景进行拍摄，获取多张图像。利用多目测量原理和相关软件，对这些图像进行处理，构建该场景的三维模型。
6. 选择一个图像分类任务，从网络上收集或自己拍摄不同种类的花卉图像，构建一个图像数据集。使用深度学习框架，搭建一个简单的卷积神经网络模型。对模型进行训练，观察模型在训练集和验证集上的准确率变化。
7. 请你以一门课程为例，设计一个使用虚拟现实技术的课堂教学过程。
8. 以自己的校园为背景，设计一个基于AR技术的校园导览应用。

## 本章参考文献

[1] 张祖勋, 张剑清. 数字摄影测量学[M]. 2版. 武汉：武汉大学出版社, 2012.
[2] 曹其新, 庄春刚. 机器视觉与应用[M]. 北京：机械工业出版社, 2021.
[3] Redmon J, Divvala S, Girshick R, et al. You only look once: Unified, real-time object detection [C]//Proceedings of the IEEE conference on computer vision and pattern recognition. 2016: 779-788.

[4] Wang L, Li R, Zhang C, et al. UNetFormer: A UNet-like transformer for efficient semantic segmentation of remote sensing urban scene imagery[J]. ISPRS Journal of Photogrammetry and Remote Sensing, 2022(190): 196-214.

[5] Vinyals O, Toshev A, Bengio S, et al. Show and tell: A neural image caption generator[C]//Proceedings of the IEEE conference on computer vision and pattern recognition. 2015: 3156-3164.

[6] Reed S, Akata Z, Yan X, et al. Generative adversarial text to image synthesis[C]//International conference on machine learning. PMLR, 2016: 1060-1069.

[7] Li R, Zheng S, Duan C, et al. Land cover classification from remote sensing images based on multi-scale fully convolutional network[J]. Geo-spatial information science, 2022, 25(2): 278-294.

[8] 张泊平. 虚拟现实理论与实践[M]. 北京: 清华大学出版社, 2017.

[9] 刘继红, 杨洋. 增强现实(AR)技术权威指南: 基础·发展·实践[M]. 北京: 电子工业出版社, 2018.

[10] 武汉市人民政府官网. 第三届武汉大学生"英雄杯"创新创业大赛落幕[EB/OL]. [2025-02-18]. https://www.wuhan.gov.cn/sy/whyw/202407/t20240717_2429804.shtml.

# 第 6 章

# 空间信息多源感知

"知彼知己,胜乃不殆;知天知地,胜乃可全"

——出自《孙子兵法·地形篇》,强调需掌握天时、地理等全面空间信息,方能立于不败之地。

◎ 本章简介

本章围绕空间信息多源感知展开,探讨其概念、技术及应用。阐述从信息获取到信息感知的转变,介绍感知系统与空间信息感知体系的构成,以及智能计算在其中的核心地位和发展方向,同时探讨协作感知与数据融合的挑战和发展趋势,以及网络化智能协作感知的应用。讲解多传感器数据融合,包括概念、目标、层次结构、分类特点及典型方法,并分析这些方法的特点和发展趋势。以构建智能化城市大脑为例,说明空间信息多源感知在智慧城市中的应用。以大学生创新创业竞赛项目为例,展示多源感知在智慧交通中的实践案例。

## 6.1 空间信息感知的概念

### 6.1.1 从信息获取到信息感知

感知是人类认识自然、掌握自然规律的实践途径之一，是科学研究中获得感性材料、获取自然信息的途径，是形成、发展和检验自然科学理论的实践基础。

信息，一般可理解为消息、情报或知识，例如语言文字是社会信息，商品报道是经济信息，遗传密码是生物信息等。然而，从物理学观点来考察，信息是物质所固有的，是物质客观存在或运动状态的特征。信息本身不是物质，不具有能量，但信息的传输却依靠物质和能量。一般来说，传输信息的载体称为信号，信息蕴含于信号之中。

当前科技界普遍认为，信息技术由四大部分组成，即信息获取、信息传输、信息处理与信息应用。这四个部分组成了如图6-1所示的信息链。信息链的源头是信息获取。

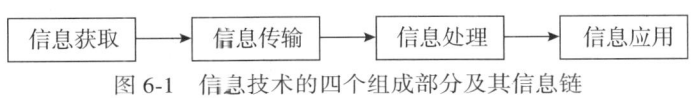

图6-1 信息技术的四个组成部分及其信息链

信息感知是在信息获取的基础上，结合信息传输与信息处理所形成的，是智能处理的一种新型方式。信息感知涉及多个工程领域，包括生物、海洋、气象、地质、雷达、通信以及机械、电子等工程领域。信息感知主要从信息获取技术上掌握相关物理量的测量方法并解决如何准确获得信息的信号与数据处理方法问题，为被测信号（或数据）正确、可靠地传输提供必要的技术支持。信息感知所涉及的控制是针对信息获取、变送传输、数据处理和执行控制等部分的需要，研究在相关的信号产生、对象跟踪、状态反馈、信息传送、动作控制、结果输出等技术环节中应用的控制技术与方法。

人们习惯于把传感器比作人的感官，把计算机比作人的大脑。因此，信息感知和计算机技术的发展促进了空间信息感知系统的智能化[1]。

### 6.1.2 从感知系统到空间信息感知体系

感知系统是对物质世界进行信息感知的基础手段和设备，一般来说，感知系统由传感器、中间变换装置和显示记录存储装置三部分组成，如图6-2所示。

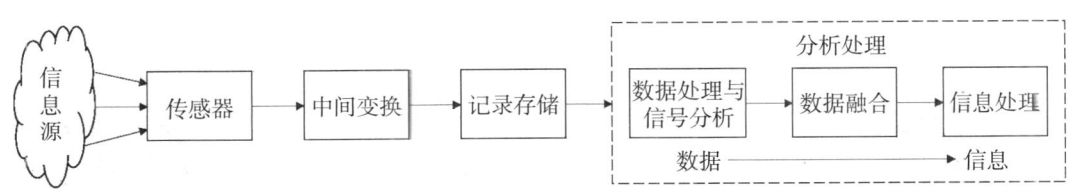

图6-2 信息-信号的转换、传输和处理过程

感知系统中的记录存储部分主要是以计算机为主体。若想对测量的数据进行处理，首

先要进行信号分析,通常采用快速傅里叶变换、频谱分析、小波分析等技术。感知测量系统要对来自多个传感器的信号数据进行处理,需要进行数据融合完成对信号的深入分析,在此基础上采用智能计算方法进行信息处理,进而实现感知测量系统的最终测量目标。

空间信息感知中的空间,是由一个物体同感觉它的人之间产生的相互关系所形成的。这一相互关系是人们通过感官(听觉、视觉、嗅觉、触觉)综合感知而确定的一种空间尺度。

空间信息感知体系如图 6-3 所示,由应用层、感知层与信息层三个层次组成。其中,应用层面向空间信息实际应用场景,例如安防监控、环境监测、智能制造、智慧城市等具有空间信息特征的物理环境对象;感知层依据传感网与互联网对应用层的物理环境对象进行信息的感知,此过程涵盖了数据融合的基础理论,包括协作感知、自适应融合、统计与估计、特征理论的推理和方法;信息层基于信息感知的数据,采用神经网络、深度学习、进化计算、粒群智能、模糊逻辑、支持向量机等人工智能的理论和方法,实现空间智能感知。

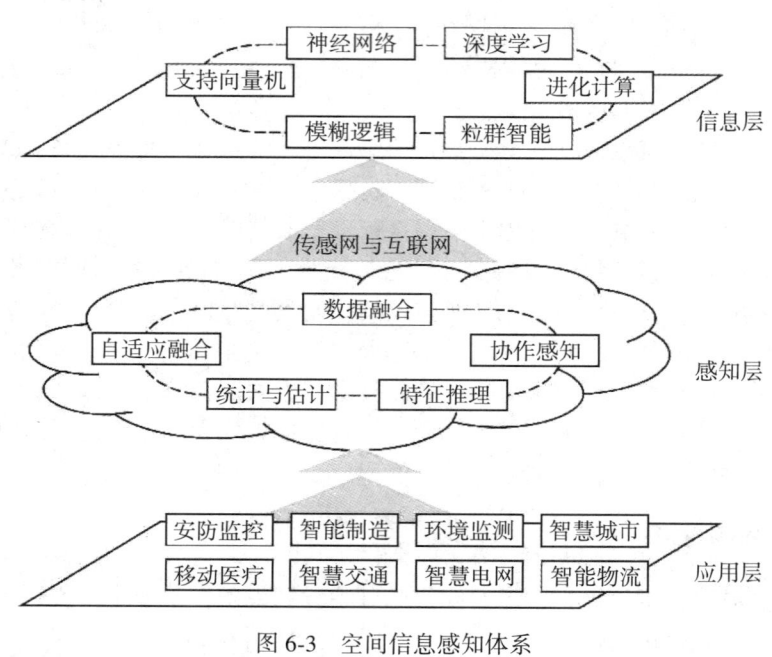

图 6-3 空间信息感知体系

### 6.1.3 智能计算

智能计算是空间信息感知的核心。20 世纪 90 年代以来,在人工智能与信息感知研究的纵深发展过程中,人们特别关注精确处理与非精确处理的双重性,强调符号物理机制与连接机制的综合,倾向于冲破"物理学式"框架的"进化论"新路,一门称为智能计算(Computational Intelligence,CI)的新学科分支被提出并以更加明确的目标蓬勃发展[2]。

美国的 James C. Bezdek 教授首次提出了智能计算的定义。他在《国际近似推理杂志》

上论述[3]：智能计算依靠生产者提供的数字材料，而非知识，人工智能使用的是知识精华。Bezdek还说，人工神经网络应称为计算神经网络，即"人工"两字应改为"计算"。他还认为，计算神经网络是一个最底层最基本的环节，也是CI的一个重要基石，主要用于模式识别，由以下四点决定：功能、结构（连接拓扑和更新策略）、形式（集成和传递的节点函数式）、数据（用于训练/测试的数据）。按照以上四点，计算神经网络有多种形式，如前馈、自组织以及模糊结合的模糊神经网络等。

目前国际上提出的智能计算是以人工神经网络为主导，是模糊逻辑系统、进化计算以及信息处理学科的综合集成。新一代的智能计算信息处理技术是神经网络、模糊系统、进化计算、混沌动力学、分形理论、小波变换、人工生命等交叉学科的综合集成。

尽管对智能计算的定义、内容以及与其他智能学科分支的关系尚未形成共识，但智能计算的两个重要特征确实得到了人们比较共同的认识。

智能计算与传统人工智能不同，主要依赖的是生产者提供的数字材料，而不是依赖于知识；它主要借助数学计算方法（特别是与数值相联系的计算方法）的使用。这就是说，一方面，CI内容本身具有明显的数值计算和信息处理特征；另一方面，CI强调用"计算"的方法来研究和处理智能问题。需强调的是，CI中计算的概念在内涵上已经加以拓展和加深。一般地，在解空间进行搜索的过程都被称为计算过程。深度学习近年来的发展，拓宽了神经网络的应用范围，特别是面向大数据的信息挖掘与分析，包括图像处理、自动驾驶以及自然语言处理等领域。

智能计算发展的重要方向之一就是不断引进深入的数学理论和方法，以"计算"和"集成"作为学术指导思想，进行更高层次的综合集成研究。目前的研究方向不仅突破了模型及算法层次的综合集成模式，而且已经进入了感知层与认知层的综合集成模式。

智能空间信息感知可以划分为两大类别：一类为基于传统计算机的信息处理；另一类为基于神经网络和深度学习的智能信息感知。基于传统计算机的信息处理系统包括智能仪器、自动跟踪监测仪器系统、自动控制制导系统、自动故障诊断系统等。人工智能系统具有模仿或代替与人的思维有关的功能，通过逻辑符号处理系统的推理规则来实现自动诊断、问题求解以及专家系统的智能。这种智能实际上体现了人类的逻辑思维方式，主要应用串行工作程序，按照一些推理规则一步一步进行计算和操作，目前应用领域很广。

人工神经网络是一类模仿和延伸人脑认知功能的新型智能信息处理系统。由于大脑是人的智能、思维、意识等一切高级活动的物质基础，构造具有脑智能的人工智能信息处理系统，可以解决传统方法所不能或难以解决的问题。以连接机制为基础的神经网络具有大量的并行性、巨量的互连性、存储的分布性、高度的非线性、高度的容错性、结构的可变性、计算的非精确性等特点，它是由大量的简单处理单元（人工神经元）广泛互联而成的一个具有自学习、自适应和自组织性的非线性动力系统，也是一个具有全新计算结构模型的智能信息处理系统。它可以模仿人脑处理不完整、不准确的信息。由于其非线性，当不同模式在模式特征空间的分界面极为复杂时，仍能进行分类和识别。由于其自适应学习功能，系统能从环境及输入中获取信息来自动修改网络结构及其连接强度，以适应各种需要而用于知识推广及知识分类。由于分布式存储和自组织性，即使系统连接线被破坏了50%，它仍能处于优化工作状态，这在军事电子系统设备中有着特别重要的意义。因此，基于神经计算的智能信息处理系统是模拟人类形象思维、联想记忆等高级精神活动的人工智能信息处理系统。以概率统计为基础的支持向量机理论和主成分分析方法已经迅速得到发展和应用，成为神经计算中的一个崭新的研究热点。

深度学习，是最重要的人工智能实现方法之一。深度学习将特征与分类器结合到一个框架中，是一种自动学习特征的方法。它基于数据特征的自学习性，提高了特征提取的效率，具有更强的特征表达能力，可实现大规模数据的学习和表达。

模糊逻辑和模糊推理得到迅速发展和应用，为模糊计算提供了新的扩展空间和处理知识的方法。进化计算作为人工智能中的另一重要分支迅速发展，在传统遗传算法的基础上又在群体智能的理论和方法方面有所突破。粒群智能和蚁群智能已经建立了较为完整的理论方法体系，为大数据环境下的分析和决策起到重要作用。

### 6.1.4 协作感知与数据融合

21世纪以来，信息技术、网络技术、人工智能技术迅速发展，数据融合已成为人类智能活动的基本组成部分。人们面临着两个方面的挑战：一是构造网络协作感知系统，从而优化综合各种传感器提供的各类数据，以获得更准确更完整的信息，这就是信息空间的结构认识和构造问题；二是融合处理来自不明信号源、不确定、非线性、非高斯、非平稳、低信噪比的信号，不仅包括数字信号，而且包括用模糊语言表示的语言型模糊信息，并对外部环境变化做出灵活的自适应反应，从而实现高性能智能数据处理与控制。这就是数据的获取、加工、处理、融合问题，该挑战也是数据融合技术的研究目标。数据融合的最终目的是构建高性能的智能化系统[4]。

未来协作感知与数据融合的发展方向包括网络协作、系统集成与数据融合。

(1) 网络协作是感知测量手段的优化，是实现感知智能(人工智能三大组成部分之一)的基础。网络协作化测量，依托先进感知测量理论、传感网络技术、协作感知计算方法，实现对各类被测量的有效测量与信息提取，为后端的深入融合分析奠定技术基础并提供实现手段。

(2) 系统集成是系统结构和框架的优化，也就是说，系统在外部硬件结构上采用多传感器框架，而不是单一传感器结构。在内部结构上采用集成的模式，即由各种智能技术(如人工智能、神经网络、模糊推理等)的模块构成，而不是靠单一的技术模式；后者指的是各种模块间的连接和算法，即要求融合(或者综合)多种技术和各类信息。可见，集成是构造数据融合系统的基本前提，是物质基础。

(3) 数据融合是各模块的连接器，是"上层建筑"的优化，也是系统的核心。只有构建集成和融合的系统框架，才能实现系统取长补短；只有实现集成和融合的统一，才能构造出具有学习、自治、推理能力的高性能智能化系统。图6-4是集成、融合关系图，图中模块表示传感器数据及其对应的算法。从图中可见，融合一方面在系统中起到连接各技术模块的桥梁作用，另一方面又可通过融合生成新的功能模块。在这里，融合的概念被进一步拓宽了，它在外部表示多传感器的集成，而在内部表示各种处理模块(即各种技术)的综合。协作式信号处理机制可以协作地完成节点任务规划、信号处理、数据融合、数据查询和动态路由规划等连续优化过程，对满足未来智能数据处理和控制系统发展需求至关重要。

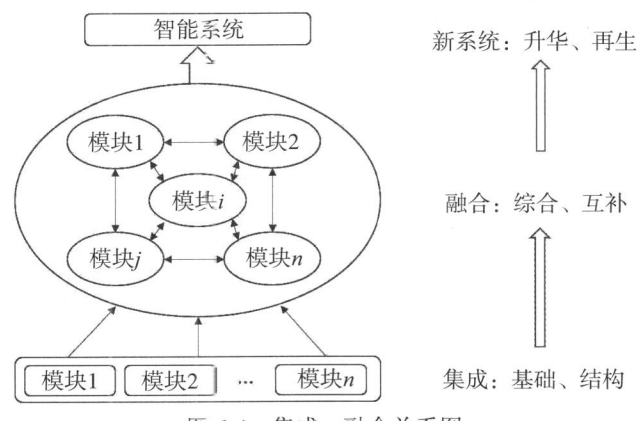

图 6-4 集成、融合关系图

### 6.1.5 网络化智能协作感知

近年来,多传感器系统已经广泛应用于人类生活的各个领域。传感器与物联网的应用范围涵盖了民用服务(如卫星遥感传感器帮助环境监测和灾难救助)、工业过程(如摄像头帮助设备控制和机器监测)和军事应用(如战场环境下的目标探测、分类和跟踪)等领域[5]。人工智能对传感网络技术及其计算策略和网络策略提出了新的要求。

传感网络由一组空间分布的传感节点组成,用于收集所处环境的信息。终端传感节点将不同传感器的物理信息经过预处理后,得到一些抽象值或估计值,然后将结果通过通信网络传输到处理单元,处理单元采用信息融合方法对从网络中不同部分采集的信息进行集成,然后根据融合后的信息对环境进行适当的反馈。由同一个处理单元控制的一组邻近传感节点组成一个簇。例如,在跟踪应用中,传感网络的每一个处理单元既可以采用所处簇内的数据执行跟踪,也可以通过与其他处理单元通信与协作,提高跟踪精度。

## 6.2 多传感器数据融合

### 6.2.1 数据融合

数据融合是 20 世纪 80 年代诞生的信息处理技术,主要解决多传感器信息处理问题[6]。多传感器数据融合研究如何充分发挥各个传感器的特点,把分布在不同位置的多个同类或不同类传感器所提供的局部、不完整的观测量加以综合,利用其互补性、冗余性,克服单个传感器的不确定性和局限性,提高整个传感器系统的有效性能,以形成对系统环境相对完整一致的感知描述,提高测量信息的精度和可靠性,从而提高智能系统识别、判断、决策、规划、反应的快速性和准确性,同时也降低其决策风险(见图 6-5)。随着多传感器在同一应用场景的情况越来越普遍,数据融合对空间信息多源感知的作用越来越突出。

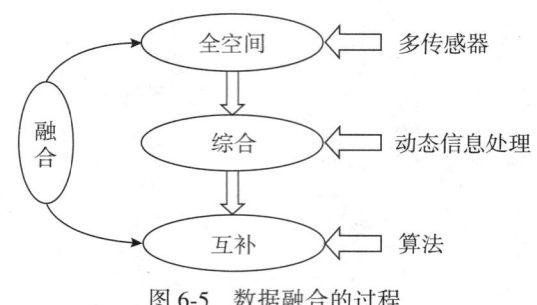

图 6-5 数据融合的过程

数据融合的概念主要包括以下三个层次的含义。

(1) 第一层含义是信息的全空间。

融合系统要处理的是确定和不确定(模糊)的、全空间和子空间的、同步和非同步的、同类型和不同类型的、数字的和非数字的信息，是比传统系统更为复杂的多源、多维信息，是全空间信息。从频域维度来看，它覆盖的是全频段。关于什么是信息，已有精辟的论述。控制论的奠基人维纳曾经指出："信息就是信息，它既不是物质，也不是能量。"这是人类历史上第一次把信息和物质、能量区分开来，把信息看作第三资源，使信息、能量与物质成为人类社会赖以生存与发展的三大支柱。信息论的创始人香农认为："信息是用来消除观察者在认识上的不确定性的东西。"不管怎样定义信息的概念，它表示的是系统运动的连续变化状态，即动态特性，这是信息的内涵。信息是一个复杂的概念，从广义上讲，信息可分为自然信息和社会信息。通常，数据融合的对象不仅包括由传感器得到的数据，还包括社会信息。我们知道，系统的状态变化可分为随机过程、混沌过程、确定过程以及模糊过程。前三者可以用数字信息描述，而后者只能用语义信息描述。因此高性能智能系统需要同时处理数字信息和语义(模糊)信息。这类问题的解决往往需要引入数据融合的概念和技术。

(2) 第二层含义是信息的综合。

融合可看作是系统动态过程中所进行的数据综合加工处理。广义上讲，它也是一种数据处理系统，只不过这里所说的系统指的是多传感器系统，即数据融合系统在结构上是一个多输入系统，是多模块集成系统。需要说明的是，组合和融合之间有不同的含义。前者指的是外部特性，它涉及网络结构、层次等方面的问题，而后者主要讲的是内部特性，指的是系统信息有效综合的具体问题。

(3) 第三层含义是信息的互补过程。

互补包括信息表达方式上的互补、结构上的互补、功能上的互补、不同层次上的互补等。它是实现系统多功能问题的主要手段之一，也是实现系统智能化的必要手段。融合的目的之一是要解决系统功能上的互补问题；反过来，互补信息的融合可以使系统发生质的飞跃。互补策略是智能系统研究的一个重要的新途径，其本质在于对不确定处理和精确处理的互补，而这种互补过程是极为复杂的，并不是简单的代数相加运算。

如上所述，第一层含义讲的是融合空间的性质，它的研究对象是复杂的多维多输入系统；第二层讲的是融合的动态信息流，它是信息的广义综合技术；第三层讲的是融合的算法性质，它的核心问题是信息的互补运算。尤其是第三层，从微观结构（指融合的本质）上说明了融合的内涵。图 6-6 展示了上面所述数据融合的三层含义。可见，融合首先是不同信息在不同层面上的一种综合处理，通常包括检测、关联、分类、估值以及综合等环节，融合后的信息越来越清晰、越来越丰富。融合系统的最大优点是通过数据的融合，使相关群体的信息更加准确、更加可靠。这是因为它获取的是信息空间的全部信息，而不是局部信息。从状态空间的角度来看，它是最优的，是全状态的信息处理。状态空间的全局最优控制和处理需要多个传感器的信息。可见，数据融合技术是在状态空间中对多源、多种数据的获取、传输以及加工处理的基本手段。

数据融合系统的 4 个元素通常表示为：
(1) 信息源元素（含传感器元素），它向系统提供原始信息；
(2) 信息转换、传递、交换元素，它完成信息的预处理；
(3) 信息互补、综合处理元素，它完成信息的再生、升华；
(4) 数据融合处理报告元素，即输出融合处理结果。

图 6-6 给出了数据融合系统的 4 个元素和对应系统信息的 3 个元素。总之，从数据处理角度看，无论数据融合是以何种方式进行，数据融合系统应包含下面三个方面的内容

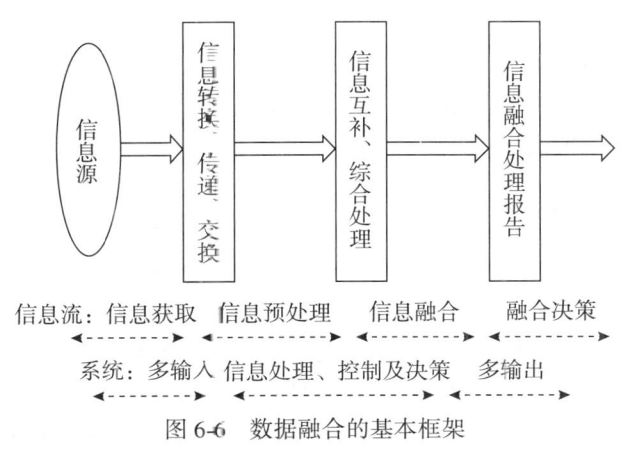

图 6-6 数据融合的基本框架

(1) 汇总。首先对系统中不同类型传感器的所有信息进行汇总。汇总系统全部信息是实现融合的基本前提。这里的信息除了包括由不同水平的传感器提供的数字信息外，还包括以语言形式提供的模糊信息。

(2) 模块。包含了具有不同功能的模块、综合和连接不同模块的模块以及完成模块之间信息交换与互补运算的处理模块。

(3) 指标。融合系统要求实时、准确、抗干扰、高可靠性。

## 6.2.2 多传感器数据融合目标

单一传感器获得的仅仅是环境特征的局部、片面的信息，信息量非常有限，且每个传感器还受到自身品质、性能及噪声的影响，采集到的信息往往不完善，带有较大的不确定

性，甚至是错误的，而融合多个传感器的信息可以在较短的时间内，以较小的代价，得到单个传感器所不可能得到的精确特征。因此，通过多传感器进行测量并进一步融合数据，对于全面了解被测对象信息、提高测量准确性而言具有重要意义。

多传感器数据的融合就像人脑综合处理信息一样，充分利用多个传感器资源，通过对多传感器及观测信息的合理支配和使用，把多传感器在空间或时间上冗余或互补的信息，依据某种准则进行组合，以获得对被测对象的一致性解释或描述。具体来说，多传感器数据融合原理如下：

(1) $N$ 个不同类型的传感器收集观测目标的数据。

(2) 对传感器的输出数据(离散的或连续的时间函数数据，输出矢量，成像数据或一个直接的属性说明)进行特征提取的变换，提取代表观测数据的特征矢量。

(3) 对特征矢量进行模式识别处理(如聚类算法、自适应神经网络或其他能将特征矢量变换成目标属性判决的统计模式识别法等)，完成各传感器关于目标的说明。

(4) 将各传感器关于目标的说明数据按照同一目标进行分组，即关联。

(5) 利用融合方法将每一目标的各传感器数据进行合成，可以得到对每一目标的一致性解释与描述。

### 6.2.3　多传感器数据融合的系统结构

数据融合的系统结构研究包括两部分，即数据融合的层次结构和数据融合的体系结构。数据融合的层次结构主要从信息的角度分析融合系统，数据融合的体系结构则主要从硬件的角度分析融合系统。

**1. 数据融合的层次结构**

数据融合系统可以按照层次划分，对于数据融合系统层次划分问题存在着较多的解决方案。目前较为普遍接受的是三层次融合结构：数据层、特征层和决策层。

数据层融合是指将全部传感器的观测数据直接进行融合，然后从融合的数据中提取特征向量，并进行识别判断。要求传感器是同质的，如果传感器是异质的，则数据只能在特征层或决策层进行融合。数据层融合的优点是尽可能多地保持原始信息，缺点是处理的信息量大，因而处理实时性较差。

特征层融合是指将每个传感器的观测数据进行特征提取以得到一个特征向量，然后将这些特征向量融合起来，并根据融合后得到的特征向量进行身份识别。特征层融合对通信带宽的要求较低，但由于数据容易丢失，其准确性有所下降。

决策层融合是指每个传感器执行对目标的识别任务，将来自每个传感器的识别结果进行融合。该层次融合对通信带宽要求最低，但产生的结果最不准确。

也可以以数据的输入输出作为分类的标准，进一步将该三层次结构扩展为五层次结构，即数据入—数据出融合，数据入—特征出融合，特征入—特征出融合，特征入—决策出融合，决策入—决策出融合[7]。并以此得出相应的融合层次结构，利用图示方法说明该层次结构，该层次结构具有较为普遍的意义，不仅可以应用于军事领域，而且可以应用于复杂工业领域。

数据融合的层次结构是按照信息抽象程度划分的。在多传感器融合系统的实际工程应用中，应综合考虑传感器的性能、系统的计算能力、通信的带宽、期望的准确率以及现有资金的多少，从而确定采用哪种层次化系统结构模型或者混合的层次模型，而基于信息的层次结构的确定，进而为系统硬件体系结构的确定打下基础。

**2. 数据融合的体系结构**

数据融合的体系结构可分为三类：集中式、分布式和混合式。集中式是将各传感器节点的数据都送到中央处理器进行融合处理。该方法可以实现实时融合，其数据处理的精度高、解法灵活，但缺点是对处理器要求高、可靠性较低、数据量大，因此难以实现。分布式是各传感器利用自己的量测单独跟踪目标，将估计结果送到总站，总站再将子站的估计结果合成为目标的联合估计。该方法对通信带宽要求低、计算速度快，可靠性和延续性好，但跟踪精度没有集中式高。混合式是将以上两种形式进行组合，可以在速度、带宽、跟踪精度和可靠性等相互影响的各种制约因素之间取得平衡，因此目前的研究着重于混合式结构。

采用何种体系结构完全是为了满足各种不同的实际需要，在设计数据融合体系结构时，应根据确定的系统层次结构来确定相应的体系结构，同时还必须考虑数据通信、数据库管理、人机接口、传感器管理等。

多传感器数据融合，传感器之间的冗余数据增强了系统的可靠性，传感器之间的互补数据扩展了单个系统的性能。一般而言，多传感器融合系统具有以下优点：提高系统的可靠性和鲁棒性，扩展在时间上和空间上的观测范围，增强数据的可信度，增强系统的分辨能力。

在设计多传感器融合系统时，应考虑以下一些基本问题：系统中传感器的类型、分辨率、准确率；传感器的分布形式；系统的通信能力和计算能力；系统的设计目标；系统的拓扑结构（包括数据融合层次和通信结构）。

**3. 数据融合的分类与特点**

综合数据融合的层次结构和体系结构，还可对数据融合进行分类。融合结构可分为像素级融合、特征级融合和决策级融合等。

像素级融合是对各传感器的输出信号直接进行采集、分析和预处理，生成目标特征，它是在对数据进行预处理之前的融合，可以在像素或分辨单元上进行，也叫作数据级融合，此层次融合的优点是直接融合现场数据，失真度小，能提供其他融合层次所不能提供的全面信息，信息损失量小，但所需处理的传感器的数据量大，处理代价高、时间长、实时性差，原始数据易受噪声污染，融合系统需具有较好的容错能力。

特征级融合先对来自传感器的原始信息进行特征提取，然后对特征信息进行综合处理，这种融合方式既保留了足够数量的重要信息，又可对信息进行压缩，减少了大量干扰数据，有利于实时处理，并具有较高的精确度。目前大多数 C3I 系统及其他领域应用的数据融合研究都是在该层次上展开的。

特征级融合的例子是如图 6-7 所示的多层神经网络。目标的特征向量从振动、温度和光强的测量数据中抽取,然后把这些特征向量连接起来形成一个总和特征向量,输入到神经网络中。经过离线训练的神经网络可以识别出感兴趣的目标,并且把它们从虚假目标中分离出来,这样当输入一个新的特征向量时,网络就可以以一定的概率、置信度或优先级指出该特征向量属于哪一类。因为训练网络的时候使用了所有传感器的数据,所以如果某一个传感器被其他类型的传感器所代替,就要重新开始收集数据并进行重新训练。

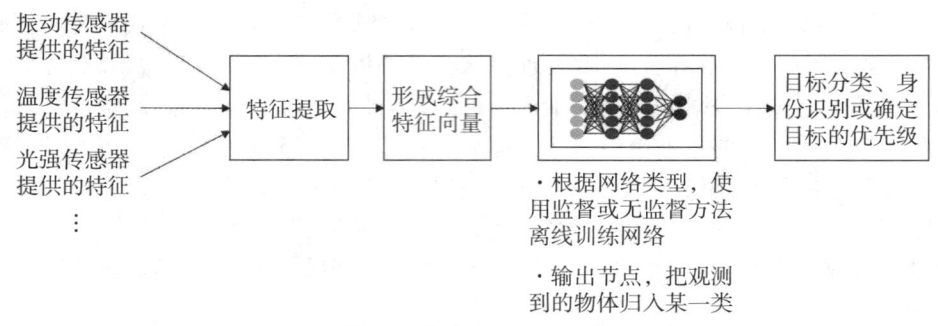

图 6-7　神经网络分类器特征级数据融合

决策级融合是根据一定的准则以及每个决策的可信度做出最优决策,这种融合方式所需处理的信息量最小,实时性好,还能在一种或几种传感器失效的情况下保持决策的可靠性,具有很强的容错能力,其所需要的通信量小,传输带宽低,对传感器类型的要求比较低。表 6-1 对三种融合层次的特征进行了比较。

表 6-1　三种融合层次特征比较

| 特　　征 | 像素级融合 | 特征级融合 | 决策级融合 |
| --- | --- | --- | --- |
| 信息量 | 最大 | 中等 | 最小 |
| 信息损失 | 最小 | 中等 | 最大 |
| 容错性 | 最差 | 中等 | 最好 |
| 抗干扰性 | 最差 | 中等 | 最好 |
| 对传感器依赖性 | 最大 | 中等 | 最小 |
| 数据融合方法 | 最难 | 中等 | 最易 |
| 预处理 | 最小 | 中等 | 最大 |
| 分类能力 | 最好 | 中等 | 最差 |

近年的研究中出现了一种新的融合层次——监视动态融合处理,它能在最佳控制传感器和系统资源的基础上达到精确及时的预测,并通过反馈完善整个融合过程[8]。

数据融合应用领域广泛,但由于数据融合理论尚不成熟,至今尚未形成对所有应用环境普遍适用的具体融合结构。一般结构类型要求既能对给定任务具有优化的检测和识别性能,同时又要求受传感器的性能、数据传输带宽的影响小。从数据融合系统的整体功能构成上看，数据融合可以分为传感器、数据采集、单个传感器数据处理、多传感器数据融合、数据存储几个部分，各部分结构如图 6-8 所示。单从数据融合的具体步骤看，数据融合的结构则可分为集中式结构、分布式结构和混合结构。

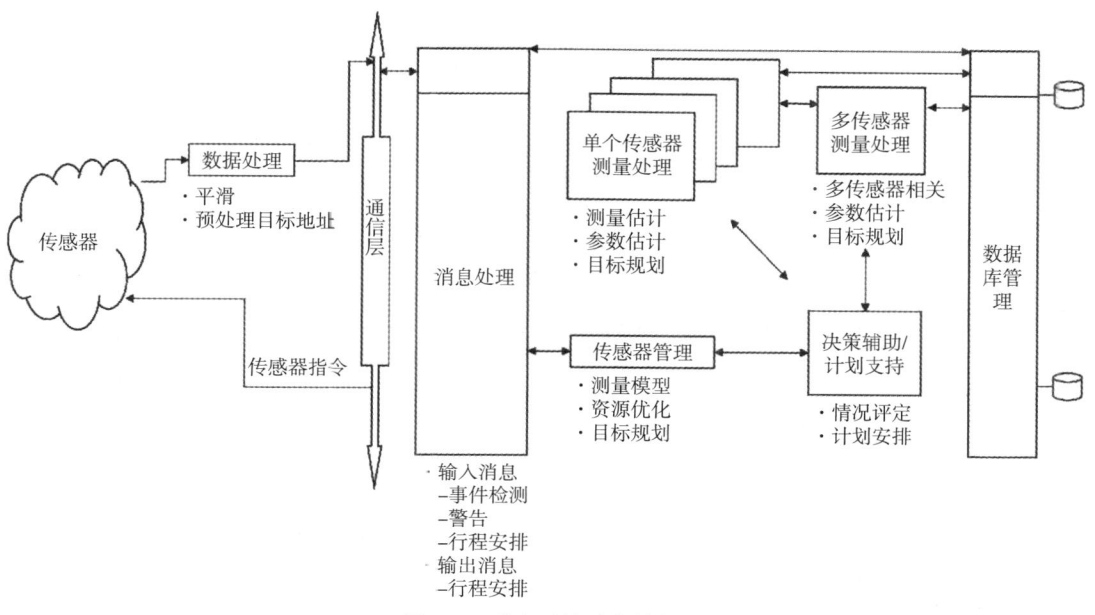

图 5-8　融合系统功能结构

图 6-9 为集中式结构，各个局部传感器直接把底层数据或经简单预处理的数据传入融合中心，因此需要融合系统有足够的带宽和强大的数据处理能力。

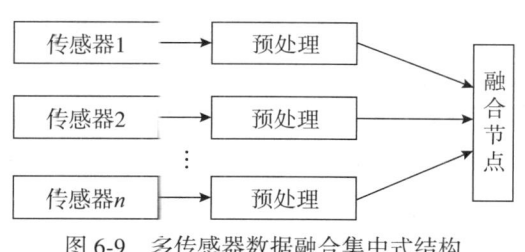

图 6-9　多传感器数据融合集中式结构

图 6-10 为分布式结构，融合中心接收各传感器的局部判决数据，而不是底层数据，这种设计大大减轻了系统内部的通信压力，提高了系统的可靠性和实时性。

这两种结构组成的混合结构，中和了集中式结构和分布式结构的优缺点，具有很大的灵活性，能够适应不同融合要求，缺点是其结构较为复杂，编程实现难度较大。

以上从数据融合功能实现的角度阐述了多传感器数据融合的基本结构。对于数据融合而言，其数学模型和算法是最为核心的内容。图 6-11 描述了多传感器数据融合的数学模型。在下一节中，我们将具体介绍一些典型的数据融合方法。

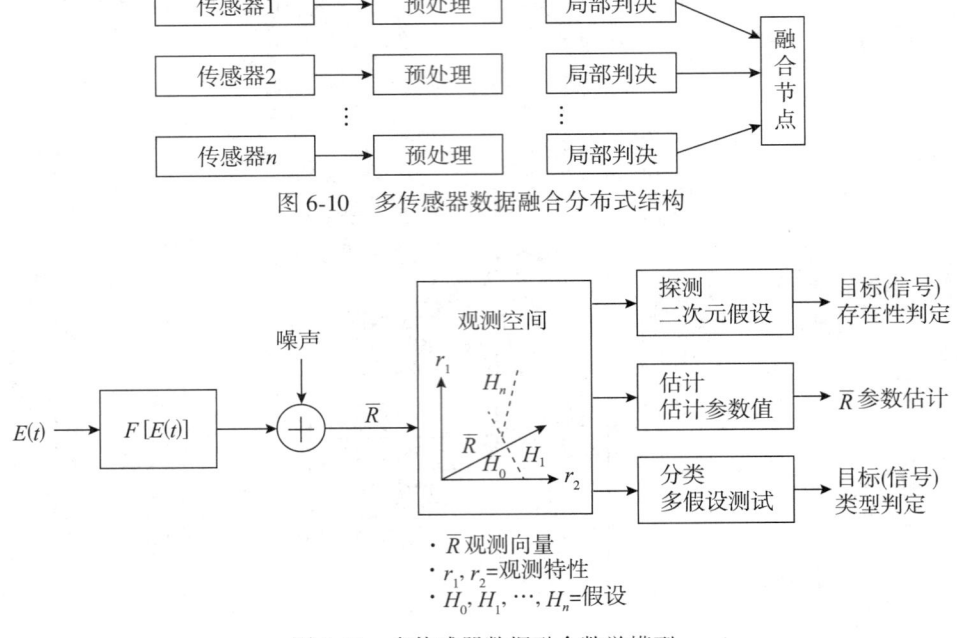

图 6-10 多传感器数据融合分布式结构

图 6-11 多传感器数据融合数学模型

## 6.2.4 典型的数据融合方法

数据融合技术涉及检测技术、信号处理、通信、模式识别、决策论、不确定性理论、估计理论、最优化理论等众多学科领域。

数据融合所用到的各种检测、分类和识别算法的分类情况如图 6-12 所示。主要分为基于物理模型的算法、基于特征推理技术的算法和基于知识的算法。在最近几年中，又发展了基于现代数学模型的数据融合方法，这些方法主要包括随机集合理论、条件代数、相关事件代数等。随机集合理论处理的随机变量为集合，而不是传统的随机变量。也可以运用随机集合理论将多传感器多目标估计问题转换成单传感器单目标估计问题[9]，还可以应用随机集合理论把模糊证据(例如用自然语言描述的报表和规则)引入多传感器多目标估计问题中，同时还可以应用该理论把不同专家系统模型(例如模糊逻辑和基于规则的逻辑推理)引入多传感器多目标估计问题中。

**1. 统计和估计方法**

下文介绍了一些常用的统计和估计方法，包括古典概率推理、卡尔曼滤波、Bayes 法则、D-S 证据理论和广义证据处理等[10]。

(1)古典概率推理。在给定的假设事件下，给出了观测来源于某一物体或事件的概率。这种方法的主要缺点是：①用于分类物体或事件的观测量的概率密度函数难以得到；②在多变量数据情况下，计算的复杂性加大；③一次只能评估两个假设事件；④无法直接

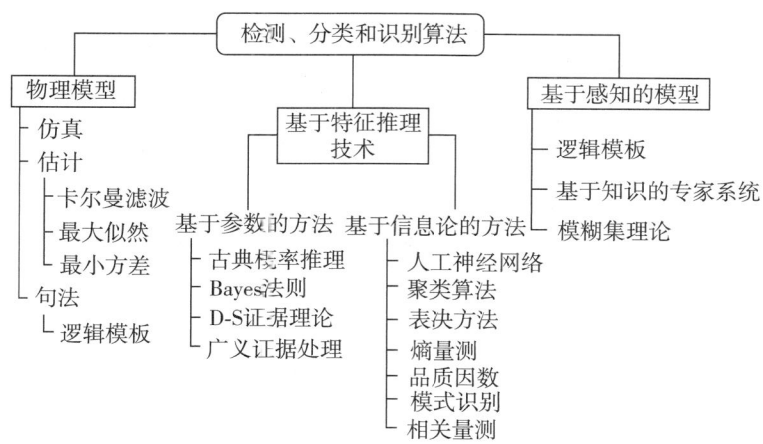

图 6-12 检测、分类和识别算法的分类

应用先验似然函数这个有用的先验知识。

(2) 卡尔曼滤波。卡尔曼滤波是一种线性递推的滤波方法，将状态变量引入滤波理论，用受信息干扰的状态空间模型代替通常滤波采用的协方差函数，并把状态空间描述与离散事件联系起来。它把测得的新数据加到前一时刻的估计值上，由系统本身的状态转移方程和一套递推公式求得新检测量的估值。它是基于最小二乘估计的一种信息优化方法，运算量较小，适于实时处理，在目标跟踪、状态估计中得到了有效的应用。

(3) Bayes 法则。Bayes 法则是多传感器融合技术中最早应用的融合方法之一。Duba 于 1976 年提出了 Bayes 法则，并将其应用于著名的 PROSPECTOR 专家系统中。该方法在利用样本提供的信息时也充分利用了先验信息，以先验分布为出发点，克服了古典统计中精度和信度前定（采样之前就确定下来，而不依赖于样本）的不合理性。该方法部分解决了古典概率推理中一些无法解决的问题，使用新得到的观测数据来更新假设事件中旧的似然函数，从而得到新的似然函数。Bayes 法则的缺点主要包括：①确定先验的似然函数非常困难；②当潜在具有多个假设事件并且是多个事件条件依赖时，计算将变得非常复杂；③各假设事件要求互斥；④不能处理广义的不确定问题。

(4) D-S 证据理论。该证据理论是由 Dempster 于 1976 年提出的，后由 Shafer 加以扩充和发展。D-S 证据理论针对事件发生后的结果（证据）探求事件发生的主要原因（假设），分别通过各证据对所有的假设进行独立判断，得到各证据下各种假设的基本概率分配即 mass 函数。mass 函数是人们主观给出或凭经验和感觉给出的，也可以结合其他方法如神经网络方法得到相对客观的 mass 函数值，然后对某假设在各证据下的判断信息进行融合，进而形成"综合"证据下该假设发生的融合概率。概率最大的假设即为判决结果。证据理论是概率论的推广，能区分"不确定"和"不知道"，同时也不需要先验概率和条件概率密度。并且证据理论可以实现对证据的组合，而主观 Bayes 方法则不能。但证据理论在推理链较长时，合成公式使用很不方便。而且它需要各证据彼此独立，实际中有时难以满足要求。随着推理过程的增加，识别框架变得更加复杂，计算量也大大增加。此外，综合规则的组合灵敏度更高，即基本概率赋值的一个很小的变化都可以导致结果发生很大的变化。

(5)广义证据处理(GEP)。将决策空间分为若干个假设事件(命题),然后把 Bayes 方法扩展到此假设空间(在 D-S 理论中称为识别框架)中。经过这样的处理,GEP 方法可以考虑多个假设事件(如同 D-S 方法一样)。在此方法中,来自非互斥命题的证据可以使用贝叶斯公式融合,从而得到某一判决。正如 D-S 方法那样,GEP 方法使用来自多个传感器的证据,并且对每个证据分配相应的概率分配值,而 GEP 方法与 D-S 方法的不同之处在于,其概率分配值的赋予与融合是基于命题或假设事件的先验条件概率的。

**2. 信息论方法**

基于信息论的方法把参数数据转换或映射到识别空间中。所有这些方法都有着相同的概念,即识别空间中的相似是通过观测空间中的参数的相似来反映的,不能直接对观测数据的某些方法建立明确的识别函数。在这一类方法中,可以采用的技术包括聚类分析法、表决法、神经网络算法、参数模板匹配法、熵量测技术、品质因数、模式识别以及相关量测技术等[11]。

(1)聚类分析法。聚类分析是在一定条件下,按照目标间相似性把目标空间划分为若干子集,划分的结果应使表示聚类质量的准则函数值最大。当用距离来表示目标间的相似性时,其结果将判别空间划分为若干区域,每一区域相当于一个类别。常用的距离函数有明氏(Minkowski)距离、欧氏(Euclidean)距离、马氏(Mahalanobis)距离、类块距离等。判别聚类优劣的聚类准则有两种,一种是凭经验,根据分类问题选择一种准则;另一种是确定一个函数,当函数取最佳值时认为是最佳分类。

使用聚类分析方法有可能得到有偏差的结果,因为该类算法具有启发式的性质。一般来说,数据的规范化、度量尺度及算法的选择,甚至输入数据的顺序都可能极大地影响聚类结果。因此,在使用聚类分析方法时应该对有效性和可重复性进行判断,以形成有意义的聚类结果。

(2)表决法。表决法类似于日常生活中的投票选举,是多传感器数据融合中最简单的技术。它是由每个传感器提供对被测对象状态的一个判断,然后由表决方法对这些判断进行搜索,以找到一个由半数以上传感器"同意"的判断(或采取其他简单的判定规则),并宣布表决结果。表决方法处理简捷,特别适合于实时融合,当然融合误差也较大。为了提高方法的精度,可以引入加权方法等其他方法。

(3)神经网络算法。神经网络是一种模仿人脑信息处理机制的网络系统,它是由大量简单的神经元广泛连接而成的。它不需要系统的物理模型,具有很强的非线性处理能力,并且具有自学习、自组织、并行性和容错性等特点,可以对多传感器传递来的经特征提取的各种数据进行判断。神经网络连接权值的调整需要样本训练,同时网络学习的收敛性、学习速度以及网络模型、网络层次和节点数的选择等都需要人为地根据融合对象的特点进行调整,这些因素将直接影响融合效果。

深度学习框架将特征与分类器进行融合,是一种自动学习特征的方法。深度学习基于数据特征自学习,减少了人工提取特征的工作量,其包含的深层模型使特征具有更强的表达能力,从而实现对大规模数据的学习与表达。深度学习立足于经典有监督学习算法和深度模型,充分利用大型标注数据集提取对象的复杂抽象特征,同时也发展了无监督学习技术和深度学习模型在小数据集上的泛化能力。

(4) 参数模板匹配法。参数模板匹配法是把在一段时间内得到的多传感器数据与多个信息源按照预先选择好的条件进行匹配，然后判断观测量是否包含支持某一现象的证据。参数模板匹配法可以应用于对某一事件的检测、态势估计及简单的目标识别等。

(5) 熵量测技术。"熵量测"这个名字来源于通信理论。它试图通过事件发生的概率来度量事件中所包含信息的重要程度。通常情况下，高概率事件包含较低价值的信息，而低概率事件则包含较高价值的信息。因此度量信息价值的函数应该具有这样的性质，即信息价值的大小与接收到该信息的概率成反比。

(6) 品质因数。品质因数是一种度量机制，它来源于一些直观的或具有启发性的证据，这些证据有助于在观测值和物体属性之间建立关联。该类算法中包含了许多灵活的算法来度量这种关联强度。品质因数技术旨在通过在多个证据间找到某种关系，改善输入数据间关联和分类的效果。有时也将品质因数法看作模板匹配法，这是因为品质因数法实际上反映了期望的观测值、期望的行为特征、期望的逻辑关系以及任何期望的目标属性。

(7) 模式识别。模式识别主要用来解决数据描述与分类问题。历史上模式识别主要有两类基本方法，一种方法是基于统计理论（或决策理论）；另一种方法则是基于句法规则（或结构学）。最近，神经网络作为第三种方法被提出。在统计模式识别中，可以从输入数据中提取一系列的特征值，然后把特征值分类到某一类。假定特征向量是由属性状态构成的，则统计模型就代表着与某一类对应的属性状态、概率集或者概率密度函数。当模式的重要信息并不是体现在具体数字的存在与否上，而是体现在特征的相互连接上，也就是产生了结构信息时，就可以使用句法模式识别。可以使用形式上定义好的语言的句法来抽取结构信息，从而判断是否具有相同的模式。一般句法模式算法能够对复杂模式使用简单子模式或原子模式进行等级描述，而神经网络计算，如上面所指出的那样，则是模仿生物神经系统对模式进行分类的方法。

(8) 相关量测技术。相关量测来源于品质因数的加权组合。当有大量品质因数时，该方法允许把各品质因数的相互比较和联系加入计算中。这样，对于两个完全相同的实体来说，相关量测就代表了两者之间的全部似然性。

**3. 认知模型方法**

认识模型方法主要包含逻辑模板、基于知识的系统及模糊集理论。基于认知的模型试图通过模拟人的处理过程来自动实现决策的制定[12]。

(1) 模糊逻辑法。由于数据融合系统的不确定性，我们难以用传统的二值逻辑进行判断。由 L. A. Zadeh 教授提出的模糊集合论是一种精确解决不精确、不完全信息问题的方法。根据模糊逻辑理论，通过模糊概率的计算实现数据融合判断。模糊逻辑的关键在于确立隶属度函数。隶属度函数可以根据具体情况进行选择，例如正态函数、三角函数、梯形函数等。隶属度虽然是主观确定的，但其对模糊推理的影响并不大。

(2) 逻辑模板法。逻辑模板法实质上是一种匹配识别的方法，它将系统的一个预先确定的模式（模板）与观测数据进行匹配，确定条件是否满足，从而进行推理。预先确定的模式可以包含逻辑条件、模糊概念、观测数据以及用来定义一个模式的逻辑关系中的不确定性等。因此，模板实质上是一种表示与逻辑关系进行匹配的综合参数模式方法。

（3）专家系统。专家系统开始于20世纪70年代中期，实质上是计算机程序，能够以人类专家的水平完成某一专业领域特别困难的任务。它将人类专家的知识和经验以知识库的形式存入计算机，并模仿人类专家解决问题的推理方式和思维过程，运用人类的知识和经验对现实中的问题做出判断和决策。专家系统具有采用类似自然语言的方式表达、易于理解和维护、能对系统的结论做出解释等优点。但专家系统缺乏自学习和自我完善的能力；随着问题的复杂性增加，推理规则会出现组合爆炸的问题；专家系统的容错能力和处理不确定知识的能力较差；知识的存储容量与运行速度相互矛盾，实时数据处理困难。为了发挥专家系统的优势并克服其缺点，出现了模糊专家系统、神经网络专家系统等，这些系统取得了比较满意的效果。

（4）基于知识的系统。基于知识的系统是将规则或专家知识结合起来实现自动目标识别的系统。当人工推理由于某种原因不能进行时，专家系统可以运用专家的知识进行辅助推理。基于计算机的专家系统通常包括以下4个逻辑部分：①知识库，包括基本事实、算法和启发式规则等；②包含动态数据的全局数据库；③控制结构或推理机制；④人机界面。推理机制运用数据、事实和规则在知识库中进行搜索，最后得出推理结果。

（5）模糊集理论。模糊集理论将不精确知识或不确定性边界的定义引入数学运算中，它可以方便地将系统状态变量映射成控制变量、分类或其他类型的输出数据。运用模糊关联记忆，能够对命题是否属于某一集合赋予一个0（确定不属于）到1（确定属于）之间的隶属度。模糊集理论从直观上非常吸引人，因为它允许知识或者身份边界的不确定性，因而具有十分广泛的应用，例如战场威胁物的身份识别、目标跟踪、工业跟踪、工业控制和过程控制等。与神经网络不同，模糊系统不累积所有输入输出，而只累积输出。

## 6.2.5 多传感器数据融合方法的特点

多传感器数据融合技术是一种跨学科的综合理论，正处在不断的变化和发展中，综合考虑多传感器数据融合技术的应用背景，分析其发展趋势如下：

（1）加强对多传感器的管理，多传感器组成了多传感器系统的互补体系，必须对它们进行有效的管理，包括各传感节点优先级确定、失效处理、路径选择、配置等，以便获得最优的数据采集性能，得到最佳的融合效果。

（2）针对多传感器数据融合问题，需要建立统一的融合理论和广义融合模型。

（3）研究不确定性融合推理方法和容错能力强、实时性好的高效融合方法。

（4）解决数据配准、数据预处理、数据库建立、数据库管理、人机接口、通用软件包开发等问题，建立高效、实时、使用方便、性能可靠的数据库管理系统和检索推理机制，并利用成熟的辅助技术，建立面向具体应用需求的数据融合系统。

（5）将人工智能技术，如神经网络、遗传算法、模糊理论、专家理论、粗糙集理论等，引入数据融合领域，可以利用集成的智能软计算方法，提高多传感器融合的性能。

（6）利用有关的先验数据提高数据融合的性能，研究更加先进复杂的融合方法（如未知和动态环境中多传感器集成和融合方法的研究、采用并行计算结构的多传感器集成和融合方法的研究等）。

(7)在多平台/单平台、异类/同类多传感器的应用背景下,建立计算复杂程度低,同时又能满足任务要求的数据处理模型和算法。

(8)建立数据融合测试评估系统和多传感器管理体系。

(9)将已有的融合方法工程化和商品化,开发能够提供多种复杂融合方法的处理硬件,以便在数据获取的同时实时地完成融合。

(10)加强在特定领域应用数据融合技术的研究。由于不同领域对数据融合理论的应用有着不同的方法和特点,故对不同领域的数据融合理论研究将针对领域特点适当细化。

## 6.3 智慧城市中空间信息的多源感知

### 6.3.1 构建智能化的城市大脑

现在城市的发展速度越来越快,我们生活当中各种便利性要求、各种高质量的服务要求也越来越高,随着智慧地球的发展,提出了智慧城市的理念。智慧城市的技术内涵就是以一种更智慧的方法,利用新一代信息技术来改变政府、企业和人们相互交互的方式,以提高交互的明确性、效率、灵活性和响应速度,实现更透彻的感知、更全面的互联互通和更深入的智能化。

智慧城市和虚拟大脑之间建立了怎样的联系?虚拟感觉系统在虚拟大脑里通过传感器来完成,它可以在城市、河流、土地、空气中安放传感器,通过网络把多源传感器数据汇集到统一的计算中心,让它实时监控温度、湿度、风速等数据。虚拟视觉和听觉系统通过视频、音频录制系统收集来自城区、人流、江河湖海、森林等每一个角落的图像和声波。虚拟运动系统通过后台应用终端远程控制网络节点上的各种应用终端。虚拟大脑皮层可以将具有不同行为模式和不同兴趣点的用户聚合在一起,实现应用服务和决策功能。虚拟记忆系统就是大数据处理中心服务器。也就是说,作为城市来讲,它有一个城市的大脑来控制着城市的正常运转,这就是智慧城市通过智能化、各种高精尖的技术来进行城市的管理和控制。

所有获取到的空间数据都通过感知网络传到大脑中。城市大脑的数据来自现实世界中各种传感设备所获取的物理量,例如位置、轨迹、温度、运动、光(图像)、磁、压力等,所有这些物理量都可以通过传感器来感知。不管虚拟的是听觉、视觉还是触觉,都可以进行协同工作,还可能受到各种心理因素的影响,这就说明机器是会学习的,可以发挥人工智能的重要作用。最终实现一体化服务,让各个行业之间可以互通互联,从而实现更加深层次的智能应用,例如危机预测、防灾减灾、应急的调度指挥等。整个城市、环境和态势的发展都是通过感知网络实现的。

智慧城市需要实现更加全面的感知、更加智能的处理与应用。它要把设备、可移动的对象以及想要知道的各种目标对象都连接在一起,例如车辆传感网、道路传感网、人体传感网、气象传感网等。在智能化时代,它的感知和从前简单的数据采集是不一样的。传统空间数据采集得到的"位置数据"是几何信息和属性信息,几何信息就是地理坐标,属性信息就是处在这个位置的空间要素、空间目标的属性;而现代空间数据感知得到的"位置数据"除了几何信息和属性信息以外,还有时间信息和身份信息,延伸了数据本身的广度和深度，这样对同一个目标对象，它的数据的详细程度有了量级的变化，就能掌控到城市中运转的所有可能存在的情况，从而让城市更加智能。

传统 AI(Artificial Intelligence，人工智能)多基于确定性逻辑(如符号主义、规则推理等)，但真实环境，例如智慧城市中的信息往往具有模糊性(如语言描述)、随机性(如概率事件)、不完全性(如数据缺失)和动态性(如环境变化)。现在的不确定人工智能[13]强调，不确定性不是噪声或缺陷，而是智能系统必须处理的本质特征。新的技术需要从"追求确定性"到"驾驭不确定性"，传统 AI 试图通过精确建模消除不确定性，而我们也可以通过新的数学工具(如云模型、模糊逻辑、粗糙集)和认知方法，主动利用不确定性提升系统的适应性和鲁棒性。

完全自主的 AI 难以应对极端不确定性，需通过人机协同(human-in-the-loop)将人类的直觉、经验与机器的计算能力结合。例如，在医疗诊断中 AI 提供概率建议，医生结合临床经验做决策。在分布式系统(如无人机编队、多机器人协作)的多群体智能不确定性管理中，个体行为的局部不确定性与群体目标的全局一致性需要通过动态协商机制实现。这些都是智慧城市多智能体信息感知和处理的前沿研究问题。

## 6.3.2 智慧城市预警与监测系统应用案例

城市管理中可能会遇到一些问题，例如井下作业有害气体中毒、燃气管泄漏至邻近电气管并引发爆炸、燃气管泄漏引发火灾、井盖丢失引发交通事故、供水管泄漏引发路面塌陷、暴雨引发雨水井偏移、消火栓无水、桥梁受损、路面积水、空气质量差、路面结冰等，而这些问题如果利用人工方式去发现，要么费时费力，要么不够及时。空间信息多源头感知可以帮助人们全面感知城市的这些信息，对紧急灾害事件等有快速的反应机制，现场的数据可以通过感知网络获取，从而让我们的城市更加"聪明"，让里面所有的对象都可以"说话"。

在燃气泄漏的场景中，我们应该如何进行预警呢？我们在城市燃气井(室)、临近燃气井的电力井安置传感器，监测有限空间内燃气浓度值：每小时监测 1 次空间内燃气浓度，根据燃气浓度的时间变化，计算分析出燃气浓度变化趋势。根据燃气浓度变化趋势，结合天气、历史数据，计算分析燃气浓度达到爆燃值的时间。平台会自动将预警结果推送给燃气单位。当检测到燃气浓度达到爆燃值时，系统会自动启动应急预案，并通过微信公众号、短信、广播电台等途径通知群众。

例如，在出行场景中，对城市低洼路段、桥梁涵洞的积水深度进行监测：定时监测城市低洼路段、桥梁涵洞的积水深度，根据积水深度的时间变化，计算分析出积水深度的变化趋势。根据积水深度的变化趋势，结合当前雨量变化趋势，结合历史数据，计算分析出积水深度达到预警值的时间。当平台计算出积水深度达到警戒值时，平台会自动发出报警、预警和警示信息。平台可以自动将报警、预警信息推送给城市排水、交通等单位，同时联动网格图像系统弹屏显示附近实时画面，并将相关信息推送给交通电台、相关微信公众号、导航地图等，以提醒广大群众出行。

例如，在环境气候场景中，可以对城市空气质量进行监测，包括 $PM_{2.5}$、$PM_{10}$、二氧化氮、一氧化碳、臭氧、二氧化硫等指标。实现方式包括：①定点监测。采集点密度为

1 个/km²。通过高点部署、地面部署，形成立体监控数据，并推导出污染物厚度。②移动监测。场景一：在空气污染预警期间，针对建筑工地、生产企业、汽修厂等空气污染源进行临时布控。初期12小时内完成监测装置部署与实时数据并网。场景二：车载户外空气质量移动采集，实时绘制巡逻区域空气污染浓度分布地图，对局部空气污染源进行高效巡查和取证。

◎ 小 贴 士

### 国家数据局"数字中国"建设案例之天津智慧城市大脑模式

以信息化为核心的智慧城市传统建设方式普遍面临三大困境：一是智慧基础设施重复投入严重、现有资源难以共享；二是数字化建设产生的大量运行数据缺乏有效应用；三是智慧城市项目评价机制缺乏、应用成效难以评估，建成即落后、上线即淘汰的现象时有发生。中新天津生态城坚持"一张蓝图绘到底"，出台全国首套智慧城市指标体系，以城市大脑作为智慧中枢，建立"全域数据资源管理、城市运行事件监管和能力开放、数据开放"的"双管双放"模式，通过全域智慧设施能力整合、跨领域数据要素共享应用、全周期效能评价三项举措破解"资源、数据、效能"难题。

一是整合全域智慧基础设施能力。生态城建设伊始就明确了"统一规划、统一建设、统一运维、分权使用"的原则，创新性提出"城市大脑工具箱"概念，生态城的无人机、视频监控、智能语音、安全防护等基础设施不再具有部门属性，整合为城市共用的数字基础能力，各部门按需"下单"使用，智慧基础设施共享率达到100%。

二是实现跨领域数据要素共享应用。建立以应用场景为基础的授权共享机制，推动数据跨部门应用比例不断提升，实现新建系统数据100%接入。同时，生态城还积极推动数据的跨部门应用开放，通过向应急部门共享卫星云图、天气预警等，实现防潮防汛的精准预测；向民政部门共享实时的水气热用量数据，结合预警模型，实现社区对高龄独居老人等重点群体的数字关怀。

三是实现全周期应用效能评价。在规划建设阶段，生态城坚持指标引领，发布了全国先进智慧城市指标体系，以三级联动机制保障执行落地；在运行评估阶段，从数据要素价值、资源使用率、响应及时率、安全防护能力及系统活跃度等五个维度对系统进行考核评价，以评促建推动效能提升，实现了数字化项目从规划到运维的全周期管理。

在节约资金方面，生态城按照基础设施共用共享的集约化模式，建设成本仅为传统模式的1/3，运营成本节约80%；在数据共享开放方面，部门间共享率达100%，汇聚了涵盖地理空间、交通运输、资源能源等18个主题领域超100亿条数据，形成了从汇聚到应用的闭环反哺机制。

## 6.4 多源感知在智慧交通中的创新创业案例

交通是城市经济发展的重要动脉，智慧交通是智慧城市建设的重要组成部分[14]。本项目案例来自第七届中国国际"互联网+"创新创业大赛金奖作品"雷视通——新时代智能交通感知破壁者"[15]。

随着城市机动车保有量的持续快速增长，城市道路特别是中心城区和进出中心城区的主要干道交通供求矛盾不断加剧，原有的交通管控方式和交通拥堵治理措施已不足以应对新时期的城市交通管理需求。交通拥堵一直是城市发展中亟待解决的问题，信息化是其发展的必然趋势。道路实时交通路况信息包括交通拥堵情况、平均车速等，其中，交通量是用于交通规划的直接指标之一。交通量指标主要由车型、车速、占有率及转向信息等组成，能客观反映某一路段的交通构成及交通效率，可为交通规划提供基础性数据。

在传统的交通研究中，只利用地基传感器数据进行分析，比如依靠摄像头、微波雷达、地磁传感器等获取数据，导致数据缺乏全面性，特别是大尺度面状数据缺乏，因此分析结果也缺乏综合性与直观性。随着国家系列资源卫星的发射或即将发射，高分辨率的航天遥感影像将不断涌现。高分遥感影像具有分辨率高、拍摄范围广、受道路目标遮挡少等显著优点，为交通量的计算提供了一种新的途径。人们希望能够远离目标获取更大范围、更高应用价值的交通数据。但由于时效性、价格成本等限制，通过遥感影像实时动态提取交通量还不现实，目前遥感影像主要用于路网矢量图、路域缓冲条带、路面信息等静态数据的提取。

我国无人机领域的迅速发展，使得无人机帮助城市交通管理的应用逐渐拓展和普及，无人机已用于自动巡逻、远程巡控、智能识别违规车辆、绘制现场勘测图等工作。无人机移动飞行平台搭载视频传感器对地面交通进行观测，相对于航天遥感卫星，航空无人机平台能实时动态感知和获取地面交通量信息，精度更高、观测时间更灵活，但无人机的操控、安全和成本问题都是其应用中需要考量的问题。

航天、航空、地面各种类型的传感器都能帮助智能交通采集数据，但这些传感器采集的数据各有标准，未采用统一的技术框架，如何将这些数据采集方式的优势结合，使异源异构的各类传感器数据有效融合于一张"交通传感网"并为智能交通平台服务成为难题。

跟随大数据技术的快速迭代，在智能交通的建设过程中，利用数据融合技术处理高分辨率卫星遥感影像、无人机影像、地面交通卡口等获取的多源异构的交通数据，通过对实时交通状态的识别算法，可以提供比以往更快、更准确的分析和预测交通状况及新的潜在影响因素的服务，并分析复杂的交通态势。

因此，团队设计了基于"空—天—地"一体化传感网的智慧交通系统架构(如图6-13所示)。这是一个由天基骨干网、天基感知网、空基感知网和地基感知网联合组成的复杂的感知网络。它主要用来监测交通相关的数据和信息，包括天基的卫星、空基的无人机等飞行设备、地基的微波雷达、路口摄像头等，帮助感知道路上的车辆和行人。这些信息通过5G网络传达到地面的交通信息中心，交通信息中心的处理为各种智能交通应用提供服务。传感器的组件包括遥感卫星平台、导航卫星平台、航空飞行器、地面交通摄像头、微波雷达、地磁传感器等,通过传感器得到影像、视频等感知数据。

在此架构下实现的智能交通路网分析模型软件是项目的核心。通过高分辨率卫星遥感影像、无人机影像与地面交通卡口等获取的综合交通数据,分析城区道路交通路网承载力情况,并结合路域环境、人文经济状况,为科学合理的交通规划提供决策参考,为城市构建智能交通综合平台提供技术支持,提高城市交通安全保障能力。

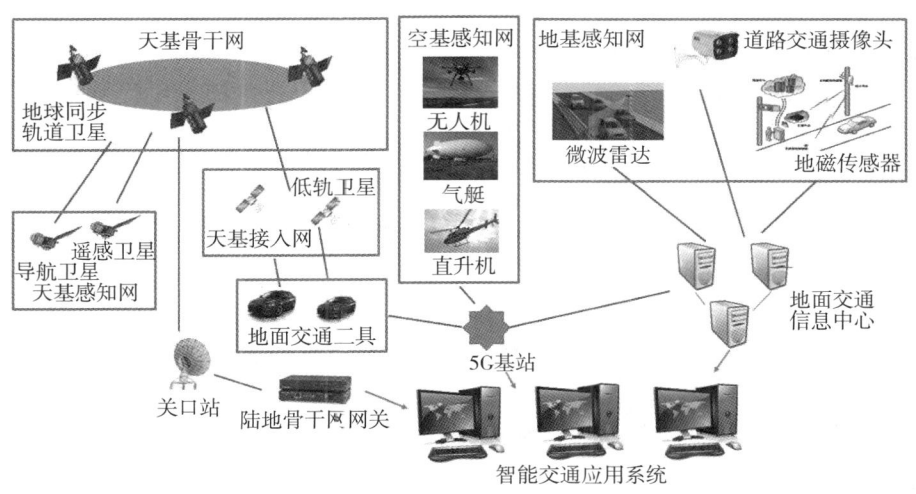

图 6-13 "天—空—地"一体化交通监测传感网总体架构

(1) 感知层。利用现有交通监测传感器,主要包括微波雷达、地磁、摄像头等地基设备,以及搭载在无人机、卫星等设备上的天基和空基传感器,可以进行大尺度、大范围的交通监测。通过这种方式,可以弥补地基传感器只能对固定小范围区域监测的不足,构建全方位、立体化的"天—空—地"一体化交通监测传感网。

(2) 数据层。数据来源有卫星遥感影像、无人机影像和视频、交通监控视频、地感线圈、车辆统计数据、车辆轨迹数据等,数据类型丰富,数据结构各异。因此,在数据库建设中,需要根据数据类型的不同分别建设基础数据库、空间数据库、影像数据库和视频数据库。实现多源异构数据的存储和管理是基础性工作,决定了上层数据应用的深度和广度。

(3) 支撑层。支撑层是"天—空—地"基多源异构数据融合与处理的关键所在。依据项目需求,支撑层的主要内容包括道路地图、交通大数据平台,以及路网分析模型库。其中,道路地图通过卫星遥感影像与无人机影像,采用几何校正、大气校正、影像匹配与拼接等一系列操作生成。交通大数据平台对多源异构数据进行融合和处理,为应用层提供数据支持。

(4) 应用层。模型软件涵盖了道路信息的自动化提取、车辆信息的自动化提取,珠海市主城区的路网承载力评估以及路网 OD 估计等多个方面。其中,路网承载力评估基于相关基础理论和定义,确定需要研究的参数,科学、准确、实用性强。路网 OD 估计应用针对城市道路交通流信息采集现状以及应用需求,开展城市路网交通流原始数据质量控制和目标区域车流 OD 估计,为城市交通精准管控提供技术支持。

传感网中的数据监测获取主要依靠感知网络，本项目设计的总体架构中包括的感知网络如图6-14所示。

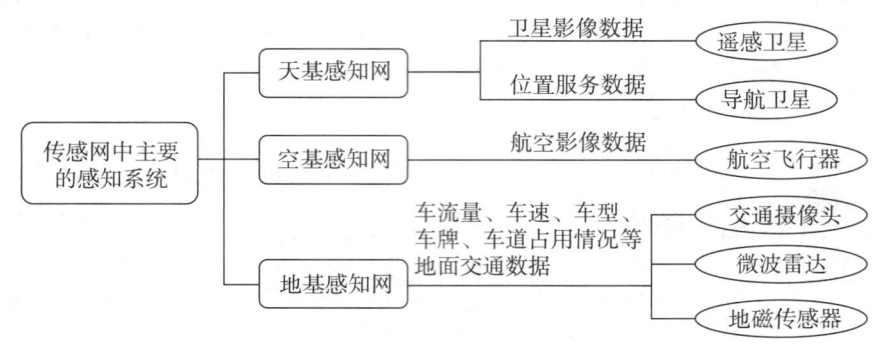

图6-14　交通监测感知网的组成部分

（1）天基感知网的组成。

本项目中研究的天基网络是一个混合异构的卫星网络，其感知网主要包含导航与遥感卫星。导航卫星负责定位服务，提供位置服务数据。遥感卫星提供对地面的观测信息，感知和获取地面交通环境信息（包括道路网的提取、施工占路情况等）。天基网络在智能交通领域主要用于大尺度范围的数据获取与交通导航定位，但其中遥感卫星的对地观测受到卫星飞行周期的限制。

（2）空基感知网的组成。

本项目中研究的空基网络主要是依靠无人机、气艇、直升机等移动飞行平台搭载各类传感器对地面交通进行观测的网络。相对于天基遥感卫星，空基传感器能感知和获取地面的交通环境信息，精度更高，观测时间更灵活。

（3）地基感知网的组成。

地基感知网主要用于采集大量地面交通数据，包括车流量、车速、车型、车牌、车位占用情况等。传感器主要包括交通摄像头、微波雷达、电磁传感器等。地磁传感器用于检测车辆的存在和车型的识别，是数据采集的关键部分，而民用微波雷达可以准确探测车辆的出现和行驶速度，有较好的抗干扰能力，能在恶劣气候条件下工作。摄像头具有监测车流量、车道占用情况等功能，三者共同构成了地基感知网。

（4）地面交通信息中心数据汇集。

地基感知网将摄像头、微波雷达、地磁传感器数据信息上传至地面交通信息中心，而天基、空基感知网获得的大量地面影像（道路正向和宽度、公共交通枢纽布局等）进行纠正配准、图像增强、镶嵌融合后，也存储于信息中心，将用于进一步的变化提取、分类识别等数据处理，为GIS相关分析模型提供数据保障。

（5）智能交通应用系统。

智能交通应用系统是智能交通监测传感网的应用终端，用于保障交通道路安全运行。利用"天—空—地"一体化交通监测传感网可以构建的应用包括但不限于以下：路网与车辆信息提取、路网分析、公路勘测设计与选线、道路健康状况识别、交通设施形变监测、公路灾害损毁评估、高速走廊设计与监测、立交桥修建等。

通过交通传感网能够发现什么？例如遥感卫星传感器和摄像头传感器，如何确定这两种传感器感知同一交通对象表征的是同一时间？在同一（地理）空间？同一交通对象？同一语义？这都是交通传感网能够帮助我们发现的问题。这样的信息需要一种实现的框架来帮助它进行数据的融合和处理，这种框架称为传感网实现框架。现在的传感网实现框架主要是基于Internet的，因为大部分的数据都会在Internet上进行汇总和处理。我们通常通过Web服务进行数据的发现、访问和处理，包括OGC、ISO、OASIS、IEEE等组织以经纬传感网实现制定了相关Web服务的标准，它使得异源异构的传感器可以进行数据的融合，还包括利用这些数据的模型和模拟可以通过软件服务接口的方式进行对接，它们一起可以帮助实现GIS，利用GIS开发出相应的软件，这都是帮助多源感知实现框架的内容。

传统的交通信号灯只有红绿灯，它的作用是帮助汽车判断停和走，如果我们在信号灯旁边安装一个摄像头，视频可以观测到道路上车辆的实际状况，例如车型、颜色、车牌等，通过图像识别的方式得到这些信息，这是一种感知的方式。多源感知方式可以加上雷达，通过雷达可以准确地得到车辆的车速情况，哪个车开得快，哪个车开得慢，开得快的车辆有没有超速等信息，如果一起结合在地理信息系统中，即可以对道路上的情况进行分析，因此项目还发明了一个"雷视一体机"的智能交通监测装备。雷视一体机融合毫米波雷达与机器视觉，拥有强大的算法、轻量的结构与高效的数据融合能力，实现低延时、全要素、精匹配的复杂交通场景识别。除了硬件设备，还自主研发了智慧交通大数据引擎，扩展雷视新型物联网基础设施在智慧城市数字孪生底座方面的智能化应用。

这个项目综合了智能交通检测设备与智慧交通解决方案（见图6-15），软硬件结合"一体两翼"布局智慧交通行业，赋能交通科技创新，助力"人优其行、车畅其流"，助力国家交通强国建设。

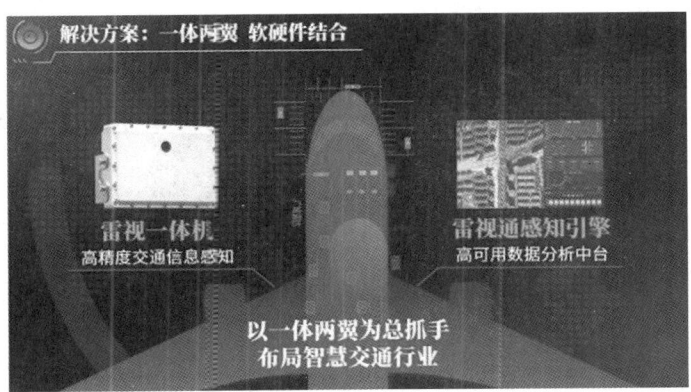

图6-15　雷视通解决方案

### 本章思考题

1. 什么是空间信息感知？
2. 多传感器数据融合的目标是什么？

3. 多源数据融合的方法有哪些？
4. 列举一些智慧城市的案例。
5. 如果为你的家乡设计一个智慧交通系统，你会怎么设计？
6. 以智能家居为应用场景，利用红外传感器、光线传感器、温湿度传感器等多种传感器，结合树莓派等微型计算机，设计一个简单的智能家具感知系统。
7. 选择两组不同模态的图像数据，如可见光图像和红外图像，利用深度学习框架实现图像融合。

## 本章参考文献

［1］Nilsson N J. Artificial Intelligence：A New Synthesis［M］. San Francisco：Morgan Kaufmann Publishers Inc，1998.

［2］周德泽，袁南儿. 计算机智能监测控制系统的设计及应用［M］. 北京：清华大学出版社，2002.

［3］卢才武，唐晓灵，张志霞，等. 计算智能［M］. 西安：陕西科技出版社，2008.

［4］Hall D L, Llinas J. Multisensor Data Fusion：theory and practice, second edition［M］. Boca Raton：CRC Press，2008.

［5］孟小亮. 空间信息与传感器网络［M］. 北京：测绘出版社，2016.

［6］何友. 多传感器信息融合及应用［M］. 北京：电子工业出版社，2007.

［7］曾智悦，费向东，周敏，等. 雷达的目标识别技术［J］. 中国民航飞行学院学报，2004，15(6)：3.

［8］刘准钆，潘泉，牛佳伟，等. 多源信息融合推理与应用［M］. 北京：电子工业出版社，2025.

［9］刘畯，袁培燕，邱昊. 未知探测概率的自适应多目标跟踪算法［J］. 计算机工程，2017，43(8)：293-298.

［10］Boyd S, Vandenberghe L. Convex optimization［M］. Cambridge：Cambridge University Press，2004.

［11］傅祖芸. 信息论：基础理论与应用［M］. 5版. 北京：电子工业出版社，2022.

［12］Kong L B, Peng X, Chen Y, et al. Multi-sensor measurement and data fusion technology for manufacturing process monitoring：a literature review［J］. Int. J. Extrem. Manuf，2020，2：022001.

［13］李德毅. 不确定性人工智能［M］. 2版. 北京：国防工业出版社，2014.

［14］中国测绘学会智慧城市工作委员会. 智慧城市交通应用与发展［M］. 北京：中国电力出版社，2024.

［15］武汉大学. 武汉大学遥感信息工程学院科研成果［EB/OL］.［2025-02-20］. https：//rsgis.whu.edu.cn/info/1108/9594.htm.

# 第 7 章

# 众源空间信息

"人主者,以天下之目视,以天下之耳听,以天下之智虑,以天下之力争。是故乘众人之智,则无不任也;用众人之力,则无不胜也。"

——出自《淮南子·主术训》,体现了中国古代"集众智、聚群力"的协作思想,强调通过整合集体智慧与力量实现目标,与现代"众源(众包)"理念高度契合。

◎ 本章简介

> 本章围绕"人人都是空间信息的制造者"这一主题,探讨了公众在空间信息制造中的角色和作用。介绍公众科学与社会感知的发展,分析互联网技术与大数据对社会感知的支撑作用。阐述众源地理数据相关内容,包括其制造者、获取方式、特点、处理方法以及在自动驾驶等领域的应用。介绍了众源地理数据质量控制的重要性及方法。以武汉大学"校园人流量分析系统"为例,展示利用手机大数据的创新应用,呈现公众作为空间信息制造者在各领域的价值,以及相关数据的应用潜力和挑战。

## 7.1 人是天生的传感器

### 7.1.1 传统传感器及应用

国家标准 GB/T 7665—2005 对传感器的定义是:"能感受被测量并按照一定的规律转换成可用输出信号的器件或装置,通常由敏感元件和转换元件组成。"中国物联网校企联盟认为,传感器的存在和发展,让物体有了触觉、味觉和嗅觉等感官,让物体慢慢变得活了起来。"传感器"在新韦氏大词典中的定义为:"从一个系统接受功率,通常以另一种形式将功率送到第二个系统中的器件"。传感器是能够感受规定的被测量并按一定规律转换成可用输出信号的器件或装置的总称。传感器技术被认为是信息技术的三大支柱之一,随着现代科学的发展,传感技术作为与现代科学相关的新兴学科也得到迅速发展,广泛应用于测量和检测技术、工业生产及自动化、航天技术、军事工程、医疗诊断等学科[1],也在农业监测、海洋环境监测、健康监测中发挥着举足轻重的作用。

传感器感知数据无处不在(图 7-1),例如在汽车上,传感器不仅仅是对行驶速度、行驶距离、发动机旋转速度进行测量,在汽车安全气囊系统、排气装置中都需要传感器的感知数据;在环境监测方面,各种环境传感器对大气、海洋、土壤环境进行监测,它们提供的大气污染值、噪声分贝、土壤湿度等数据都发挥着极其重要的作用。

图 7-1 各种传感器

由传感器组成的网络叫作传感网,它是由许多在空间上分布的自动装置组成的一种计算机网络,这些装置使用传感器互相协作,监控不同位置的物理或环境状况(包括但不限于温度、声音、振动、压力、运动或污染物)。这种让所有的物品都与网络连接起来的网络叫作"物联网"。

起初，无线传感器网络的发展主要由战场监测等军事应用推动。全球定位系统有其不足之处，因此在对无线传感器网络进行分析的基础上，应用特定的算法，可以实现对战场目标的定位；还可以使用无线传感器网络对地面战场进行侦察，对目标进行跟踪，甚至确定伤员的位置。而现今无线传感器网络被应用于很多民用领域，如环境与生态监测、健康监护、家庭自动化以及交通控制等。下面是一些传感网具体应用场景的详细介绍。

(1) 传感网监测农业环境。

农业地域有着分散、地形多变、环境条件不同等特点，传感网监测是一种多方位、网络化、准确、快速、有效地采集作物生长环境变量信息的方法。农业环境的监测可以分为地上监测和地下监测两种。

近年来，无线地上传感器网络在农业领域得到了广泛的应用，主要用于灌溉水资源的管理决策、农产品储存管理、作物收获时间确定、作物生长特性与肥料需求预测等方面。在地上监测的应用方面，可以设计基于传感器网的农田信息采集节点系统，结合嵌入式处理器开发无线传感器网络节点和汇聚节点。网络节点规则分布在被监测区域，负责采集土壤水分信息，并自组成网，将信息发送给汇聚节点，实现对信息的动态显示和大容量存储。节点天线分别在四个不同的高度下，对农作物典型的生长时期进行试验，得出无线电信号在农作物不同生长时期以及最佳天线高度下的有效传输距离，为无线传感器网络在农业中的应用提供技术支持。

农业环境信息无线地下传感器网络是将具有无线接收、发送模块的传感器设备完全埋入地下一定深度的土壤中，感应模块感知到数据后，通过无线方式发送数据，众多的传感器节点在土壤中组建成传感器网络，在自然灾害预测等方面具有广阔的应用前景。

(2) 传感网健康监护。

传感网在健康监护方面的应用，需要引入人体传感器网络的概念。人体传感器网络是物联网的重要组成部分，它集生物医学工程技术和无线传感器网络于一体，具有精度要求高、监测范围小、微型化、低功耗、操作简单及使用安全等特点，可以实时低负荷地对人体进行生理信息和运动信息的监测。同时，人体传感器网络也是家庭健康护理的一种实现形式，为远程医疗和家庭健康护理提供了一个崭新的思路。

◎小贴士

## 运动手环

最初，传感网在健康方面进行的生命体征监测是在严格的医疗监督下，在医院和诊所进行的。然而微电子技术的进步降低了监控系统的成本，使这些技术在远程医疗、运动、健身和健康、工作场所安全等领域更加普及和普遍，在越来越关注自动驾驶的汽车市场也是如此。随着越来越多的人注重健康，热爱运动，智能手环也随之出现了。手环的发展史就是一个以健康和运动为主题的穿戴式设备的演化进程。

手环研发之初,只有一个加速度传感器,具备蓝牙功能,可以满足人们最基本的运动计步功能,它有超长的待机时间,能与智能手机连接,同时具备利用智能手机上的应用程序来检查运动量的能力,这在当时是非常成功的。之后的手环,才有了心率检测、睡眠检测、来电提醒等一系列保健功能,尤其是光电式心率检测结合加速度传感器可以支持运动状态下的心率检测,让智能手环更上一层楼。当你戴上手环跑步时,可以知道心率的变化,从而帮助你进行科学的健身活动。手环配合智能手机的应用程序可以实现更多更复杂的应用,另外手环也变得更实用,比如增加一块小的显示屏可以给用户提供直观的运动量以及时间提示等。

如今的手环,功能更强,屏幕更大,显示的信息也更多,传感器的检测精度更高,用户体验更好。其中运动记录和心率检测是手环最基础也是最重要的两个功能。想让手环感应到自己的心跳,就必须要有核心部件——传感器。利用传感器测量心率的方法有三种:一是基于生物电势测量的方法如 ECG(心电图),通过测量 ECG 的方法获得心率,这是最准确的方法;二是基于 PPG(容积描记波)的方法,它使用光电式的检测方法将 LED 光源照射进入人体的皮肤组织,然后通过接收端的光电接收管将接收到的光信号转换为电信号;三是基于振动的监测方法,它使用精密的加速度传感器来测量由于心脏或者血管振动产生的机械冲击信号,由于心脏的收缩是有周期性的,因此分析该振动信号可以获得心率。

### 7.1.2 公众科学与社会感知

**1. 公众科学的发展历程**

除了传统的被认为是机器的传感器可以感知外,公众也是天生的传感器节点。随着通信技术飞速改变着城市生活,普通公众正在有意或无意地使用安装有公民科学(citizen science)应用程序和传感器的固定或移动设备。特别是通过智能手机,可感知和测量各种类型的数据,生成内容和形式多样的信息和知识。如生态环境数据的获取,从 2010 年开始普及搭载 Android、iOS 等操作系统的智能手机后,通过智能手机自带的传感单元(如传声器、摄像头、GNSS 芯片、测温元器件等)与应用软件的帮助,科研人员能够获取和处理周边生态环境信息,包括能见度测量、噪声测量、物种观察等,使得数据获取和处理的效率得到极大的提高,生态环境数据获取的时空范围也得以扩展。

伴随着低成本传感器投入应用与开源电子的普及,公众能够获取的周边信息种类不再局限于生态信息。传感器配合开源电子,从而为公众快速搭建应用电路形成数据采集单元提供条件,公众还能借助智能手机平台强大的数据处理和网络通信能力形成便捷的数据采集传输前端。过去许多只有在专业人士和仪器的帮助下才能够获取的信息,如今公众受益于此,依靠自身就能够获取。如伯克利大学共同感知项目开发的便携式空气质量监测硬件设备,麻省理工学院的本哈根车轮项目将日常生活中的自行车变为城市空气质量流动监测平台，荷兰莱顿大学的 iSPEX-EU 项目通过在智能手机相机上增加低成本光谱仪来测量大气气溶胶。

公民科学，又称公众科学，指的是公众和职业科学家之间的合作关系，一些科研项目需要公众成员参与收集、分类、记录或者分析科学数据。近几年，群智群力的价值日趋显著，越来越多的科学研究、科研项目以及公共政策的制定需借助大众力量，包括数据的采集、方案的优选、知识的贡献以及科学的普及等。公民科学不仅促成了大数据的流行，也为人们更好地认识不断变化的地球提供了新方法[2]。

图 7-2 展示了一个完整的公众科学项目结构，包括公众或社团、科学家、政府部门、数据采集分析工具或设备、数据中心和互联网六大部分。

图 7-2　公众科学项目组成

公民科学应用程序主要包括 OpenStreetMap(OSM)、谷歌地图/地球等。OpenStreetMap 是一个开源的世界地图，该应用程序可依据开放许可协议自由使用，并且可以由人们自由地进行编辑。随着开源意识和电子地图应用的普及，OSM 数据的质量和体量不断增加，地图数据的精确度也在提高。谷歌地图是 Google 公司提供的电子地图服务，包括局部详细的卫星照片。此款服务可以提供含有全球城市政区和交通以及商业信息的矢量地图、不同分辨率的卫星照片和可以用来显示地形和等高线地形的视图。二者都允许用户附加文字说明、照片、音频、视频甚至三维模型到它们的位置上，并作为 Web 环境下科学数据采集和分析的接口。

**2. 社会感知**

公众具有天生的传感特性(图 7-3)，公众传播信息的平台也可被看作一种移动传感器平台，这种平台目前最典型的表现方式是社交网络，如博客、微博、论坛、即时通信软件和网络电视等新型网络应用模式。其中，微博是一个基于用户关系的信息分享与获取的平台，公众也可以通过 Web 或者各种客户端，以简短的文字发布信息。微博平台能够通过爬虫工具进行信息提取、分类、摘要和消重，舆情分析在此基础上对舆情进行检索、相似搜索、话题发现、自动聚类、自动分类和关联分析等处理。

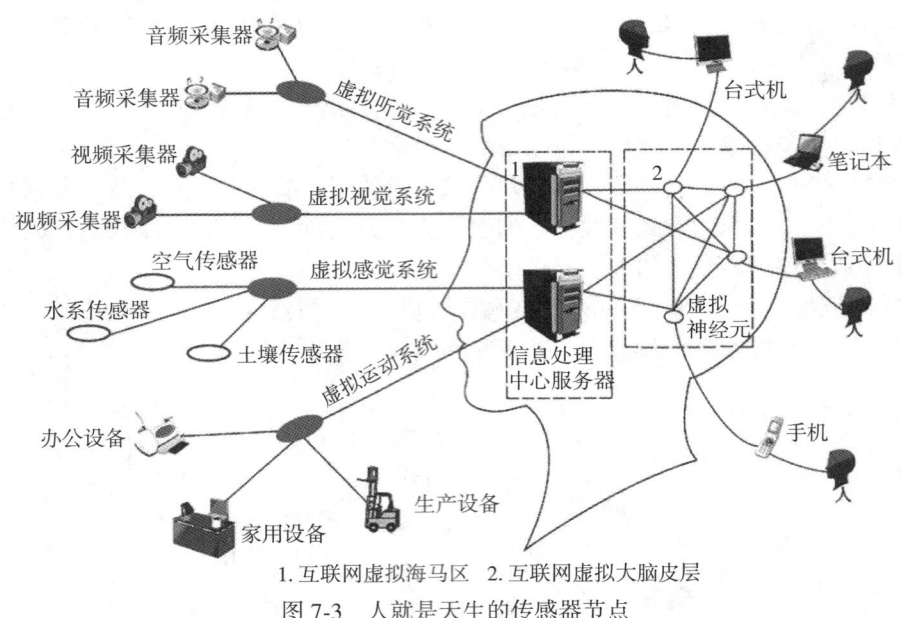

1. 互联网虚拟海马区　2. 互联网虚拟大脑皮层
图 7-3　人就是天生的传感器节点

在这些公民科学应用中，会产生很多新的空间信息，帮助我们分析发生的事件或者找到地球上的实体。这也是公民科学目前的挑战，这些被称为"事件中的社会感知"。

### 7.1.3　社会感知的基础：互联网技术与大数据

互联网自诞生以来，大致分为三个时代：Web1.0、Web2.0、Web3.0。

第一代互联网（Web1.0）是个人计算机互联网，活跃的应用程序有网络新闻、在线搜索、客户端和网页游戏等，它们的特点是能够高效地传输信息，降低了使用者获取信息的门槛，但信息质量往往良莠不齐，并且用户大多是被动地接受互联网信息，缺乏与网络媒体、社交平台的交互，难以深度参与互联网的信息分享与提供。

第二代互联网（Web2.0）是移动互联网（图 7-4），移动互联网以智能手机为代表，由于其"永远在线"和"方便携带"的特点，迅速成为大家生活中不可缺少的一部分。与 Web1.0 相比，它更加注重交互，允许用户作为虚拟社区中用户生成内容的创造者，通过社交媒体对话进行交互和协作。每一个人都可以是内容的创造者，例如每天发布一个图片或文本，这些内容通过社交媒体和其他人进行交互和协作。网络直播、社交网络、互联网金融、短视频等移动互联网服务逐渐占据大家的视野。用户能够在 Web2.0 时代自主创建并发布互联网中的内容，但隐私与安全问题亟须解决。

第三代互联网（Web3.0）是去中心化的互联网，区块链让数据成为资产，智能合约打造可编程的智能经济体系，人工智能构建全球智慧大脑并创造"数字人"，物联网让物理世界的现实物体向数字空间广泛映射，AR 实现了数字世界与物理世界的叠加，5G 网络、云计算、边缘计算将构建更加宏伟的数字新空间，Web3.0 是一个更加开放、更加安全与公平的网络。

社会感知广义上是指一种感知和数据收集模式，其中依靠人作为最小粒度的感知单

图 7-4　Web2.0 技术

元，数据是从人或代表他们的设备收集的，例如手机上的定位系统、社交媒体、出租车轨迹、公交刷卡等。这些都帮助我们组成大数据，社会感知数据也被认为是大数据，例如我们经常看到的 Twitter、Facebook 以及中国的新浪微博，它们的数据都被称为大数据。有专家曾进行分析，在 2019 年 7 月 4 日这一天，仅 Twitter 上面的数据就有 500 万个，这也符合大数据"4V"的特征。总的来说，大数据的 4V 特征是：规模性（Volume）、多样性（Variety）、高速性（Velocity）、价值性（Value）。

(1) 规模性。

规模性指数据容量很大。随着信息技术的高速发展，数据开始呈爆炸式增长。大数据中的数据不再以几个 GB 或几个 TB 为单位来衡量，而是以 PB(1000 个 T)、EB(10000 个 T)甚至 ZB(10 亿个 T)为计量单位。

(2) 多样性。

多样性指数据类型多，比如文本、图片、视频等，主要体现在数据来源多、数据类型多样和数据之间关联性强这三个方面。

数据来源多，企业所面对的传统数据主要是交易数据，而互联网和物联网的发展，使得诸如社交网站、传感器等多种来源的数据也更加活跃，而由于数据来源于不同的应用系统和不同的设备，决定了大数据形式的多样性。数据大体来源于三类：一是结构化数据，如财务系统数据、医疗系统数据、信息管理系统数据等，其特点是数据间因果关系强；二是非结构化数据，如视频、图像、音频等，其特点是数据间没有因果关系；三是半结构化数据，如 HTML 文档、邮件、网页等，其特点是数据间的因果关系较弱。

数据类型多样，并且以结构化数据为主。在传统的企业中，数据通常以表格的形式保存。大数据中有 70%～85% 的数据是非结构化或半结构化的，如图片、音频、视频、网络日志、链接信息等。

数据之间关联性强，且交互频繁。例如，游客在旅游途中上传的相关照片与日志，就与游客所处的位置和相关行程有很强的关联性。

(3) 高速性。

高速性指数据需要高速计算，这是大数据区别于传统数据挖掘最显著的特征。大数据与海量数据的重要区别在两个方面：首先，大数据的数据规模更大；其次，大数据对处理数据的响应速度有更严格的要求。需要实时分析而非批量分析，数据输入、处理立刻见效，几乎无延迟。数据的增长速度和处理速度是大数据高速性的重要体现。

（4）价值性。

价值性指数据拥有自己的价值，尽管企业拥有大量数据，但是能发挥价值的仅是其中非常小的部分，大数据背后潜藏的价值巨大。大数据中有价值的数据所占比例很小，而数据真正的价值体现在从大量不相关的各种类型的数据中，挖掘出对未来趋势与模式预测分析有价值的数据，并通过机器学习、人工智能、数据挖掘等方法进行深度分析，进而运用于农业、金融、医疗等各个领域，以期创造更大的价值。

社会感知数据具有大数据的特征，所以，社会感知数据也是一种大数据。

## 7.2 众源（志愿者）空间数据

### 7.2.1 地理信息制造者

各国政府、非政府组织、商业机构和军队等，都是传统上有组织的数据、信息和知识的提供者，它们经由传感器的测量和科学的记录提供的数据被认为是可靠的。例如，通过野外测量设备获取测量信息（图7-5），通过空基/天基遥感影像获取地表信息等，它们都属于官方行为。

图7-5 传统地理信息制造者

除组织数据提供者外，Boulos提出的"Wikification of GIS"和Goodchild提出的"志愿者地理信息，又称为自发地理信息（Volunteered Geographic Information，VGI）"等新概念[3]都肯定了公众对地理空间数据、信息和知识的贡献，认为公众是传感网中的一个组成部分，地理信息的创建、维护、应用可由大众完成。

### 7.2.2 众源地理数据获取

众源地理数据可从三个方面获取人的时间和空间的行为特征：①对地理环境的情感和

认知，如基于社交媒体数据获取人们对一个场所的感受；②在地理空间中的活动和移动，如基于出租车、签到等数据获取海量移动轨迹；③个体之间的社交关系，如基于手机数据获取用户之间的通话联系信息。众源地理数据包含了海量人群的时间、空间行为信息，使得研究者们可以基于群体的行为特征揭示空间要素的分布格局、空间单元之间的交互以及场所情感与语义[4]。众源地理数据来源广泛，包括由非专业个人或单位生产的地理数据，GNSS 终端记录的兴趣点与轨迹，带 GNSS 定位功能的智能手机上传的具有时空位置的图像、视频和语音记录，地物描述信息，用户勾绘的点、线、面等几何对象等。用户利用智能手机、iPad、GNSS 接收机等收集某一时刻的位置信息，然后借助 Web2.0 的标注和上传功能，使得大众用户成为数据和信息的提供者。随着导航定位、互联网等现代技术的发展和普及，无线上网正逐步成为一种重要的地理空间数据获取方式，随着 3G、4G 乃至 5G 无线通信技术的发展，当无线上网速度达到 10MB/s～100MB/s 后，上亿个手机将成为自发地理信息的重要来源。以签到为例，签到就是在网络平台上分享位置信息。众源地理数据根据性质可分为以下两类：一是兴趣点、轨迹、几何对象属于图形信息；二是描述、地名、多媒体属于属性信息。

代表性众源地理数据获取包括如下几个途径(图 7-6)：

图 7-5 代表性众源地理数据

（1）公共版权数据。这一类数据主要由政府部门、公益组织、企业以网站或网络服务的形式发布，例如 OpenStreetMap 网站提供的交通路网数据，GoogleMap 网站提供的正射影像数据等。也有一些部门和企业赠送的地理数据，例如 OpenStreetMap 上部分国家的主干交通数据，是由汽车导航数据公司 AND(Automotive Navigation Data)赠送的。

（2）GNSS 接收机数据。主要包括三类：①自发群众应某些组织和项目请求而特意收集的 GNSS 数据；②普通人或组织共享自己拥有的有价值的 GNSS 数据；③网民相对被动、无意识地上传 GNSS 数据，如出行使用出租车的轨迹数据，公交卡刷卡上传的行程数据，用户在社交网络如 Twitter、Facebook 等发布的位置打卡数据。

(3) 网民自发创建的地理数据。Wikimapia、OpenStreetMap 等网站向用户提供了创建地理对象的功能。网民出于多种目的如利他主义、自我满足、兴趣或是描述周围环境等，会主动地在这些网站上创建、编辑、描述各种地理对象，如 OpenStreetMap 提供的 GNSS 路线数据、Wikimapia 应用程序提供的用户协作标注编辑的地图数据，GoogleEarth 甚至允许使用者对感兴趣的地物进行三维建模。

(4) Web2.0 催生的其他地理数据。Web2.0 技术具有强交互特性，加之出于信息共享和社交目的，部分用户积极地将自己的信息发布至网络并分享给其他人，这些信息可能包含地理数据。例如，Flickr 提供了上传照片并在地图上关联实际地理位置的功能。类似的数据源使得众源地理数据的种类更多样化、内容更完整。

### 7.2.3 众源地理数据的特点

众源地理数据具有以下 10 个特点：

(1) 现势性高，高时效，可以实现地理信息的快速提取和及时更新。众源地理数据具有明显的实时更新特点，现势性高。例如，堵在路上的行车者往往会将道路拥堵信息发布于 Twitter、微博、Wikiloc、GPSies 等网站。将原始的城市道路和 OSM 道路叠加，可以反映现在城市实时的道路变化情况。传统的道路图需要测绘部门进行测量绘制，然后向公众发布，时效性可能会晚于用户需求。例如今天要出门，而一条路刚刚改变，但是政府部门没有测绘到，在车辆使用的导航地图上就没有显示，如果有用户提供数据，那么只要有其他用户发现这条道路修改了并标注出来，使用地图的用户就都可以知晓，这是更有时效性的方式(图 7-7)。

(a) 原始的城市道路和 OSM 道路叠加图　　(b) 检测到的新增道路(粗线)结果叠加图

图 7-7　OSM 用于道路地图

(2)传播速度快。众源地理数据信息主要来自互联网，借助社交网站和当地新闻等传媒系统的传播能力，能够迅速地传播和扩散。例如，美国加州 2009 年 5 月 Jesusita 火灾期间，通过建立地图式火灾监视网站，迅速整合、发布了来自各种众源地理数据和当地官方提供的实时火灾信息。

(3)信息丰富。众源地理数据与人们的生活及社会发展紧密相关，具有丰富的社会化属性、语义信息和时间序列信息。其参与创建的广泛性又使得众源地理数据能从更多视角、更多层面对地理要素进行刻画与描述。

(4)数据量大。众源地理数据大多来自互联网用户有意或无意提交的地理数据，互联网用户群的迅速扩大带来了众源地理数据的激增。无论是像 OSM 这样的共享众源地理数据网站，还是具体的众源地理数据使用者，都面临着如何高效存储海量众源地理数据并在网络共享中进行快速传输的难题。

(5)成本低。众源地理数据大多来自网民自发或无意采集的地理数据，其采集和处理的成本很低，极大地降低了地理信息获取和利用的成本，对地理信息技术的推广普及以及应用具有重要意义。

(6)质量各异。众源地理数据主要由民众提供，其提供过程非常自由，参与人群非常广泛，所使用的数据采集设备精度不一，创建编辑过程中所用比例尺、采样精度不一，使得众源地理数据质量存在较大差异，甚至混杂着错误或恶意扭曲的成分。

(7)覆盖不均匀。众源地理数据虽然来源广泛，但是区域覆盖极其不均匀。例如，OSM 数据在中国湖北省的覆盖率明显低于英国伦敦的数据覆盖率。

(8)冗余且不完整。众源地理数据并不是由政府部门等地理信息专业人员创建的，缺乏数据完整性，难以满足一些专业的地理数据要求。同时众源地理数据经过多人多次提交或多次编辑后会存在大量冗余。

(9)缺少统一规范。众源地理数据来源广泛，数据格式各异，存在多源异构的现象。不同数据的内容不同，数据组织和存储方式也千差万别，上传至网络平台、社交媒体时往往缺乏统一的数据组织与存储方式规范，不利于后续投入应用。

(10)隐私与安全问题难以控制。自由创建和分享的众源地理数据有时会对他人及一些组织的隐私和安全问题产生影响。

## 7.2.4 众源地理数据处理

通过数据融合、机器学习和 GIS 空间分析方法等手段，可以对众源地理数据进行融合处理，获得有价值的数据，提取人的行为模式，反演人文及社会经济要素的地理特征。以人作为传感器的众源地理数据的处理方法本身就可以理解为一种人工智能，处理分析涉及两个很重要的人工智能方向，一个是自然语言处理，另一个是机器视觉处理。在文本信息中，我们需要对它的语言进行语义分析，这属于自然语言处理；对于图片和视频信息，我们则需要用机器视觉、图像处理中的深度学习等方法帮助分析图片的信息。

我们要对数据进行分析，就要进行数据融合，例如文本信息和手机拍摄的图片信息，它们是否反映了同一个意义呢？要了解这个问题，我们需要将文本和图片的信息进行融合，建立数据间、信息间、知识片段间多维度、多粒度的关联关系，实现更多层面的知识交互，增强语义关联的紧密程度。通过这样的数据融合，我们可以更好地分析更多问题。当前大数据融合还存在着许多问题，譬如数据规模与数据价值的矛盾，跨媒体、跨语言的关联，知识的隐含性，实体与关系的动态演化，割裂的多源异构数据等。

数据处理可以概括为两个方面的工作：数据预处理和数据质量评价。主要通过数据清洗、数据挖掘等手段和技术提高数据质量，从中选取可信度较高、质量较好的众源地理数据进行加工和应用。对众源地理数据进行拓扑分析，从而发现该区域内点、线、面的分布规律；通过空间数据统计建模、时空数据挖掘、统计物理学、地理模拟等方法对众源地理数据进行处理、分析与挖掘。例如借助社会感知数据涉及的情感认知、行为习惯和社交网络关系梳理与之相映射的用户画像，需要用到许多数据处理方法与技巧，从而应用于城市人地交互关系挖掘、领域事件时空关联趋势预测、政府高效决策治理等方面，为用户提供精准的知识服务。这里具体介绍对用户情感认知维度的处理分析方法，主要包括兴趣模型构建和意见信息挖掘两个方面。兴趣模型构建的重点是以用户兴趣的时间敏感特征构建演化模型，获取其时空信息内容，能够识别非活跃用户的短期搜索兴趣和活跃用户的长期偏好。学者们通常使用协同过滤算法、上下文情境以及用户输入行为来获取用户的兴趣和意图。意见信息挖掘需要从各类多源异构的社交媒体数据中实时获取所需的显式或隐式的时空信息。研究者们采用主题模型、向量空间模型处理用户评论、评分等历史文本数据，用本体的方法实现用户属性的关联和兴趣特征的刻画。或者通过 ANN、朴素贝叶斯、支持向量机等分类器展示用户兴趣和偏好，也有学者基于用户体验获取产品设计的可行性价值等来获取用户评价和倾向。

Haklay[5]等通过比较英国伦敦的 OSM 数据和地形测量局的地形数据，认为伦敦的 OSM 数据覆盖范围广、位置精度高，质量较好；王明等[6]对武汉地区的 OSM 数据进行了研究，通过分析数据完整性、属性准确性以及位置精确度等指标，认为武汉地区的 OSM 数据整体质量不高。学者 Goodchild[7]等收集并分析了美国圣塔巴拉拉州 2007—2009 年火灾发生后的众源地理数据和救灾数据，对比研究发现数据中包含很多错误信息，因此他认为众源地理数据的数据质量控制是众源地理数据处理中的一个重要环节。

可以看到，现阶段的众源地理数据处理方法已有很多且各有优势，其中，数据质量评价主要采用数据比较的方式，结果较为精确，使用比较多，但这种方式在效率和智能化方面仍有提升空间；而当前的众源地理数据预处理方法中，利用人工智能方法的比较多，这种方法效率高，得到的处理结果较好，具有较强的可行性，但是该类方法尚未完全成熟。总之，众源地理数据预处理与质量评价的研究尚处于初步阶段，还缺少实际的处理系统，也未在实际中得到充分应用。因此，发展众源地理数据清洗、数据挖掘、数据质量控制的自动化方法，是接下来的研究热点。

> ◎ 小贴士
>
> ### 数字中国——公众参与绘就地理新画卷
>
> 近年来，随着智能手机的普及和互联网技术的飞速发展，公众获取和分享地理信息的方式发生了翻天覆地的变化。从传统的地图查阅，到如今的在线地图服务、导航软件、社交媒体地理标记等，地理信息已经深深融入人们的日常生活。更重要的是，公众开始主动参与地理信息的制造和更新，通过智能手机、无人机、GNSS 等设备，收集并分享自己身边的地理信息，为数字中国的建设贡献自己的力量。
>
> "数字中国"充分利用大数据、云计算、物联网等现代信息技术，推动地理信息技术与经济社会发展的深度融合。在这一过程中，公众参与发挥了重要作用。许多市民通过智能手机上的地图应用，标记道路拥堵情况、分享停车位信息、上传景点照片等，为城市交通管理和旅游服务提供了宝贵的实时数据。同时，政府也积极搭建平台，鼓励公众参与地理信息的收集和更新，形成了政府主导、以企业为主体、公众参与的地理信息共建共享新格局。
>
> 这一转变的背后，是党对科技创新和人民群众主体地位的高度重视。在党的领导下，我国不断推进科技体制改革，激发创新活力，为地理信息技术的发展提供了有力保障。同时，党也始终坚持人民至上，鼓励公众参与社会治理，让人民群众成为国家发展的主人和受益者。
>
> 数字中国的建设，不仅是一项技术革新，更是一场深刻的社会变革。它让地理信息更加贴近民生、服务民生，也让公众在参与中感受到了科技进步带来的便利和乐趣。更重要的是，它展示了中国特色社会主义制度的优越性，体现了党带领人民进行新时代中国特色社会主义制度建设的伟大成就。

## 7.3 众源空间数据应用

### 7.3.1 利用众源数据的各行业应用

近年来，人作为"传感器"进行的社会感知获得的众源地理数据在灾害救援、应急公共事件、生态环境监测等领域得到了广泛的应用。

**1. 重大灾害救援**

面对重大灾害事件的发生，人这种"传感器"提供的关键数据能够起到重要作用。2010 年年底，一个由数字志愿者构成的志愿技术社区"the standby task force"（待命的特别小组）正式成立。该社区包含地理学家、数据科学家和人道主义者，他们的会员遍布全球各地，会员们致力于利用自身资源和能力对国际突发公共事件实施在线援助。自此以后，基于众包模式的公众科学被广泛运用于突发事件的处理。2013 年，台风"海燕"重创菲律宾,来自世界各地的 1600 多位数字志愿者收集台风登陆时的相关信息,绘制了受灾区域地图,并对灾后的画面情况进行实时监测与更新,为救援人员快速部署救援任务、合理分配救援资源提供了科学依据与技术支撑。2014 年,马航 MH370 飞机失联,仅在数日之内,800 万网民通过地图网站 Tomnod 标记了超过 1500 万张疑似失联客机的卫星图像。

日本是一个地震频发的国家,如果完全靠政府提供信息可能缺乏实时性,无法及时部署救援行动和科学决策,但通过公众在社交媒体、网络平台上的互助,在地震发生的时候,哪些地方有需要采购的物品就可以通过公众平台由公民自主发布,这就说明了公众发布信息的力量。一个基于网络的日本地震公众信息发布平台 Savecast 于 2011 年成立,该平台是一个"以志愿者为中心的组织,致力于为环境提供开放的公民科学"。当时日本遭受了强烈的地震和海啸袭击,并导致福岛核电站熔毁。由于政府方面无法获得准确可信的信息,市民们成立了 Savecast,并迅速开始使用私人购买的盖革计数器监测、收集和公开分享环境辐射信息。三位创始人肖恩·邦纳、彼得·弗兰肯和伊藤穰一向东京黑客空间寻求帮助。他们在 20~25 人的团队中合作,在几周内开发了一个可运行的系统。

在我国,伴随着社会媒体的发展以及公众的自发行为,与众源地理数据有关的实践也越来越引起人们的重视。比如,2012 年的北京暴雨,被困人员在微博上发布了求助信息,网友们便自发地搜集了受灾群众的时间、地点、需求信息,并在微博上发布了受灾群众定位,为灾区的救援工作提供了帮助。除此之外,公众的力量在分享受灾信息、对危机信息进行标注、对灾后资源进行部署分配等方面都起到了重要作用,同时在协助机构识别突发公共事件谣言方面的作用与重要性也日益凸显[8]。在新冠疫情防控期间,大量公众自发加入线上辟谣机构,收集疑似谣言向官方平台进行举报,帮助机构快速定位并审查谣言信息,净化网络空间环境。

**2. 公共事件应急管理**

可以通过社交平台、网络社区对居民进行健康管理,发现紧急突发公共卫生事件,这就是社会感知的典型应用场景。首先,公民参与式的健康医疗本身存在着显著的社会感知特征,公民能够通过网络平台发布和监测健康数据,可以通过虚拟社区进行健康问题的咨询和讨论,通过社交媒体提供和获取健康信息,还可以作为志愿者参与健康研究。其次,研究人员可以利用不同类型的用户提供的信息,进行与公共健康有关的科学问题的思考,还可以获取海量的研究数据样本,并进行多个科研项目的挖掘。同时,在参与和协作的过程中,公众也能够在一定程度上了解科学知识和健康知识,提升公民自身健康素养与个人健康管理能力。面对突发公共卫生事件,也更加需要运用公众科学这种开放式科研范式与社会感知的力量来展开应急管理工作。建立一个公众科学平台,利用社会感知资源听取民声、汇集民智,利用大众力量和群体智慧来突破实时数据难获取、科研问题难突破、健康知识难普及的困境。

**3. 生态环境监测**

西班牙巴塞罗那的 Fab Lab 开发了基于开源技术(Arduino 板)的智能市民套件(SCK)。智能市民套件配备了低成本的传感器,可以测量空气质量、温度、声音、湿度和光照量。

目前由 Tomas Diez 领导的 Fab Lab 正在进行后续研究,该实验室与巴塞罗那加泰罗尼亚高级建筑研究所有联系。同样在巴塞罗那工作的环境流行病学研究中心的 Mark Nieuwenhuijsen 使用可穿戴传感器,该新型可穿戴传感设备(比如一种名为 TZO 的小型传感器)结合人们的智能手机,能够在市民穿过城市时测量并绘制空气污染地图。巴塞罗那市是参与欧洲城市意义项目联盟(欧盟 FP7 研发项目,2012—2016 年)的欧洲城市之一,除巴塞罗那,还有贝尔格莱德、奥斯陆、卢布尔雅那、维也纳、爱丁堡、奥斯特拉瓦、维多利亚加斯泰兹和海法加入该联盟。该联盟由挪威空气研究所的 Alena Bartonova 领导,已经开发了传感器平台的概述,并于 2016 年发布了"公民天文台工具箱"。工具箱中包含传感器、系统、平台、应用程序和方法/指导协议,可用于开展参与式空气测量活动。这种信息就称为众源地理数据信息。

此外,众源地理数据还可以应用于开放道路网结构演变分析,为交通规划提供决策支持。通过实时高效的众源地理数据,我们可以分期地看到道路的变化。在每一个时期,道路路网的变化是什么样的,可以根据用户提供的信息来进行分析,以支持交通方面的科学研究以及城市规划的应用。

众源地理信息的发展趋势主要是对社会感知数据的获取。如图 7-8 所示,理论上,社会是由人、机和物组成,即物理世界、人类世界和信息空间,它是一个由多人、多机、多物组成的动态开放的网络社会。人类社会和物理世界是通过人类活动进行联系的,它们的活动都是在地理空间之上,它们之间的交互是通过信息空间进行的。一方面,我们要感知它,主要是社会感知,通过 Web2.0、智能手机、导航定位设备、可穿戴设备、视频监控等;另一方面,还要经过测绘测量来得到可量化的指标,由此产生丰富的社会感知,这也是众源空间数据面临的挑战。

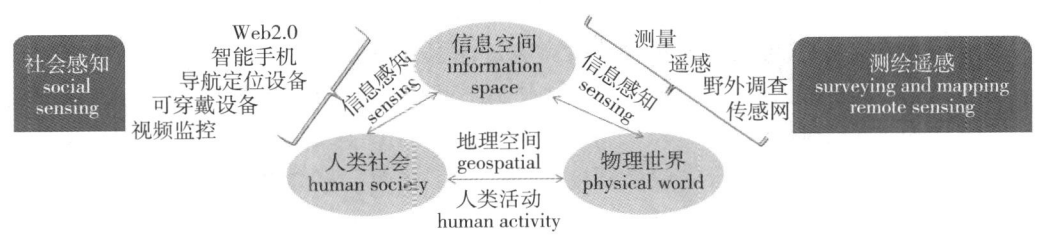

图 7-8 未来动态开放的网络社会:人、机、物三元世界

## 7.3.2 众源数据在自动驾驶中的应用

自动驾驶高精度地图作为实现无人驾驶落地应用的关键基础设施,相比传统的导航电子地图,拥有更丰富的道路要素信息(动态要素与静态要素)、高精度的空间位置(厘米级)与时空关联关系,为智能驾驶中的精确感知、高精定位、自主决策、精准控制等关键环节提供先验知识(图 7-9)。

自动驾驶高精度地图作为无人驾驶技术发展的重要支撑[9],在高精定位、智能导航、决策控制等方面发挥着重要作用,与无人驾驶的安全性、稳定性、舒适性紧密相关。与此

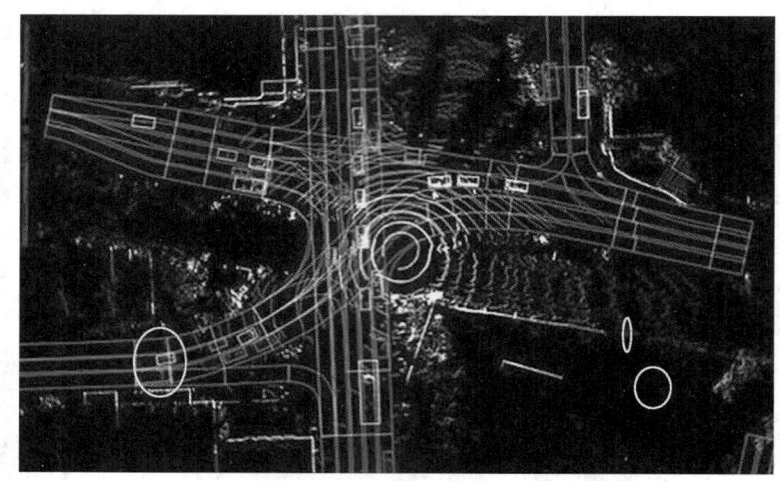

图 7-9　自动驾驶高精度地图比普通地图需要更多的信息来源

同时，纵观智能汽车的传感器组合转变历程，随着汽车智能化等级的不断提高，自动驾驶企业（Uber、Daimler、奥迪、Waymo、百度、滴滴等）智能驾驶系统由激光雷达、相机、毫米波雷达等不同传感器的组合方案，逐步转变为基于高精度地图的多传感器融合方案。目前国内外高精度地图相关的制图、生产、研究机构也在逐步增多。在 Google 与 Daimler 的无人车系统的研发过程中，均将高精度地图作为系统的重要组成部分。

目前自动驾驶高精度地图已取得一定发展，我国的四维图新、百度、高德、易图通等多数图商已具有成熟的高精度地图制图工艺，积累了全国高速公路、部分城区道路以及示范区域等超过 30 万千米的高精度地图数据，具备按照季度进行地图更新的能力。但如果高精度地图更新不及时，地图与现实世界表达冲突，将直接造成无人驾驶系统的错误判断，导致重大安全隐患与交通事故，直接影响智能汽车行驶的安全性。

针对高精度地图更新，目前主要采用集中式，即通过搭载高精度激光雷达、高清相机及高精惯导为主的专业移动测量系统进行数据采集、制图与更新。如图 7-10 所示为融合底图、图像、点云数据，整合生成高精度地图数据。然而，移动测量系统价格昂贵、数量有限。目前直接采用集中式按季度对地图数据进行更新，工作量大，更新频率低，难以满足自动驾驶高精度地图实时更新的需求。高精度地图的更新已成为制约无人驾驶技术突破与推广应用的关键技术瓶颈。

自动驾驶地图众源更新，即利用普通量产车上搭载的低成本传感器作为数据来源，通过有效融合多车多源数据，进行大数据分析与挖掘，主动发现自动驾驶地图变化要素，实现基于视觉数据进行地图变化数据的重建与动态更新，这种方式成本低、效率高，具备实时地图更新潜力，甚至有望具备每天百万千米的数据采集能力，比较适合全国范围内离散分布的变化要素快速更新工作[10]。

针对众源更新技术研究，Mobileye 提出以视觉为主的众包更新，基于众包车辆摄像头来获取开过道路的视频数据，通过处理并将其发送到云端平台进行数据融合、语义识别等，形成道路经验管理（Road Experience Management，REM）地图。Mobileye 技术方案的特

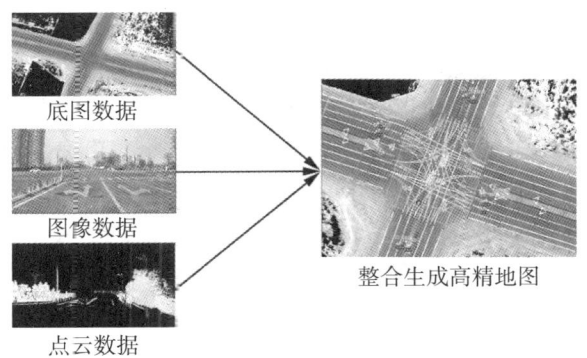

图 7-10　融合底图、图像、点云数据，整合生成高精度地图数据

点是可拓展性强，只需要普通汽车搭载的摄像头进行数据采集，不仅可以获取视觉地图，也可以获取道路公共设施情况、路面损毁及城市拥堵等信息，为众包式低成本地图更新提供了范例。博世提出了基于高精度地图的定位服务——博世道路特征（Bosch Road Signature，BRS）技术（图 7-11），通过配备驾驶人辅助系统的智能网联汽车，采用摄像头与毫米波雷达采集视觉和反射波信息，通过处理生成道路信息并上传云端，形成道路特征，再与地图供应商的定位特征参考图层同步校准，提供给自动驾驶车辆使用。

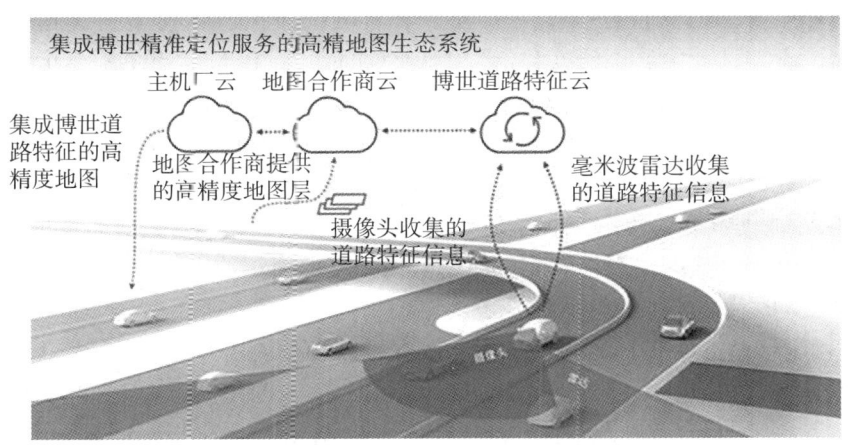

图 7-11　博世道路特征采用众源路线设置高精度地图的更新

专业地图供应商与合作伙伴联合开发地图众包更新技术。日本动态地图平台（Dynamic Map Platform，DMP）公司主要运用 TRI-AD（Toyota Research Institute-Advanced Development）的 AMP（Automated Mapping Platform）地图自动生成平台，利用车端摄像头采集图像，获取最新的道路信息并回传至 AMP，经过处理后将信息发布至 DMP 平台实现地图更新。特斯拉提出了 Micro Map 众源更新技术，通过收集量产车的视觉数据，获取道路危险特征更新地图，然后下发到车辆，确保车辆行驶的安全性。目前国内外地图商逐步由集中式转向众源式地图更新，众源更新逐渐成为地图发展新趋势。

### 7.3.3 众源地理信息数据质量控制

众源地理数据一般由缺乏足够地理信息知识和专业训练的非专业人员提供，因此存在数据质量问题，使用时须考虑其冗余性、有效性、完整性和精确性等问题。如何对众源地理数据的质量进行分析和评价是需要研究的首要问题。

众源地理数据的质量是影响众源地理数据广泛应用的重要因素。有学者总结了空间数据质量需要考虑的 11 个指标[11]：数据来源、空间精度、时间精度、属性精度、逻辑连贯性、数据完整性、语义准确率、元数据质量、分辨率、数据使用目的和质量变化等。众源地理数据的质量分析在使用以上全部或部分指标作为评价标准的同时，还应加入对数据提供者的质量评价，充分考虑人为因素对数据质量的影响，建立更加有效的质量分析和评价模型，从而保证众源地理数据的有效性和可用性。

影响众源地理数据质量的因素主要包括三个方面：①数据的采集或地图的绘制由非专业人员提供，可能存在一定的人为误差；②数据可能来自不同的数据源，具有不同等级的精度；③不同采集者使用不同精度的 GNSS，采集的数据精度存在差异。众源地理数据的精度不能依靠常规的地图精度评定方法评估，需要选择合适的质量要素建立质量分析模型，依据质量分析模型与精度更高的数据进行分析对比来评估其数据质量。

目前，国外专家已经对欧洲地区的 OSM 数据质量问题进行了研究。如对英国地区的 OSM 数据质量进行分析，从定位精度和数据完整度两个方面建立 OSM 数据的质量评估模型；在评估希腊首都雅典的 OSM 数据质量时，将数据质量评估模型扩展到长度完整度、名称完整度、类型精度、名称精度和定位精度等方面。从 OSM 数据的完整度、专题精度、定位精度三个方面对 OSM 数据质量进行了分析研究。

数据提供者的非专业性是众源地理数据质量不确定性的重要原因，众源地理数据的使用者和提供者在众源数据上下文中具有认知区别，有必要建立针对数据提供者的评价模型[12]。在众源地理数据的质量控制指标中增加用户指标，如用户的数据上传次数、修改次数、反馈意见等，从而建立用户质量测度模型，实现众源地理数据的质量控制。

自 Web2.0 时代以来，互联网用户成为网站内容的作者，这一交互式的特点使得 VGI（志愿者地理信息，也称众源地理数据）应运而生。VGI 数据由用户通过在线协作的方式创建和编辑，具有数据量大、覆盖范围广、免费下载、更新速度快等特点，但大多数是由非专业志愿者提供的，在数据完整性和精度等方面难免会存在一些问题，因此使用 VGI 数据前，对其质量进行评估和分析是必不可少的。VGI 数据的来源广泛、数据量巨大，且不同地区不同志愿者上传的数据存在偏移，因此 VGI 数据质量评价系统应运而生。该系统从几何和属性两个方面评价数据质量，并生成质量评价报告，为数据的进一步应用提供依据。

系统以参考数据为标准对 VGI 数据进行质量评价，对数据的几何精度和属性精度进行计算分析，并将结果以图表、报告等多种形式呈现给用户。根据上述需求，该系统的功能模块包括：

（1）通用操作模块是整个系统的基础模块，主要负责矢量数据导入、可视化浏览以及漫游、缩放等基本数据操作功能。目前，用户通过不同途径获取的 VGI 数据格式多样，如常用的 OpenStreetMap 数据包括 shp、osm 和 pbf 等格式。为便于统一处理，规定导入 VGI 的数据集和参考数据集均为 gdb 格式，可包含多种类型的要素和地物类。导入数据后，对两种数据的空间参考进行统一，再将矢量图形显示在界面中央的地图控件上，用户可单独查看某一数据源，也可对比查看二者叠加后的直观差异。

（2）几何精度评价模块负责对数据的几何精度进行质量评价。按照数据类型可分为线状地物几何质量评价和面状地物几何质量评价两类功能。对若干评价指标进行计算，并以表格的形式整体显示各项指标，以指标数量分布图的形式详细展示误差分布。

（3）属性一致性评价模块负责对各地物类的属性字段完整度、属性值完整度和正确率进行评价，各地物类的评价结果以表格形式展示。

（4）评价结果输出模块将用户操作的所有评价结果整理成质量评价报告，并以 HTML 文档的形式输出到用户指定的路径下。该模块包括标题、数据信息介绍、各项评价指标的描述、各类地物的评价指标结果、各项评价指标分布图等内容。

## 7.4 利用手机大数据的创新案例

本创新案例是武汉大学数智教育实践创新平台的一个组成部分——校园人流量分析系统，这个系统中的人流量数据是通过某互联网企业收集的实时手机定位数据进行分析得出的。

那么互联网企业如何得到区域内人们的定位数据呢？这些定位数据主要来源于互联网企业生态内的多维度数据整合以及合作伙伴的数据共享，通过合法合规的方式获取并进行脱敏处理。以下是其定位数据来源和形成过程的详细说明：

（1）互联网企业生态内 App 的位置服务。

用户主动授权数据：当用户使用互联网企业生态链内的 App 时，若开启位置权限，App 会通过 GNSS、基站、Wi-Fi 等定位方式获取用户的位置信息（经用户同意且匿名化处理）。

场景化数据：例如导航轨迹、地点搜索、签到打卡、周边服务请求（如打车、外卖等）等行为产生的时空数据。

（2）移动设备信号数据。

运营商合作：通过与电信运营商合作，获取基站信号覆盖范围内的设备密度、移动轨迹等脱敏数据（不涉及个人身份信息）。

Wi-Fi 和蓝牙探针：在商场、交通枢纽等公共场所部署的物联网设备，可匿名采集设备信号，用于分析人流量和停留时长等信息。

（3）第三方合作数据。

政府及公共机构：例如交通管理部门提供的公交、地铁刷卡数据，高速公路 ETC 通行记录等。

商业合作伙伴：与零售、地产等企业合作，获取商场、写字楼等场所的客流量数据（需符合隐私保护法规）。

在获得数据后还需要对数据进行加工和处理，加工和处理内容包括：

(1) 数据清洗与融合。

去标识化：原始数据中的用户 ID、设备号等敏感信息会被替换为不可逆的匿名标识符。

时空关联：将分散的定位点按时间序列串联，生成移动轨迹，并结合地理信息系统进行空间分析。

噪声过滤：剔除异常定位点(如 GNSS 漂移)和无效数据(如设备长时间静止的数据)。

(2) AI 模型分析。

人群画像：通过聚类算法分析人群的出行模式(如通勤、旅游、购物等)，结合时间、地点生成热力图。

预测与模拟：利用机器学习预测节假日人流、疫情传播路径等，辅助决策。

(3) 隐私与合规性。

用户授权：所有数据采集均需用户明确同意(符合《中华人民共和国个人信息保护法》和 GDPR 的要求)。

数据脱敏：原始数据经聚合处理，无法追溯到个人。

安全存储：数据加密存储于云服务器，仅限授权团队访问。

经过上述数据处理后，开发出面向校园等场景的应用，比如本案例应用的主要功能如下：

(1) 客流态势分析。

统计时间段内整个校园区域发生手机定位事件的人数，统计时间内、统计空间范围内进行去重(形成以学院为边界的统计区域)，更新频率：≤5 分钟。

(2) 实时客流热力图。

统计时间段内整个校园指定区域内的网格客流聚集程度，热力网格人数不能加总作为真实人数。网格热力大小≤200×200，更新频率≤10 分钟。

(3) OD 数量。

统计武汉大学及周边区域的 OD 数量。O 为用户的起点，D 为用户的终点。当用户的起点为常住地/工作地/停留时间超过半小时且活动范围不超过 100m 的地方，用户的终点为常住地/居住地/停留时间超过半小时且活动范围不超过 100m 的地点，当起终点直线距离超过 100m 时，则表示发生了一次 OD。更新频率：≤1 次/小时。

(4) OD 画像。

统计武汉大学及周边区域的 OD 画像。包含性别、年龄阶段，年龄阶段需按照以下阶梯进行划分：18 岁以下、18~24 岁、25~34 岁、35~44 岁、45~54 岁、55~64 岁、65 岁及以上。颗粒度：≤100m×100m 网格。

(5) 可视化平台。

具体可视化展示包括以下几个方面(见图 7-12)：

基础地图加载与展示：提供校园的基础地图，显示各个区域的布局。

各区域数据概览：显示各区域的基本数据指标，包括人流量等。

地图缩放与拖动：用户可以自由缩放和移动地图，便于查看特定区域。

图层筛选：客户可以根据不同的数据指标进行筛选。

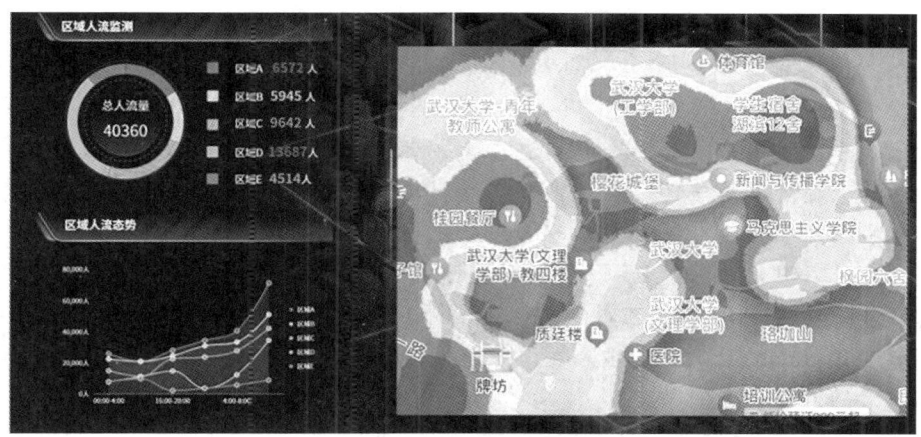

图 7-12　区域人流量分析示意图

数据过滤与自定义视图：用户可按需筛选和展示特定数据，增强个性化体验。

人流状态可视化图层：动态显示实时人流状态，帮助用户快速了解人流分布情况。

实时人流密度热图：通过颜色深浅表示不同区域的人流密度，便于快速识别高密度区域。

人流密度阈值实时监控：设置人流密度阈值，实时监控并发送预警通知及应对措施建议。

◎ 小贴士

### 海地地震中使用的 Ushahidi 平台

2007 年肯尼亚举行总统选举后，街头相继发生暴力事件。为了制止暴力，一些懂技术的新闻工作者创建了一个网站，供人们利用地图标注的方法实时通报暴力事件。这个网站名为 Ushahidi，可以接收电子邮件和短信发出的消息。Ushahidi 是斯瓦希里语（Swahili），意思是"见证"。此后，使用开放原始码和云端技术的 Ushahidi 在用途方面得到扩展，全世界的个人和公民社会团体都可以通过 Ushahidi，利用地图标注通报自然灾害、疾病和社会动乱等事件，并促进一系列社会、政治和环境问题的工作。

2010 年俄罗斯发生森林野火期间，Ushahidi 的软件平台创建了一个地图，便于志愿者与受灾民众取得联系。2011 年新西兰发生地震，Ushahidi 很快建立了基督城复生地图（Christchurch Recovery Map）。这种众包式的危机地图在 2010 年海地地震、2011 年日本地震及海啸期间为救灾工作发挥了重要作用。原来的 Ushahidi 网站已经发展成一个免费的、开放原始码的软件平台，为信息搜集工作提供了便利。通过短信、电子邮件、Facebook、Twitter、YouTube 和 Flickr 提交的信息都可以用于制作互动地图。

2010年海地7.0级大地震(Haiti Earthquake)，首都太子港及全国大部分地区受灾情况严重，大量房屋损毁，人员伤亡惨重。地震发生后，国际社会纷纷伸出援手，表示将向海地提供人道主义援助。当时传统的紧急报告系统告急，大量灾民通过手机短信、推特等方式发出求助求救，为了最快回应呼救信号，美国百余名学生与大批互联网志愿者通过Ushahidi平台，迅速获取这些求助信息，并录入海地地图，在地图上标注出呼救请求，精确定位被埋幸存者的位置，为救援工作争取了宝贵时间。同时，国际人道主义社团也利用开放地图平台(OpenStreetMap)，对海地地震后无法通行的道路进行绘制，为灾难期间海量危机数据的处理提供实时支持。

## 本章思考题

1. 大数据的特点主要包括哪些方面？
2. 什么是众源地理空间信息？
3. 众源地理空间信息有哪些获取方式？
4. 众源地理空间信息如何进行质量控制？
5. 我们身边的众源地理空间信息的应用包括哪些？
6. 设计一个针对当地空气环境污染监测的众源数据系统。
7. 选择一个你感兴趣的区域，利用手机上的地图应用或专门的数据采集软件，设计一个该区域众源地理数据采集项目。

## 本章参考文献

[1] 孟小亮. 空间信息与传感器网络[M]. 北京：测绘出版社，2016.
[2] Goodchild M F. Citizens as Voluntary Sensors: Spatial Data Infrastructure in the World of Web 2.0[J]. International Journal of Spatial Data Infrastructures Research，2007，2：24-32.
[3] Coleman D, Georgiadou Y, Labonte J. Volunteered Geographic Information: The Nature and Motivation of Produsers[J]. International Journal of Spatial Data Infrastructures Research，2009，4：332-358.
[4] Goodchild M F, Glennon J A. Crowdsourcing Geographic Information for Disaster Response: a Research Frontier[J]. International Journal of Digital Earth，2010，3(3)：231-241.
[5] Haklay M. How good is volunteered geographical information? A comparative study of OSM and ordnance survey datasets[J]. Environment and Planning B: Planning & Design，2010，37(4)：682-703.
[6] 王明，李清泉，胡庆武，等. 面向众源开放街道地图空间数据的质量评价方法[J]. 武汉大学学报(信息科学版)，2013，38(12)：1490-1494.

[7] Goodchild M F, Glennon J A. Crowdsourcing geographic information for disaster response a research frontier[J]. International Journal of Digital Earth, 2010, 3(3): 231-241.

[8] 龚艺巍, 王小敏, 曾子明. 融合众包的突发事件应急管理模式及情报体系研究[J]. 现代情报, 2019, 39(1): 5-12, 19.

[9] 冯昶, 杜清运, 范晓宇, 等. 高精动态地图基础平台众源更新技术路线研究[J]. 测绘地理信息, 2023, 48(1): 10-15.

[10] 杨蒙蒙, 江昆, 温拓朴, 等. 自动驾驶高精度地图众源更新技术现状与挑战[J]. 中国公路学报, 2023, 36(5): 244-259.

[11] 李小雨, 王艳东, 吴胜. 众源地理数据质量评价系统设计与实现[J]. 地理空间信息, 2020, 18(3): 45-47, 64, 7.

[12] 单杰, 秦昆, 黄长青, 等. 众源地理数据处理与分析方法探讨[J]. 武汉大学学报(信息科学版), 2014, 39(4): 390-396.

# 第 8 章

# 空间信息共享服务技术

"协和万邦……明四目,达四聪。"

——出自《尚书·尧典》,尧帝治理天下时广开言路,通过"四目四聪"广泛收集各地信息,建立跨区域的信息互通机制。

◎ 本章简介

本章探讨空间信息共享服务技术的重要性、实现方式及其应用。阐述空间信息数据量大、精度要求高、使用范围广等共享的原因,共享的地理空间数据、定位数据类型,实现空间信息共享的方式以及共享存在的安全隐患。介绍了 Web 服务和空间信息服务的概念、实现方式及发展趋势。讲解了空间信息基础设施,包括其定义、组成部分以及地理空间信息门户的作用。以长三角中小流域环境综合治理示范系统和乡村规划管理系统为例,展示空间信息共享服务在实际项目中的创新应用,体现空间信息共享服务技术的实用价值。

## 8.1 空间信息共享

### 8.1.1 空间信息共享的概念

空间信息可以定义为描述和表示地球表面及其周围环境的位置、形状、关系和属性的信息资源。它包括从地球表面物理要素到人类活动的一切信息，如地形、土地使用、气候、交通、人口等。空间信息是通过地理信息系统和遥感技术来收集、存储和管理的。它在各个领域中都有广泛的应用，例如城市和区域规划、资源管理、环境保护、电信、交通、农业、气象、国防等。

信息共享指的是分享信息的知情权、使用权乃至所有权。在互联网时代，信息共享是一种重要的资源优化和社会效益提升的方式，也是促进各部门、各行业间合作和创新的基础。信息共享的实现需要遵循信息标准化和规范化的原则，保障信息的安全和保密，同时利用数字技术和网络技术提高信息的传输和存储效率。不同国家和地区的信息共享程度不同，影响了其经济和社会的发展水平。因此，建立全球信息共享标准是一个具有里程碑意义的事件。空间信息是信息的一种，也有着不同于其他信息的特点，共享空间信息的必要性主要是由空间信息的特点决定的。

**1. 数据量大**

在这个信息时代，有用信息的 30% 都含有空间信息。空间信息的来源多样，包括遥感影像、地图、导航、测量、社交媒体等，这些来源产生了大量的空间数据，而且随着技术的发展，空间数据的获取越来越容易和快速。空间信息的维度高，一般包括二维或三维的空间坐标，以及时间、属性等附加维度，这些维度增加了空间数据的复杂性和多样性。空间信息的精度高，为了保证空间数据的准确性和可靠性，通常需要采用高分辨率和高精度的空间数据，这也导致了空间数据的体积增大。空间信息的关联性强，空间数据之间不是孤立的，而是存在着各种空间关系，如邻近、包含、相交等，这些关系需要额外的空间数据来表示和存储。

**2. 精度要求高**

空间信息的精度要求高，因为它直接影响空间数据的质量和可靠性。空间信息的精度可以从位置精度和属性精度两个方面来衡量。位置精度是指空间信息与实际地理位置之间的偏差程度；属性精度是指空间信息的属性值与实际属性值之间的一致性程度。空间信息的精度不仅取决于数据采集、处理与管理的方法和技术，还受到数据来源、尺度、分辨率等因素的影响。因此，提高空间信息的精度需要综合考虑各种因素，采用合理的方法和技术，以及建立有效的质量控制和评价机制。专业的空间信息需要专业的设备和人员进行采集，同时，也需要对空间信息进行精度控制。空间信息的精度控制是空间信息科学和技术中的一个重要问题，它涉及空间数据的采集、处理、分析和表达等各个环节。空间信息的精度控制既要满足空间数据的客观真实性，又要考虑空间数据的使用目的和需求。空间信息的精度控制方法主要包括空间数据的质量评价、误差分析、误差传播和误差校正等，这些方法都需要建立在空间数据的几何模型和统计模型的基础上。空间信息的精度控制对于提高空间数据的可信度和可用性，保证空间数据的科学性和有效性，促进空间信息科学和技术的发展，具有重要的理论意义和实际价值。

### 3. 使用范围广

小到吃穿住行，大到公共管理，我们都需要用到空间信息。例如，空间信息可以帮助人们找到附近的餐馆、商店、酒店、交通工具等，也可以帮助政府部门规划城市建设、监测环境质量、应对突发事件等。

以下是一些空间信息应用的具体例子。

吃：空间信息可以帮助人们根据自己的喜好、预算、位置等条件，搜索附近的餐馆，并提供导航、评价、预订等功能。例如，百度地图、美团外卖、大众点评等都是利用空间信息提供餐饮服务的平台。

穿：空间信息可以帮助人们找到附近的服装店、洗衣店、裁缝店等，并提供导航、评价、预约等功能。例如，高德地图、淘宝、58同城等都是利用空间信息提供服装服务的平台。

住：空间信息可以帮助人们找到附近的酒店、民宿、出租房等，并提供导航、评价、预订等功能。例如，携程旅行、爱彼迎、链家网等都是利用空间信息提供住宿服务的平台。

行：空间信息可以帮助人们选择合适的交通工具，如公交、地铁、出租车、共享单车等，并提供导航、评价、支付等功能。例如，百度地图、滴滴出行、摩拜单车等都是利用空间信息提供出行服务的平台。

公共管理：空间信息可以帮助政府部门进行城市规划、环境监测、灾害应对等，并提供可视化、分析、决策等功能。例如，国家地理信息公共服务平台、中国环境监测总站、中国地震局等都是利用空间信息提供公共管理服务的平台。打开智能手机的定位服务列表，可以看到几乎所有的 App 都需要使用"位置"，也就是空间信息（见图 8-1）。

图 8-1　手机定位服务

我们对空间信息的需求如此广泛，数量如此之大，数据精度要求如此之高，也就意味着我们使用空间信息的成本很高。如果我们已经采集过了空间信息，我们还需不需要重复采集？答案当然是否定的，于是在这个情况下我们就可以通过共享的方式降低空间信息的获得和使用成本(人力成本、时间成本)，空间信息共享也就成为新时代信息化应用的必然要求。

## 8.1.2 空间信息共享包含哪些信息

空间信息共享最开始着重于空间数据的共享，共享的空间信息主要包含遥感影像、矢量地图、DEM、三维模型、点云模型等常见的空间信息。

随着网络服务的兴起，现在着重于空间信息综合共享，包含数据资源、硬件资源、软件资源等。总的来说，空间信息共享通常包括以下内容：

**1. 地理空间数据**

这是空间信息共享的基础，指反映地球表面特征和属性的数据，如三维地图、遥感影像、地形图、气象数据等。地理空间数据可以根据其表达方式分为矢量数据与栅格数据。矢量数据是一种用点、线、面等几何元素来表示地理要素的数据，具有较高的精度和拓扑关系，适合用于制图和分析。栅格数据是一种用像元或网格单元来表示地理要素的数据，具有较高的连续性和灰度级别，适合用于显示和处理。地理空间数据也可以根据更新频率分为静态数据和动态数据。静态数据是一种反映某一时刻或某一时段内地理要素的数据，具有较高的稳定性和可靠性，适合用于存储和查询；动态数据是一种反映地理要素随时间变化的数据，具有较高的时效性和灵敏性，适合用于监测和预测。

**2. 定位数据**

这是空间信息共享的重要组成部分，指反映地理位置和时间的数据，如 GNSS 数据、基站定位数据等。定位数据既可以用于确定物体或人员的位置，也可以用于跟踪物体或人员的运动轨迹。例如，2013 年，MapBox 推出了一个编辑 OSM 的工具，用户能够方便地提交街道名称、商店名称等对他人有用的信息。作为一个免费开源的、非营利的地图平台，OSM 已有超过百万的注册用户，苹果、微软等大公司也与该平台合作。可见"共享"的概念一旦变为现实，就能事半功倍，惠及更多的用户。

**3. 空间信息服务**

这是空间信息共享的高级形式，指基于地理空间数据和定位数据提供的各种功能服务，如路径规划、地理编码、地理围栏等，以使得地理信息服务可以通过网络和终端设备提供给用户，也可以嵌入其他应用系统。这是本章的重点，将在下一小节中详细阐述。

**4. 地理信息系统**

这是空间信息共享的核心平台，指用于存储、管理、分析和展示地理空间数据和定位数据的软件系统，如 GIS、地理数据存储系统等。地理信息系统既可以支持多种空间分析方法和可视化技术，也可以与其他系统互联互通。

现在市面上常见的 GIS 软件有 ArcGIS、QGIS、ENVI、ERDAS IMAGINE 与 MapInfo。ArcGIS 是由美国 ESRI 公司开发的一套完整的 GIS 平台，包括桌面端、服务器端、移动端和在线服务等多个组件。ArcGIS 可以处理各种矢量和栅格数据，支持多种空间分析功能，提供丰富的可视化和制图工具，以及强大的扩展性和互操作性。QGIS 是一款开源的 GIS 软件，由 QGIS 社区开发和维护。QGIS 具有友好的用户界面，支持多种数据格式和坐标系，提供多种插件和工具箱来扩展其功能，可以与其他开源软件（如 GRASS GIS、SAGA GIS 等）进行集成。ENVI 是由美国 L3Harris Geospatial 公司开发的一套专业的遥感图像处理软件，主要用于处理卫星、航空和无人机等平台获取的影像数据。ENVI 可以进行影像校正、分类、变化检测、目标识别等多种操作，支持多种遥感传感器和数据格式，以及与 ArcGIS 等软件的无缝集成。ERDAS IMAGINE 是由美国 Hexagon Geospatial 公司开发的一套综合的遥感图像处理软件，主要用于处理多源、多时相、多分辨率的影像数据。ERDAS IMAGINE 可以进行影像预处理、融合、镶嵌、制图等多种操作，支持多种遥感传感器和数据格式，以及与 ArcGIS 等软件的互操作。MapInfo 是由加拿大 Pitney Bowes 公司开发的一套商业化的 GIS 软件，主要用于空间数据的管理、分析和制图。MapInfo 支持多种数据格式和坐标系，提供多种空间查询和统计功能，以及丰富的制图和展示工具。

**5. 地理信息标准**

这是空间信息共享的保障条件，指规范地理空间数据和定位数据的格式、结构、编码、质量等方面的规则和规范，如 WGS-84、EPSG 等。地理信息标准既可以保证不同来源和类型的空间信息之间的一致性和互操作性，也可以提高空间信息的质量和可信度。

**6. 地理信息应用案例**

这是空间信息共享的实践成果，指利用地理空间数据和定位数据解决实际问题或创造价值的应用实例，如可持续发展规划、交通规划、城市规划等。地理信息应用案例既可以展示空间信息共享的意义和价值，也可以激发更多的创新需求和想法。

这些信息都可以在空间信息共享平台上进行共享和交换，以便更好地支持空间决策和管理。

## 8.1.3 如何实现空间信息共享

实现空间信息共享的最初方法是在不同格式之间进行转换，例如不同来源的空间信息有不同的格式，需要编写一个转换程序让支持格式 A 的软件能够支持格式 B，支持格式 B 的软件也能够支持格式 A，这样就需要使用两种不同的格式转换工具来进行转换[1]。不同软件支持的格式不同，一些商用 GIS 软件因为使用广泛，其设定的数据格式会有更大的适用性，比如 ESRI 公司的 E00，Autodesk 公司的 DXF，MapInfo 公司的 MIF 等[2]。

随着格式的增多，需要的转换工具也需要变多，例如如果有三种格式，就需要有六种不同的转换工具，如果有四种格式，就需要有十二种不同的转换工具，这样会造成转换工具的大爆炸，这种大爆炸会使所有进入空间信息行业的软件企业都需要支持非常多的格式，对后来者会造成巨大的负担。因此，用格式转换的方式进行空间信息共享也有它的不可取之处。

随着空间信息领域的软件格式越来越多，我们就开始考虑是否应该采取其他的方式来改善这种情况，于是就提出了使用中间格式。每个软件都有自己的格式，如果都能支持中间格式，我们就可以把数据转化成中间格式，由中间格式来进行过渡，过渡之后格式转换的工作就变得比较简单，只要进入行业的软件都支持中间格式，我们就可以通过中间格式来进行数据的共享。举例来说，如果要将一个矢量图层（如 Shapefile）转换为一个栅格图像（如 TIFF），就可以使用 GML 作为中间格式，将 Shapefile 转换为 GML 文档，然后使用 GDAL 库中的 gdal_rasterize 命令，将 GML 文档转换为 TIFF 图像。

格式转换进行数据共享的不足之处：

（1）时效性差。我们做格式转换基本上是在线下进行转换，这样就无法做到及时、实时地共享。

（2）资源浪费。如果用格式转换的方式来进行空间信息共享，那么新软件就必须兼容市场上的各种软件格式，这样才能进入市场。

（3）格式壁垒。容易形成市场垄断，例如要求支持某个特定格式。格式转换问题出现的本身有它的历史原因，一开始进入空间信息领域的软件都是缺少统一规范的，你做你的，我做我的，最终就形成了山头林立、各自为政的情况，究其原因就是缺少统一的规范。

在缺少规范的情况下，我们就需要建立规范，达成空间信息共享的最重要之处在于标准和规范。这种标准和规范有很多，可以在全国标准信息公共服务平台上查询（https：//std.samr.gov.cn/gb/）（见图 8-2）。对空间信息标准进行分类（见图 8-3），从适用范围来看，包含国际标准、国家标准、地方标准和行业标准；从标准类型来看，包含内容标准、

图 8-2　全国标准信息公共服务平台

表达标准、流程标准和交换标准；从标准强度来看，分为强制标准和推荐标准。其中，需要强调的是，空间地理信息涉及国防军事安全，因此法律需要对空间地理信息共享进行约束。目前，我国还未颁布一部以地理空间信息共享为主题的法律法规，但在《中华人民共和国测绘法》《外国的组织或者个人来华测绘管理暂行办法》等法律法规中规定了测绘成果的归属权和涉密信息的保密要求[3]。因此，在进行信息共享时，用户的权限与信息的涉密等级是需要关注的重点，这是是否合法的关键。

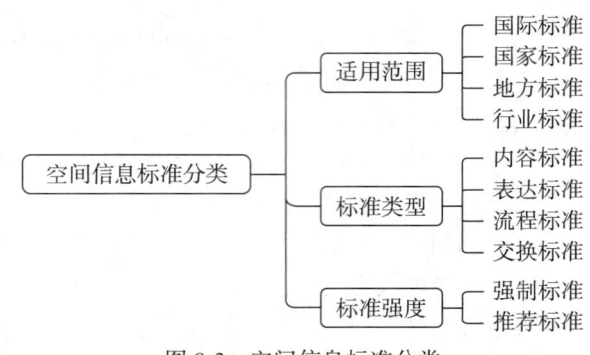

图 8-3　空间信息标准分类

　　标准越多，在某种意义上，也就成了没有标准，或者说在制定标准的过程中，我们能不能接受标准，把标准变成一个可执行的东西，这也需要所有人的共同支持。要达成空间信息的共享，最重要的是有一个被广泛接受的可执行的标准规范，大家一起执行，最终实现空间信息共享。

　　由于历史原因，早期的厂商在各自的数据格式上做了大量的投资，即使有规范，也很难按照规范执行。随着 Web 服务技术的大量使用，人们发现只要定义服务端的请求和响应规范，即使各自后台的数据格式不一致，也能实现信息的共享。例如发电，可能是火力发电、水力发电或风力发电，这些电就相当于不同的空间信息格式，这些格式经过电网统一输送到每一个人的插座里，为我们的电器实现电的共享，使得我们只需把插头插在插座上就能用电，这里电的共享也就相当于空间信息的共享。这就说明我们只要定义好空间信息的请求规范和响应规范，就好比定义好插座的尺寸和材质要求、额定电压电流、交流频率，我们不需要知道原始后台空间信息是什么样的数据，就能实现空间信息的共享。

　　网络服务技术的兴起让空间信息的共享方式发生了转变。在共享内容上，从传统的数据共享向数据资源、硬件资源和软件资源的综合共享转变；在共享行为上，从线下的数据格式转换向在线的实时网络服务转变。通过网络服务技术来实现空间信息的共享是一个大趋势，也是实现空间信息共享最好的解决方案。

　　总的来说，空间信息共享的演变历程是一个涉及多个领域和技术的复杂过程。空间信息是指与地理位置相关的数据，如地图、卫星图像、导航系统等。空间信息共享是指在不同的组织、机构或个人之间交换和利用空间信息的活动。空间信息共享的演变历程可以分为以下几个阶段。

　　第一阶段：数据收集和存储。这一阶段主要是通过测绘、遥感、航空摄影等各种手段，收集和存储空间信息，形成各自的数据库或档案。这一阶段的特点是数据量有限，数据格式不统一，数据质量参差不齐，数据共享难度大。

第二阶段：数据标准化和互操作。这一阶段主要是通过制定和实施各种空间信息标准，如元数据标准、数据模型标准、编码标准、交换标准等，实现空间信息的标准化和互操作。这一阶段的特点是数据量增加、数据格式统一、数据质量提高、数据共享便利。

第三阶段：数据集成和服务。这一阶段主要是通过建立和运行各种空间信息平台，如地理信息系统、地理信息服务、空间数据基础设施等，实现空间信息的集成和服务。这一阶段的特点是数据量巨大、数据格式多样、数据质量优良、数据共享广泛。

第四阶段：数据智能化和应用。这一阶段主要是通过运用各种空间分析方法和技术，如空间统计、空间建模、空间优化、空间可视化等，实现空间信息的智能化和应用。这一阶段的特点是数据量无限、数据格式灵活、数据质量卓越、数据共享无限。

### 8.1.4 空间信息共享存在的安全隐患

空间信息共享存在以下安全隐患：

(1)个人隐私泄露。空间信息共享可能导致个人的位置、行踪、习惯等敏感信息被不法分子利用，进而引发骚扰、盗窃、诈骗等犯罪行为，甚至威胁个人的生命安全。例如，有些人在社交媒体上发布自己的旅行照片或签到信息，可能暴露自己的住址或财产情况，成为犯罪分子的目标。

(2)组织机密信息泄露。空间信息共享可能导致组织的内部情况、战略计划、重要设施等机密信息被竞争对手或敌对势力获取，造成商业损失或国家安全危害。例如，有些企业或政府部门的员工在网络平台上分享自己的工作内容或地点，可能泄露组织的核心竞争力或敏感数据。

(3)空间信息被篡改。空间信息共享可能导致空间信息被恶意篡改或伪造，影响空间信息的真实性和可信度，造成误导、混乱或恐慌。例如，有些黑客或恶意用户可能通过技术手段，修改或伪造自己或他人的位置、活动、环境等信息，以达到某种目的或利益。

## 8.2 空间信息服务

### 8.2.1 Web 服务

要介绍 Web 服务(Web Service)，首先要引入 SOA 的概念。面向服务的体系架构(Service-Oriented Architecture，SCA)是一种组件模型。SOA 将系统的各个功能解耦，包装成一个个服务。服务与服务之间依靠定义好的接口连接，接口应该独立于计算机的硬件环境、操作系统和编程语言等因素。因此，SOA 是实现空间信息共享的最佳选择。将空间信息中的共享概念由数据共享变为服务共享，能够轻松地设计出一种多源、异构、轻量化、分布式的空间信息共享模式[4]。如今，实现 SOA 架构的最佳方式是 Web Service。

空间信息服务是实现空间信息共享最好的途径，要讨论空间信息服务，必须从最初的 Web Service 说起。Web Service 在早期的定义是一个平台独立的、低耦合的、自包含的、基于可编程的 Web 的应用程序，可使用开放的 XML（标准通用标记语言的一个子集）标准来描述、发布、发现、协调和配置这些应用程序，用于开发分布式的交互操作的应用程序。简单地说，Web Service 就是一种跨编程语言和跨操作系统平台的远程调用技术[4]。

Web Service 有两种主要的协议：SOAP（Simple Object Access Protocol）和 JSON（JavaScript Object Notation）。

SOAP 是基于 XML 的通信协议，它使用 WSDL（Web Services Description Language）文档来描述 Web Service 的接口和绑定。WSDL 是一种基于 XML 的语言，用于描述 Web Service 的功能、参数和返回值。WSDL 提供了一种机器可读的方式，让客户端知道如何调用 Web Service，以及 Web Service 提供了哪些操作和数据类型。WSDL 由四个部分组成：types、message、portType 和 binding。JSON 是基于 JavaScript 的数据格式，它使用 HTTP 协议来传输 Web Service 的请求和响应。JSON 可以被 RESTful Web Service 使用。REST 是一种设计理念，它利用标准的 URI 和方法来访问 Web Service。当请求一个 URI 时，它返回一个对象的表示，可以对其进行操作（例如 GET、PUT、POST、DELETE）。SOAP 和 JSON 各自具有优缺点。根据不同的应用场景和需求，可以选择合适的协议来实现 Web Service。

SOAP 的优点在于它提供了一种标准化和安全的方式来交换数据。它支持多种传输协议，如 HTTP 和 SMTP。SOAP 还可以利用 WSDL 来描述 Web 服务的功能和参数，方便用户调用。SOAP 的缺点是它需要使用复杂的 XML 文档来构造和解析消息，这会增加网络开销和编码难度。

JSON 的优点是它简单、灵活，可以适应不同的数据需求，具有更高的性能和效率，因为它占用的空间更小，解析的速度更快。JSON 的缺点是它不支持复杂的数据类型和结构，如日期和二进制数等，不能实现强类型的验证和约束，以及缺乏一些安全性和可靠性的特性，如加密、签名、事务等。

SOAP 和 JSON 的适用场景取决于具体的业务需求和环境。一般来说，如果需要进行跨平台和跨语言的远程调用，并且对数据的完整性、安全性和可靠性有较高要求，那么 SOAP 可能是一个更好的选择。如果只需要进行简单的数据交换，并且对数据的灵活性、性能和效率有较高要求，那么 JSON 可能是一个更好的选择。

Web Service 能够跨平台、跨语言调用，主要有以下三个原因。

（1）Web Service 采用 HTTP 协议在客户端和服务端之间传输数据。

HTTP 协议是一种基于客户端-服务器模式的用于获取网络资源的应用层协议。请求是由客户端（通常是 Web 浏览器）发起的，响应是由服务器返回的。HTTP 协议的特点是简单、可扩展和人类可读，即使在 HTTP/2 中引入了将 HTTP 消息封装成帧的机制，HTTP 消息仍然可以被人类理解和测试。

HTTP 协议之所以能跨语言、跨平台的原因是它不依赖于任何特定的编程语言、操作系统或硬件架构。只要客户端和服务器遵循 HTTP 协议的规范，就可以进行数据交换。HTTP 协议并不关心传输层使用的协议，虽然传输层通常使用 TCP 或 TLS 加密的 TCP 连接，但理论上任何可靠的传输协议都可以使用。因此，HTTP 协议具有很强的通用性和兼容性，可以适应不同的网络环境和应用场景。

（2）Web Service 发送请求和接收结果时，发送的请求和接收的结果都采用通用格式。

这种通用格式可以是 XML、JSON、SOAP 等，它们都可以在不同的平台和语言之间实现数据的交换和解析。通用格式的优点是可以保证 Web Service 的互操作性和可扩展性，同时也方便了开发者和用户的使用和维护。通用格式的缺点是可能会增加数据的传输量和处理时间，因此需要考虑 Web Service 的性能和效率。

（3）Web Service 服务端会说明自己的请求调用方法以及返回的结果。

这是一种基于网络的软件交互方式，它可以让不同的应用程序之间通过标准的网络协议进行通信。Web Service 服务端通常使用 XML 或 JSON 格式来描述自己的功能和数据，以便客户端可以根据这些信息来调用相应的服务。Web Service 服务端还可以提供一些安全和认证机制，以确保服务的可靠性和安全性。

## 8.2.2　空间信息服务介绍

Web Service 技术在空间信息领域的应用催生了空间信息服务。空间信息服务与 Web Service 一样，它同样采用 HTTP 协议，也采用通用格式描述请求与响应。不同之处在于，Web Service 是自我描述请求与响应要求。但是在空间信息服务里，对它们的请求和响应制定了严格规范，这些规范就是空间信息服务的核心技术。

空间信息服务的核心是空间信息服务规范（见图 8-4）。这个规范保证了用户以规范的方式向空间信息服务提出请求，空间信息服务面对用户的请求，以规范的方式向用户提供响应，响应的结果由用户进行解析和可视化。空间信息服务规范体系主要包含两个方面，第一个方面是表达规范，包含地理标记语言、锁眼标记语言、地理对象符号、通用文本等；第二个方面是请求/响应规范，包含网络地图服务请求/响应规范、网络地图切片服务请求/响应规范、网络要素服务请求/响应规范、网络覆盖服务请求/响应规范、网络地理处理服务请求/响应规范等。

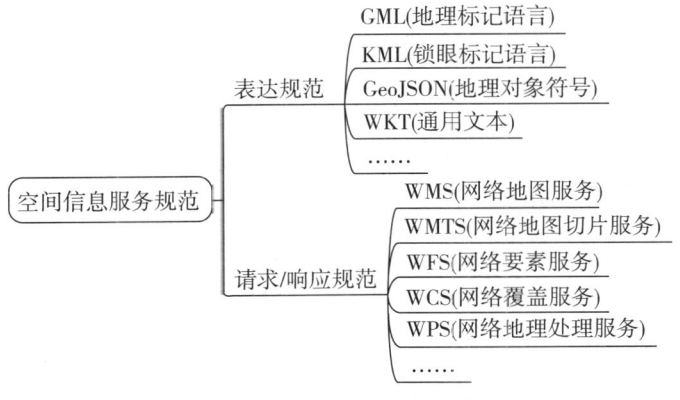

图 8-4　空间信息服务规范

地理信息技术委员会（Technical Committee of Geographic Information/Geomatics，ISO/TC211）作为当今世界主要的制定地理信息的国际标准组织之一，制定了一整套地理信息的结构标准。

国际规范组织开放地理空间信息联盟（Open Geospatial Consortium，OGC），这个组织就是协调和制定关于空间信息领域里的所有规范，在十几年来国际上所有从事空间信息研究的技术人员和机构的共同努力下，形成了越来越完备的规范体系。这些规范林林总总几十个，涵盖了数据模型、编码以及服务接口方面的规范，这些规范交织在一起，构成了空间信息服务的规范体系。OGC还基于规范开展了认证工作，这些认证结果统一地公布在网络上，我们可以通过网络去查询所有通过了这些规范认证的软件，这样在以后的应用中，选择这个软件产品就有所凭证，我们就可以根据OGC规范认证的情况来选择相应的软件构建应用。OGC制定了空间数据交互的相关标准，目前大多数GIS厂商采用其提出的在线空间处理和位置服务的框架（OGC Web Service，OWS）和各种技术标准，比如网络地图服务（Web Map Service，WMS）、网络地图切片服务（Web Map Tile Service，WMTS）、网络要素服务（Web Feature Service，WFS）和网络覆盖服务（Web Coverage Service，WCS）等[5]。其中，WMS和WFS是最重要的两个互操作规范。目前很多主流平台依据此规范对自身产品做了改造，增加了相应支持的功能模块。

空间信息服务规范使得跨地域、跨平台共享空间信息成为可能。我们完全可以从不同的软件、分布在不同地域的平台上，同时实现数据的传输，最终把这些数据通过共享的技术汇聚在同一个地图上，这张地图里面的数据可能分别来自伦敦、纽约、北京、武汉，甚至来自不同的软件体系，但是可以通过空间信息的规范汇聚在同一个时空框架体系上。

有些读者可能想知道，空间信息服务规范的后台发生了什么？需要注意的是，空间信息服务规范是请求/响应与数据表达规范，与后台的具体实现无关。例如，已经定义好了请求/响应与表达的规范，至于后台是利用大数据技术、实时计算技术还是其他技术，这些和规范是没有关系的。但是如果想让自己的软件、自己提供的服务能够被共享，就必须遵循空间信息服务规范，这就是规范的意义所在。

空间信息服务是实现空间信息共享的最佳途径，因为它实现了由离线数据转换向在线数据共享，由全量数据共享到按需数据共享，以及由数据共享到数据和功能共享的转变；基于空间信息服务的空间信息共享，本质上是数据资源、软件资源、硬件资源的综合共享。

目前，空间信息服务已经广泛应用，其分类可以根据不同的标准进行，例如服务对象、服务内容、服务方式等。根据服务对象的不同，空间信息服务可以分为公共服务和专业服务。公共服务是指面向社会公众，提供基础的空间信息和常用的空间功能的服务，例如地图查询、导航、位置分享等。专业服务是指面向特定的行业或领域，提供专业的空间数据和高级的空间分析服务，例如遥感监测、土地规划、灾害预警等。根据服务内容的不同，可以将空间信息服务分为数据服务和应用服务。数据服务是指提供原始或加工的空间数据，供用户下载或在线访问的服务，例如卫星影像、地形图、行政区划等。应用服务是指提供基于空间数据的分析和处理功能，供用户在线使用的服务，例如路径规划、地理编码、缓冲区分析等。根据服务方式的不同，可以将空间信息服务分为网页服务和移动服务。网页服务是指通过网页浏览器，为用户提供空间信息的展示和交互的服务，例如谷歌地图、百度地图等网页应用。移动服务是指通过移动设备，为用户提供空间信息的获取和分享的服务，例如高德地图、腾讯地图等移动应用。

## 8.2.3 如何实现空间信息服务

为了便于讲述空间信息服务实现的具体细节，我们将其分为四个层次，从低到高分别为原始空间数据服务、地图图像服务、地理信息查询服务和地理信息空间分析服务[6]。

**1. 原始空间数据服务**

这种服务提供未经处理和分析的地理空间数据。此类用户通常是 GIS 开发者，需要将原始的地理数据加载到自己设计的系统中，然后对数据进行研究和分析。原始空间数据服务是一种提供空间数据的基础设施，可以让用户通过网络访问和处理空间数据。要实现原始空间数据服务，需要以下几个步骤：

(1)选择合适的空间数据源，如遥感影像、地形模型、地理信息系统等，根据用户的需求和应用场景进行数据采集和预处理。

(2)需要建立空间数据的存储和管理系统，包括数据库、文件系统、分布式存储系统等，以确保数据的安全性和可用性。

(3)需要设计空间数据的服务接口和协议，如 OGC 标准、RESTful API 等，定义数据的格式、编码、传输方式等，方便用户调用和使用。

(4)需要部署空间数据服务的软硬件环境，例如服务器、网络、负载均衡等，以确保服务的稳定性和性能。

◎小贴士

### 开放地球引擎(Open Geospatial Engine，OGE)服务平台

2024 年 1 月 11 日，开放地球引擎平台在山东海阳举行发布会。武汉大学开放地球引擎服务平台项目瞄准"数字地球"时空信息服务需求，研究全球时空观测数据组织和管理方法，构建高性能地理分析和人工智能分析模型，提出全球时空数据知识服务技术，建立数据就绪、分析就绪、决策就绪型孪生地球引擎服务体系，研发孪生地球引擎服务平台，构建时空信息基础设施，服务于数字孪生城市建设，并进一步为自然资源管理、城市治理、公共服务、智慧交通、灾害救援、生态建设等提供可控的地球时空信息基座。

(1)数据特色。

具备多源海量卫星影像、航空影像、高程产品、基础地理、普通文件、Web 标准服务等多类型数据的资源整合、集中配置和统筹管理能力。

(2)计算特色。

采用云原生技术，以 Kubernetes 集群容器化编排架构进行设计，支持用户从多终端随时访问平台功能与资源。

(3) 开发特色。

提供一个集海量地理空间数据、交互式编程分析、实时分布式计算和数据可视化为一体的在线时空数据分析云平台，通过 JavaScript 和 Python 脚本语言，用户可以调用海量数据和计算资源进行大规模地理数据实时计算分析。

(4) 应用特色。

提供各类专业级的分析应用，开箱即用，包括定量遥感产品、虚拟星座、三维重建系统、时空知识图谱、水文模型、碳排放模型等。

### 2. 地图图像服务

地图图像服务为用户提供多种地图图像，这里的地图可分为静态地图与动态地图。静态地图是预先按一定规则绘制好的，用户不可以对其进行操作的地图。动态地图可以进行缩放、漫游等操作，同时还可以改变地图颜色、图例等。总的来说，地图图像服务的实现需要以下几个步骤：

(1) 准备地图数据。地图数据可以是矢量数据或栅格数据，也可以是混合数据类型。地图数据需要按照一定的规范进行组织和管理，以便于后续的处理和发布。

(2) 制作地图切片。地图切片是指将地图数据按照一定的分辨率和比例尺，切割成多个小的图片文件，以适应不同的网络环境和用户需求。地图切片可以使用专业的软件或工具进行制作，也可以使用开源的解决方案，如 Mapnik、GDAL 等。

(3) 发布地图服务。地图服务是指将地图切片通过网络协议，如 WMS、WMTS、TMS 等，提供给用户的服务。地图服务可以使用专业的软件或平台进行发布，如 ArcGIS Server、GeoServer 等，也可以使用开源的解决方案，如 MapServer、TileStache 等。

(4) 调用地图服务。用户可以通过浏览器或客户端软件，如 OpenLayers、Leaflet 等，调用地图服务，实现对地图数据的浏览和分析。用户可以根据自己的需求，选择不同的地图服务类型和参数，以获取最佳的显示效果和性能。

### 3. 地理信息查询服务

地理信息查询包括属性信息查询和简单空间位置查询。输入经纬度、地名、面积等信息，即可查询对应的地理实体。此种查询不依靠空间数据库的特性和各种地理信息处理技巧，只需要一般的关系型数据库。

地理信息查询服务的实现方法有以下几种。

(1) 基于 Web 的地理信息查询服务。这种方法是通过互联网，将 GIS 服务器上的地理数据和功能发布为 Web 服务。用户可以通过浏览器或移动设备访问这些服务，进行地理信息的查询、显示、分析等操作。这种方法的优点是可以实现跨平台、跨设备的地理信息共享和应用，但是需要较高的网络带宽和服务器性能。

(2) 基于桌面环境的地理信息查询服务。这种方法是通过安装专业的 GIS 软件，将本地或远程的地理数据加载到 GIS 软件中，用户可以在桌面环境下进行地理信息的查询、编辑、制图等操作。这种方法的优点是可以实现高效、精确、专业的地理信息处理，但是需要较高的硬件配置和软件授权。

（3）基于移动的地理信息查询服务。这种方法是通过开发移动应用程序，将 GIS 功能和数据嵌入移动设备，用户可以在移动设备上进行地理信息的查询、定位、导航等操作。这种方法的优点是可以实现随时随地的地理信息获取和应用，但是需要考虑移动设备的性能、存储空间和电量等限制。

**4. 地理信息空间分析服务**

空间分析是对地理空间中的目标的空间关系和空间行为进行描述，为目标的空间查询和空间相关分析提供参考，进一步为空间决策支持提供服务的技术[9]。

用户使用空间分析功能的方式主要有：

使用 GIS 软件提供的空间分析工具。这是最常用的方式，因为 GIS 软件通常已经集成了丰富的空间分析工具，可以直接调用和使用。例如，ArcGIS、QGIS、MapInfo 等软件都提供了各种空间分析工具，如缓冲区分析、叠加分析、网络分析等。

使用编程语言开发自定义的空间分析功能。这是一种灵活的方式，因为编程语言可以实现更复杂和定制化的空间分析功能，而不受 GIS 软件的限制。例如，Python、R、Java 等编程语言都可以通过调用相关的库或模块，实现自定义的空间分析功能，如空间统计、空间聚类、空间插值等。

使用平台提供的空间分析服务，这就是我们这节所介绍的空间信息服务。通过空间分析服务，用户不需要安装和维护本地的 GIS 软件和硬件。作为服务的提供者，我们应该如何为用户提供空间分析功能服务呢？目前有以下三种方式：

（1）基于 WebGIS 的方式。这种方式是指利用 WebGIS 技术将空间分析功能嵌入网页，用户可以通过浏览器访问网页，进行交互式的空间分析操作。这种方式的优点是易于使用和部署，适合大众的空间分析应用。缺点是受到网络带宽和浏览器性能的限制，不适合处理大规模或复杂的空间数据和分析任务。

（2）基于 Web 服务的方式。这种方式是指利用 Web 服务技术将空间分析功能封装成标准化的接口，用户可以通过调用该接口来实现空间分析功能。这种方式具有良好的可扩展性和互操作性，适合专业用户或开发者的空间分析应用。缺点是需要一定的编程能力和 GIS 知识，而且不易于直观地展示和交互空间分析结果。

（3）基于云计算的方式。这种方式是指利用云计算技术将空间分析功能部署在云端。用户可以通过网络访问云端资源，进行高效和弹性的空间分析计算。这种方式的优点是具有强大的计算能力和存储能力，适合处理海量或复杂的空间数据和分析任务。缺点是需要较高的网络带宽和安全性，以及较高的成本和管理难度。

### 8.2.4 空间信息服务的未来发展

在这个信息技术飞速发展的时代，空间信息服务也将不断发展。

一方面，空间信息服务的覆盖范围和精度将进一步提高。目前，全球已有多个卫星导航系统，如美国的 GPS、欧盟的伽利略、中国的北斗等，它们可以为全球用户提供定位和导航服务。未来，这些系统将继续完善和升级，提高信号的稳定性和可靠性，增加更多的功能和应用。同时，无人机和遥感技术也将不断发展，获取更高分辨率和更实时的空间数据，满足更多的需求。空间信息的获取方式越来越多样化、高效化和精确化，可以实现对地球表面的全方位、实时、动态的观测和测量。

另一方面，空间信息服务的智能化和融合化将进一步深化。人工智能、大数据、云计算等技术，可以对空间数据进行更深入的分析和挖掘，提取更有价值的信息，为决策和管理提供更智能的支持。同时，空间信息服务也将与其他信息服务进行更紧密的融合，形成更丰富的应用场景和产品形态，为用户带来更好的体验。

除了以上提到的各种技术进步，在行业市场与规范上，空间信息服务也会得到改善。空间信息服务的市场将更加开放和竞争激烈，随着国家政策的支持和民营企业的参与，空间信息服务的市场将有更多的供应商和消费者，也将面临更多的机遇和挑战。空间信息服务的规范将更加完善和统一，为了保障空间信息服务的质量和安全，以及维护用户的权益和隐私，空间信息服务的规范将更加严格和标准化。

总之，空间信息服务是一个充满活力和潜力的领域，它将在未来发挥更重要的作用，为社会经济发展和人类福祉作出更大的贡献。

## 8.3 空间信息基础设施

### 8.3.1 空间信息基础设施的概念

基础设施(Infrastructure)是指为社会生产和居民生活提供公共服务的物质工程设施，是保证国家或地区社会经济正常活动的公共服务系统。

信息基础设施(Information Infrastructure)，信息基础设施的范围非常广泛，包含通信管网(光纤、同轴电缆、以太网线及管道资源等)、无线基站、中继设备、各级机房及相关配套的电源、建筑等设施。

空间数据基础设施(Spatial Data Infrastructure，SDI)。空间数据基础设施是实现对空间数据存取和访问的技术、政策和制度的集合[7]。按照统一的数据标准和信息技术标准，生产和整合多种空间分辨率的地理空间数据，将纵横分布的众多空间数据库连接起来，形成一种类似于公路和铁路那样的基础设施(见图8-5)。

空间信息基础设施是对地理空间信息进行获取、传输、处理与应用的工程设施。空间信息基础设施包含信息基础设施、导航定位基础设施、对地观测基础设施和地理空间信息服务平台网。从数据的共享与服务的角度看，我们在此讨论的空间信息基础设施更强调数据的共享与服务，与空间数据基础设施的定义更为接近。信息基础设施包括有线网络、无线网络、空间网络等；导航定位基础设施包括卫星定位导航和室内定位导航；对地观测基础设施包括卫星遥感网、航空遥感网、地面观测网和水下传感网等。

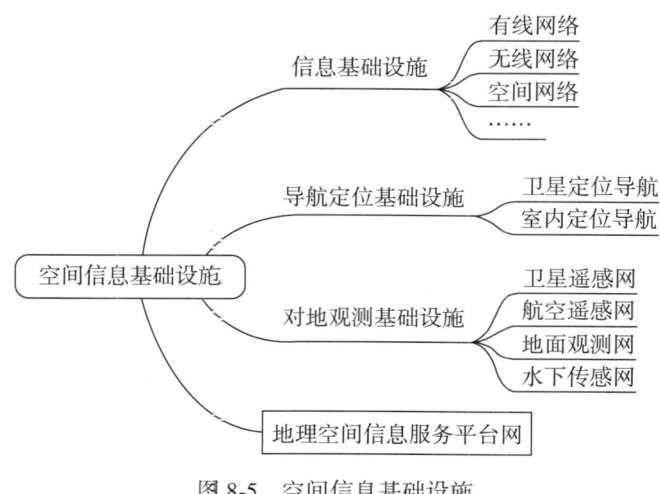

图 8-5　空间信息基础设施

## 8.3.2　空间数据基础设施的组成

空间数据基础设施由地理空间数据框架、协调管理机构、空间数据交换标准及空间数据交换网络四部分组成。

(1) 地理空间数据框架。该框架提供一个可以精确地、始终如一地获取、配准和集成地理空间信息的基础数据框架[8]。框架中包含正射影像、大地控制、高程、交通、水系、行政区、公用地籍及资源、环境、社会、经济、历史记录等方面的数据。

(2) 协调管理机构。组织生产和使用地理空间数据的人员，建立相应的组织结构。制定有关地理空间数据的发展战略和政策，建立地理空间数据个人和机构间的联系渠道、开发和传输数据库。目标是生产和使用共用的地理空间数据集，共享和开发基础数据资源以提高决策能力。

(3) 空间数据交换标准。它是异构计算机之间的空间数据交换的标准。标准会规定带有空间参考的矢量和栅格数据的交换约定、寻址格式、结构和内容。标准中包含概念模型、质量报告、传输组件说明和对空间要素及属性的定义。

(4) 空间数据交换网络。空间数据交换网络是一个拥有地理空间信息，在地理空间数据生产者、管理者和使用者之间产生协调作用的分布式电子网络。使用者有权决定保存哪类地理空间数据；了解数据状况（内容、质量及其他特征）；寻找他们需要的数据；根据他们的应用项目，评价数据是否有用；尽可能经济地获取或订购数据。地理空间数据生产者以各种软件工具提供电子形式的元数据。

空间数据基础设施(SDI)的核心包含内容核心和技术核心。SDI 的内容核心在于地理空间数据框架，这个框架构成了通过空间数据基础设施进行数据共享的内容的主体部分。SDI 的技术核心在于空间数据交换网络，在这个网络中，数据生产者、消费者和管理者共同作用，形成空间数据共享的网络。

◎ 小贴士

## 空间信息基础设施历史

空间信息基础设施起源于 20 世纪 90 年代初，美国提出信息高速公路的概念，即建立国家信息基础设施（national information infrastructure，NII）。基于对地理空间信息重要性以及当时地理空间数据应用的现状，1994 年 4 月，美国总统 W. J. 克林顿（William Jefferson Clinton）签署了《协调地学数据的获取与访问：国家空间数据基础设施（NSDI）》的第 12906 号行政令，启动了美国国家空间数据基础设施的建设，要求生产和提供高精度、高质量的空间数据框架，建立空间数据协调和管理机制，制定空间数据标准，建立空间数据交换网络体系。1990 年，美国成立了联邦地理数据委员会（FGDC），专门负责协调和推动美国的国家空间数据基础设施的建设工作。

自从美国提出建设国家空间数据基础设施的计划后，引起了世界各国的高度关注，并规划和建立各国自己的国家空间数据基础设施。2003 年美国联邦地理数据委员会再次启动了国家空间数据基础设施远景规划的行动计划，以进一步推动 NSDI 的发展。

中国从 1996 年开始，基础测绘计划被列入国民经济和社会发展年度计划，基础测绘投入的经费纳入了公共财政框架体系。国家测绘部门已经为国家空间数据基础设施的建设作了大量工作，在许多方面取得了重大进展：地理信息产业得到迅速发展，各级空间数据基础设施建设全面起步。地理空间信息数据获取能力和数字化水平显著提高，国家基础性地理空间信息资源基础基本形成。地理空间信息共享的关键技术和标准的研发取得了新的进展。地理空间信息应用服务初见成效。地理空间信息产业发展初具规模。电子政务建设四个基础信息库之一的"自然资源和地理空间基础信息库"建设正在进行，开发了一批国产数字测绘软件。地理空间信息共享的管理协调机制也进一步完善，信息服务体系进一步发展。

### 8.3.3 地理空间信息门户

空间数据交换网络的实现主要体现在地理空间信息门户，现在已有的典型软件的实现如 GeoNetWork、Portal for ArcGIS，这些都是地理空间信息门户的实现，在这些信息门户里，数据生产者、数据消费者和地理空间信息门户的管理者是共同作用的，数据生产者会把数据或者服务注册到地理信息门户里来，注册的信息主要是数据访问的信息和数据的元数据的信息，数据的消费者会通过地理信息门户来查询数据，找到自己要用的数据在不在这个门户里，最后通过和生产者进行连接，获取自己想要的数据。地理信息门户软件的主要功能都是围绕数据的生产者、消费者和管理者展开的（见图 8-6 和图 8-7）。

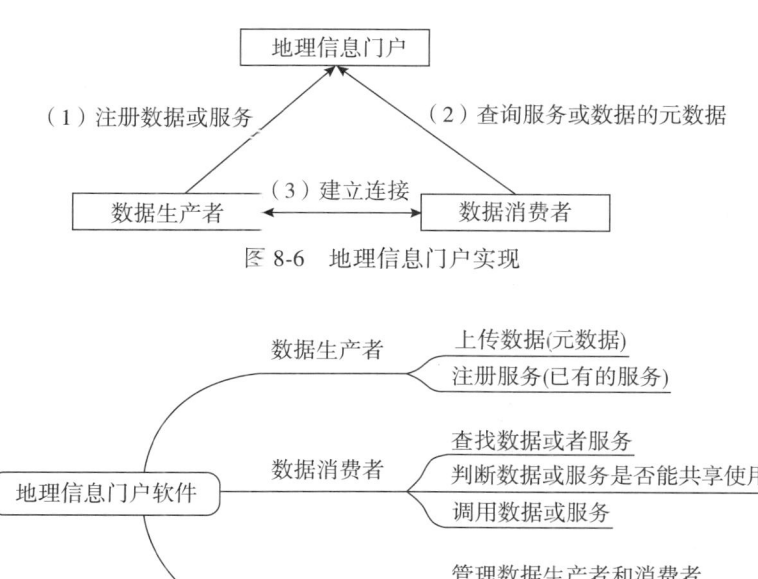

图 8-6 地理信息门户实现

图 8-7 地理信息门户软件用户作用

根据地理空间信息共享门户的思路，我们也构建了与这种思路相关的具体的应用实现，例如国家地理信息公共服务平台、国家地球系统科学数据中心共享服务平台（见图 8-8）、互联网公司构建的地图服务平台等，我们可以在这些平台获取基础的地理数据来构建自己的应用。

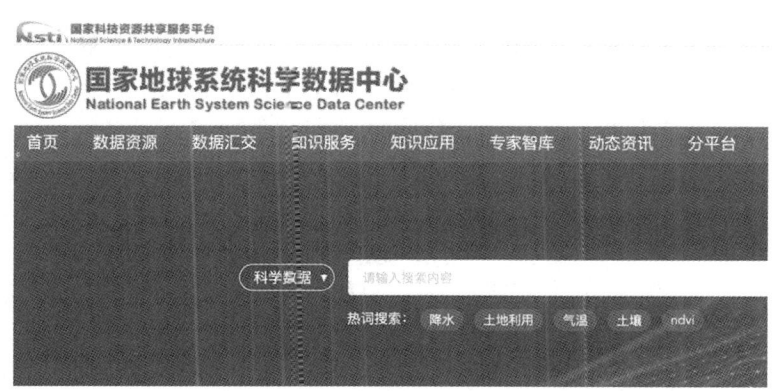

图 8-8 国家地球系统科学数据中心共享服务平台

地理空间信息门户的优点：让更多的人方便地找到地理空间信息；以极低的成本极快地分发地理空间信息成为可能；各个数据的贡献者各自维护自己的数据，使得版权保护和数据统一更新得到保障。

基于这种思路，国家也在构建地理空间信息服务的网络。地理空间信息服务网络构建模式：纵向多级，分级管理。国家、省、市分别建立基础地理信息数据库，分级维护和管理。横向多库，分建分管。基础地理信息和各部门专业信息分别建库，各自管理与维护。异构共享，在线集成。兼容不同软、硬件环境，实现纵横异构地理信息在线共享与集成。统一标准，协同服务。制定统一标准，保障纵向、横向各种空间数据在获得许可的情况下互联互通、协同服务。

空间信息基础设施的建设，让我们的应用像使用水、电一样，通过空间信息共享和服务技术以极低的成本，方便地调用空间数据，从而构建我们的应用，更大地释放空间信息的价值。

全世界的数据中有80%的数据包括空间参考数据。地理信息已经渗透到各个部门和学科中。许多组织和单位都需要利用空间数据进行业务生产或科学研究。确立数据标准，依据相应的制度和法规指导空间数据的录入、更新和管理以实现数据共享，可以进一步推动地理信息的使用，为民生、经济建设、社会分析提供充分的基础数据和参考，这是建设国家空间数据基础设施所带来的最大裨益。另一方面，数字地球的建设是一个需要高技术和大量资金投入的工程，而国家空间数据基础设施可以视为一个国家数字地球工程重要的第一步，因为它构造了空间数据库，确立了相应的政策、法规和标准，这也是数字地球实现框架中所必需的。

## 8.4 空间信息共享服务创新应用案例

我国的空间信息共享服务随着移动互联App的普及而普及。基本模式主要分为三类：一是采用互联网公共基础底图(高德/百度/腾讯/谷歌/天地图等)；二是自有业务数据(共享单车/出租车位置/门店位置/跑步轨迹/外卖小哥位置等)；三是采用公共基础地图开放API(SDK)(Android/Apple OS/Web API等)进行开发。

API和空间信息共享服务之间的关系如图8-9所示，API起到承上启下的作用，在用户操作和服务调用之间做好连接，API把用户的操作转换成对空间信息服务的请求，空间信息共享服务算出了结果之后提交给API，再由API把数据进行重新整理和可视化，最终反馈给用户，所以API是前台演员，而空间信息共享服务是幕后英雄。相比大众化的应用，个性化的应用案例需要个性化的处理。

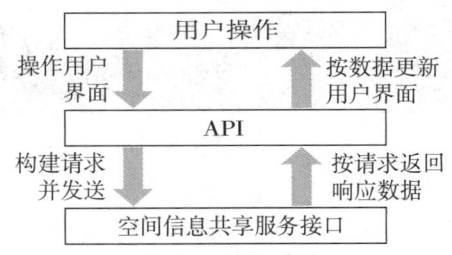

图8-9 API和空间信息共享服务之间的关系

本节以厦门理工学院师生共创的两个案例为例，介绍如何设计和实现基于空间信息共享服务的互联网与移动互联网创新应用。

## 8.4.1 长三角中小流域环境综合治理示范系统——以长乐江为例

随着长三角生态绿色一体化发展示范区上升为国家战略,长江流域水环境治理便成为其核心建设内容之一。长江流域水网密布,对流域的监测需要依托水文站在重点河段开展以水量、水质、泥沙、水生态为主的监测工作。同时结合国家战略需求,水环境治理既要体现技术性,又要体现科学性,并需要寻找创新的治理模式,探索价值回报机制。本系统以长乐江为示范区,设计了一个治理系统化、管控智慧化的示范管理系统,以展示流域水环境治理情况,反映流域水环境治理的措施、成效、数据情况等。

本系统的示范区域长乐江流域位于浙江省嵊州市西部,介于东经120°27′47.3″—120°47′45.3″、北纬29°20′2.4″—29°42′37.5″之间,流域面积864km$^2$(何圣嘉,2017)。嵊州市地处北亚热带向中亚热带过渡的季风气候区,四季分明,气候温暖湿润;年平均气温16.4℃,1月最冷,平均气温为4.2℃,7月最热,平均气温为28.6℃,年较差为24.4℃,年际变化明显;全市常年降水量为1200~1600mm,多年平均陆面蒸发量为752mm,夏季蒸发量最大[9]。

流域基础数据资料按照数据获取方式分为外部共享数据和自有数据。外部共享数据主要包括卫星数据、矢量地图数据和地形数据。自有数据主要包括流域分布、河流分布、断面分布、水质监测流量数据(历史数据及现有数据)、水质治理设施的倾斜摄影模型等。

该系统使用天地图的卫星、矢量及地形数据,分别加载对应的注记图层。通过开源的 LeafLet API 使用 WMTS 标准规范进行聚合,完成基础底图的导入,然后再在统一的空间框架下叠加和展示自有空间数据与水质数据完成整个应用的搭建,示范系统成果如图 8-10 所示。整个示范系统的搭建,一位同学从开发到测试上线共花了两周时间。

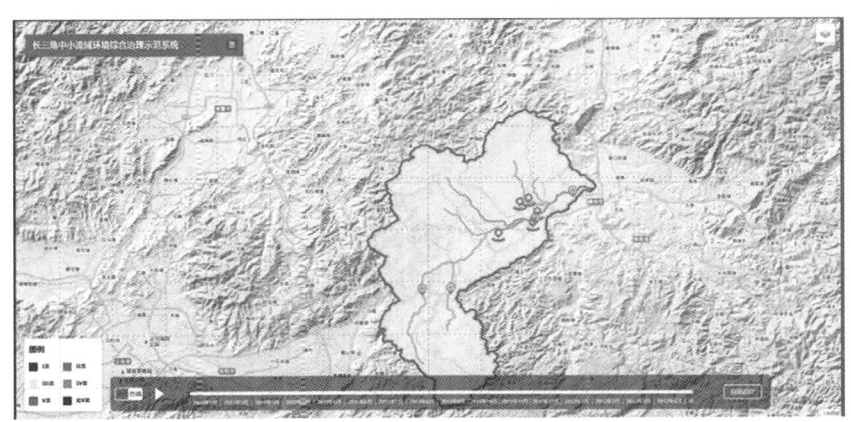

图 8-10 长三角中小流域环境综合治理示范系统界面

**1. 观测点流量监测及模拟**

点击流域上的观测点,右侧会弹出监测点的流域信息和水质信息。后台将流域上监测点的实测数据导入系统中，并以曲线图的形式直观地展示（见图8-11）。从实测流量数据来看，自1980年1月到1989年8月，环城公路桥夏季流量多，秋冬季流量少。从2011年到2018年流量模拟结果来看，环城公路桥监测点的流量具有一定的周期性。

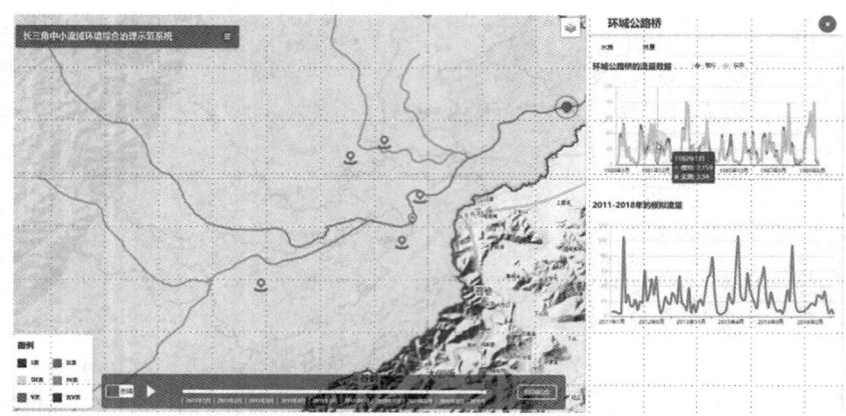

图8-11　观测点流量监测及模拟界面

**2. 观测点水质监测及模拟**

切换到水质监测界面，将实测的氨氮、总磷数据以散点图的形式展示，根据监测点历史数据构建氨氮、总磷模拟模型并以曲线在图中进行显示（见图8-12）。

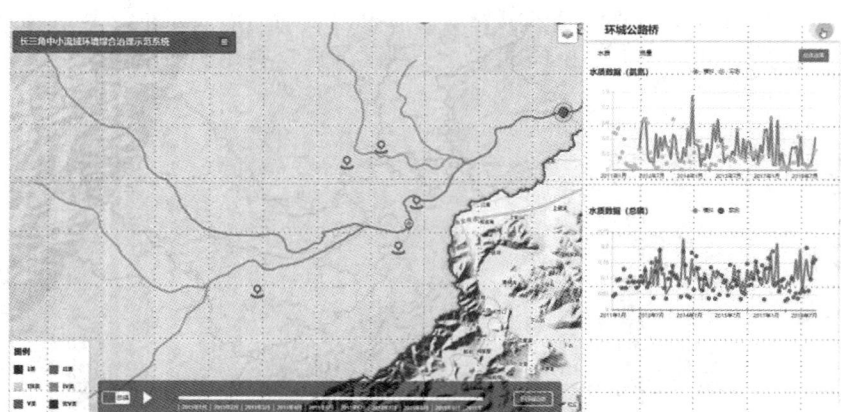

图8-12　观测点水质监测及模拟界面

**3. 污水处理厂**

对流域附近的污水处理厂进行三维建模，通过三维虚拟现实形象直观地展示了污水处理厂的工作流程（见图8-13），方便用户直接了解流域污水处理场景。三维效果使得系统具有真实性、沉浸性，大大提高了视觉美感，应用更生动、逼真。

图 8-13　污水处理厂三维模型

**4. 稻田监测**

水稻作为重要的粮食作物在长江三角洲地区得到广泛种植，但是非点源污染尤其是化肥、农药的大量使用引起的农业非点源污染问题日益引起人们的关注。大规模的水稻种植将导致一系列的生态环境问题，如稻田退水、地表水污染等。该系统在流域内的稻田建立观测点，对稻田的水质和水稻长势等进行监测(见图8-14)。

(a) 稻田水质监测

(b) 水稻长势监测

图 8-14　稻田地块监测

**5. 流域水质分类**

根据地表水水域环境功能和保护目标，按功能高低依次划分为五类：

Ⅰ类：水质状况为优，主要适用于源头水和国家自然保护区。

Ⅱ类：水质状况为优，主要适用于集中式生活饮用水地表水源地一级保护区、珍稀水生生物栖息地、鱼虾类产卵场、仔稚幼鱼的索饵场等。

Ⅲ类：水质状况为良好，主要适用于集中式生活饮用水地表水源地二级保护区、鱼虾类越冬场、洄游通道、水产养殖区等渔业水域及游泳区。

Ⅳ类：水质状况为轻度污染，主要适用于一般工业用水区及人体非直接接触的娱乐用水区。

Ⅴ类：水质状况为中度污染，主要适用于农业用水区及一般景观要求水域。

对应上述五类水域功能，将地表水环境标准基本项目的标准值分为五类，不同功能类别分别执行相应类别的标准值。水域功能类别高的标准值严于水域功能类别低的标准值。同一水域兼有多类使用功能的，执行最高功能类别对应的标准值。劣Ⅴ类水，即污染程度已超过Ⅴ类的水，需要通过进一步加强环保基础设施建设，加大重点环境问题的整治力度，力争基本消灭劣Ⅴ类水体，加快水环境保护改善步伐。

长乐江流域水质大多属于Ⅱ类，其中下游部分地段属于Ⅰ类，但水质情况不稳定，在Ⅰ类和Ⅱ类之间波动（见图8-15）。长乐江承担着南山水库、辽湾水库、剡源水库、坂头水库等大中型水库的泄洪任务，是嵊州的主要排洪河道，两岸以农业为主，长乐江养育了嵊州人民，其保护利用工作十分重要。空间信息技术服务在后台提供支持，空间信息共享服务为流域水资源保护提供了强有力的支持。

### 8.4.2 乡村规划管理系统

乡村的科技化和信息化建设是乡村振兴战略、数字乡村建设以及社会主义新农村建设的重要内容，是农村现代化发展的客观需要，同时也是缩小城乡差距、实现城乡统筹和一体化发展的重要举措[10]。本系统设计开发了乡村规划建设小程序，通过微信公众号平台来展示乡村规划相关数据，并完成乡村规划数据的查询与分析操作。

乡村规划管理系统用于管理乡村发展规划，目的是提高农村地区规划工作的科学性、合理性和效率，建设美丽乡村。众规微信公众号平台主要包括四个部分：实时资讯、办事中心、地图板块、规划概览（见图8-16）。在数据收集方面，主要包括卫星数据、矢量地图数据等外部共享数据和乡村规划数据、乡村边界数据等自有数据。小程序将收集的大量数据进行整合和分析，包括所有用地规划和现状数据、历史文化保护、乡村边界、一户一宅等各方面指标，以便更好地了解农村发展的现状和趋势。在方案制定方面，系统将根据当前数据和趋势，建立起相应的发展方向和策略，以及具体的行动计划，为乡村发展提供科学依据。

众规微信公众号使用天地图卫星影像和矢量地图及相关注记作为底图，通过LeafLet API单独引用，将与该村庄有关的所有用地规划和现状数据、历史文化保护、乡村边界、一户一宅等自有数据整理后统一通过GeoServer发布为WMS和WFS服务。这些WMS/

WFS 服务统一通过 LeafLet API 进行集成。一些空间分析功能可以通过调用 GeoServer 所配置的 WPS 服务接口来实现。团队在三周后完成了初步的功能，并上线了应用。

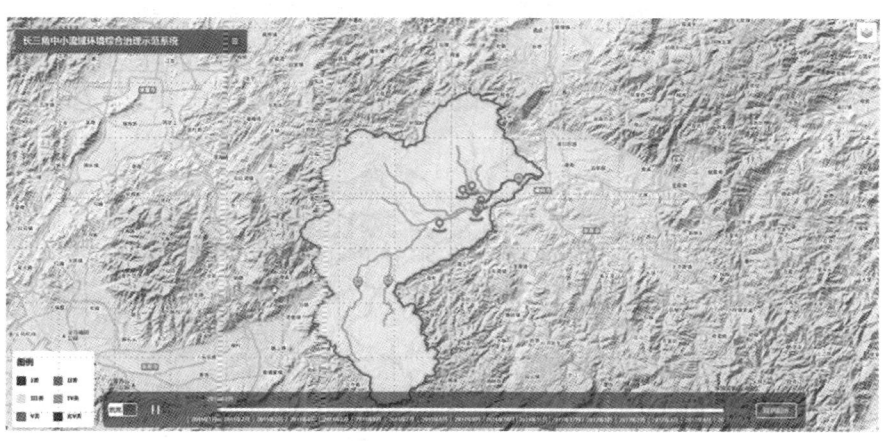

（a）2011 年 2 月水质分类情况

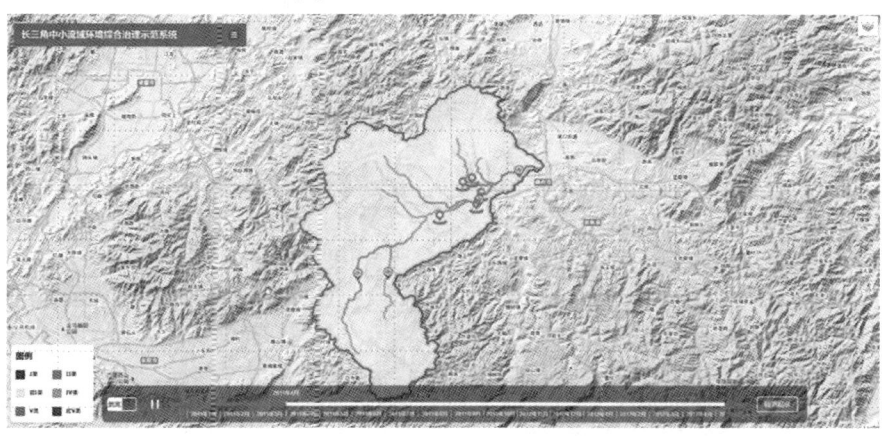

（b）2011 年 4 月水质分类情况

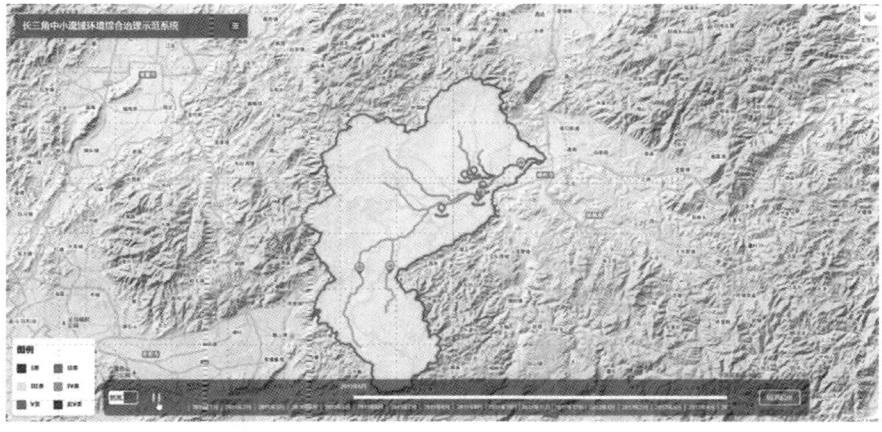

（c）2011 年 6 月水质分类情况

图 8-15　流域水质分类结果

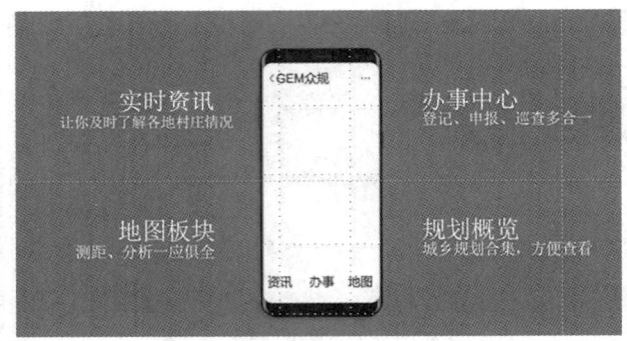

图 8-16　众规微信公众号平台主页面

**1. 身份绑定**

身份认证与鉴别是信息安全中的第一道防线，对信息系统的安全有着重要意义。系统通过实名认证确保用户身份的真实性、合法性和唯一性，防止非法人员进入系统，通过各种违法操作获取不正当利益、非法访问受控信息、恶意破坏系统数据的完整性等情况的发生。进入系统的用户只有通过实名认证才能享受许多功能（见图 8-17）。

图 8-17　身份绑定界面

**2. 实时资讯**

引入投资，加大城乡规划力度。密切关注地区招商信息，充分利用招商网站阵地，及时推送招商信息资讯（见图 8-18）。

**3. 地图板块**

点击右侧"图层"按钮可以切换卫星地图、矢量地图、航拍地图和三维地图等多种地图显示模式（见图 8-19）。点击卫星地图，可以显示当地的实景图。点击右侧"测量"按钮，

图 8-18 招商信息资讯界面

根据用户个人需求在地图上选择测量区域,弹指瞬间即可在地图上查看测量区域的距离、面积等信息。点击"分析"按钮,实时分析用户选择的测量区域的土地利用类型饼状图,实现对地分析功能。

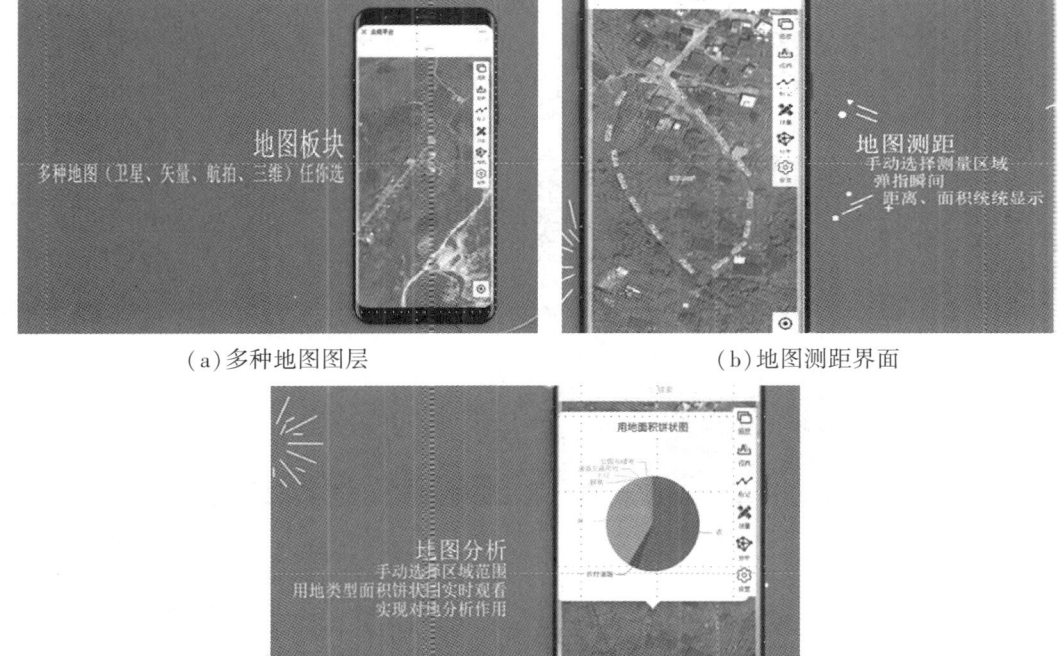

(a) 多种地图图层      (b) 地图测距界面

(c) 地图分析界面

图 8-19 地图板块界面

(1) 办事中心(见图 8-20):办事中心包括自建房申报、两违巡查、疫情复学登记、变情复工登记和消息五个应用，巡查事项和消息填报入口，实现网上服务、网上办事，为共建美好乡村贡献力量。

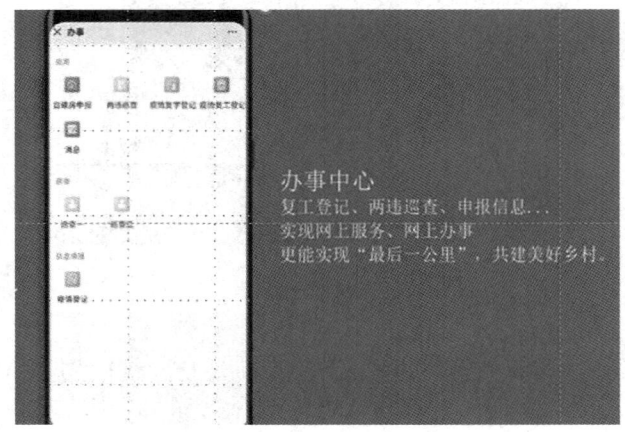

图 8-20　办事中心界面

（2）概览规划（见图 8-21）：汇集概览区位图、文本、表格等材料，实现信息公开、概览公开，让每一位村民都能了解到乡村发展的概况，为乡村振兴事业提供一个展示平台。空间信息技术服务在后台提供支持，为乡村振兴事业提供空间信息共享服务。

图 8-21　概览规划界面

◎小贴士

### 数字德清——乡村振兴的空间信息引擎

浙江德清，一个曾经的传统农业县，如今正通过空间信息共享技术焕发出新的生机与活力，成为数字乡村建设的典范。这一转变，不仅体现了我国社会主义革命和建设、改革开放和社会主义现代化建设的辉煌成就，也彰显了党带领人民进行新时代中国特色社会主义建设的伟大实践。

德清县积极响应国家乡村振兴战略，依托当地丰富的自然资源和文化底蕴，结合现代信息技术，特别是空间信息共享技术，打造了一个集智慧农业、智慧旅游、智慧治理于一体的数字乡村体系。政府与企业合作，利用遥感卫星、无人机、地面传感器等多种手段，全面采集德清县的地理空间数据，包括土地利用、水资源、生态环境、交通网络等，构建了全县统一的空间信息数据库。

在这个基础上，德清县开发了多个空间信息共享服务平台，如智慧农业云平台、乡村旅游服务平台、智慧治理平台等。智慧农业云平台通过整合气象、土壤、作物生长等多源数据，为农民提供精准种植、病虫害防治等科学指导，大幅提高了农业生产效率和农产品质量。乡村旅游服务平台则利用空间信息数据，为游客提供导航、景点推荐、住宿预订等一站式服务，极大提升了乡村旅游体验。智慧治理平台则通过实时监测和分析空间信息数据，为政府决策提供科学依据，有效提升了乡村治理水平。

此外，德清县还积极鼓励公众参与空间信息共享。当地村民和游客可以通过手机 App 上传身边的地理空间信息，如道路状况、景点美图、文化故事等，为数字乡村建设贡献自己的力量。这种全民参与的模式，不仅丰富了空间信息数据库的内容，也增强了村民的归属感和自豪感。

## 本章思考题

1. 为什么要对空间信息进行共享？
2. 空间信息共享的方式有哪些？
3. 空间信息服务如何在互联网技术体系下实现？
4. 什么是空间信息基础设施？
5. 针对智慧校园这个场景，如何设计空间信息共享服务技术体系？请尝试设计你可以想象到的智慧校园的创新应用。
6. 选择两种不同格式的空间数据（如 Shapefile 和 GeoJSON），使用相关工具进行格式转换。
7. 尝试利用开源软件搭建一个简单的 Web 地图服务。

## 本章参考文献

[1] 龚健雅，高文秀. 地理信息共享与互操作技术及标准[J]. 地理信息世界，2006(3)：18-27.
[2] 龚健雅，杜道生，李清泉，等. 当代地理信息技术[M]. 北京：科学出版社，2004.
[3] 刘洪涛. 浅谈地理信息共享法[J]. 城市建设理论研究，2013(15).
[4] 易明华，何忠焕. 基于 SOA 的空间地理信息共享研究[J]. 测绘与空间地理信息，

2009,32(6):102-104,110.
[5] OGC. OGC Standards[EB/OL].[2025-02-22].http://www.opengeospatial.org/.
[6] 陈能成,龚健雅,韩海洋.分布式地理信息共享[J].测绘信息与工程,2000(3):39-42.
[7] 李德仁,龚健雅,李京伟,等.中国空间数据基础设施建设[J].测绘通报,2002(11):4-7.
[8] 陈军.多尺度空间数据基础设施的建设与发展[J].中国测绘,1999(3):17-21,5.
[9] 张峰.长乐江流域大气氮、磷沉降及其在区域营养物质循环中的贡献[D].杭州:浙江大学,2011.
[10] 冯献,李瑾,崔凯.乡村治理数字化:现状、需求与对策研究[J].电子政务,2020(6):73-85.

# 附 边馥苓教授在2024年参加武汉大学空间信息与数字技术专业班会的发言

同学们，今天非常开心，今天是"三世同堂"，我们都对空信专业充满了非常强烈的信心和期望。我走进这个教室，看到这么多年轻人，看起来和我的孙子们差不多大，你们青春的激情，你们对事业的渴望，令我非常感动。我已经离开学校8年了，几乎没有再学习，怕讲话有漏洞，跟不上时代，但是大家还是想让我讲几句，可能有错误，大家一起交流。

讲起我们这个专业，我觉得是这个时代最有前途、最有希望的专业，因为它是几个高端学科的交叉，你说你光懂遥感不行，光懂计算机也不行，这种交叉的科学，让我们对社会的认识、对世界的认识都有新的方式。我觉得大家选择这个专业不后悔，你们走对了路，但是我告诉大家，这条路还是很艰难的，有些同学对这个专业还不了解，所以对现在我们专业的年轻老师来说，你们还需要去开拓。

在20世纪80年代，国家送很多人出去学习，当时我已经43岁了，去欧洲空间司学习，那时候什么也不懂，因为那时候国门刚开，对所有的事物都觉得新鲜，到那之后说学习GIS，问什么是GIS，谁也不给你回答。但是我到欧洲去学什么呢？一会儿说计算机，一会儿又说C语言，一会儿什么杂七杂八的都有，就是自己在领悟、在感觉，GIS到底是什么东西。有人说GIS就是把地图输到计算机里，不是这样，不是说GIS就是数字化的地图，而是说重点在它的应用，你光看这个数字地图能干什么？很多动态事物的发展都需要分析，所以GIS主要是它的分析能力能给大家带来效益。

回国后，我于1988年创办了第一个GIS班——地理信息系统班。为了这个班，我自己还跑到西单的教育部去跟人家说什么叫GIS，因为一层层报上去，大家说不清楚，我就去了，给教育部讲GIS。后来教育部说没有这样一个目录，你想办的话就叫作"信息工程"。我们航测系当时就把信息工程班办了起来，马上就迎来了一个高潮。第一年只招收一个班，第二年招一个班，后来就是四个班、五个班，超过了原来的航测专业，很多学生要报考这个地理信息系统班。当时没有教材，所以我最早写了一本《GIS地理信息系统原理和方法》，被全国的高校，包括清华、北大，作为他们的研究生考试的指定教材，就因为我们是第一个。

当时办班也很困难，没有经费，学生到四年级了，光有理论是不行的，同学们得实习，于是我就开始为同学们找实习单位，记得下着大雪我到北京走访各个单位。大概别人看我那么大的年纪还跑出来，所以很多单位也很支持，先是北京规划院和北京测绘院，跟他们塞了一批学生进去实习。虽然我们住的是地下室，但那时候也是非常好的。我记得坐火车回来的时候，下着大雪，我走路经常摔跤。我们的学生后来又被送到海口，送到深圳，逐渐地我们这个班有了起色，学生也逐步受到欢迎。后来我们的学生去实习，到海口到深圳，人家管吃管住管路费，那时候还给每个学生发四五百块钱的补助，学生美极了。那段时间我每年都在考虑学生实习的问题。

1992年，大亚湾要启动一个项目。我到大亚湾去的时候，是坐一个农民的摩托车，我抱着那个农民的腰，说："你开慢点啊，我这辈子都没坐过摩托车。"结果到了大亚湾的管委会，那个管委会主任说："您是边教授吗？"我说，是啊。我从头到脚都是土，好像从土里钻出来的，你想，那边都是土路啊。后来他们就跟我们签了一个很大的项目。为什么考虑的都是南方？因为南方有钱，当时学校没有经费。

我在深圳，通过竞争得到了深圳国土规划局的一个项目，当时有三家竞争，其他两家都是大单位。私底下我们其实都是好朋友，但是竞争起来谁都不让，都想把这个项目拿过来，后来果不其然我们拿下来了。我在那儿做了很多天的方案，那时候没有很多参考资料。GIS的这个设计方案该怎么写？我绞尽脑汁地做论证。我们最终成功拿到了那个项目，项目任务的第一步就是把地图数字化放进计算机，然后进行分析和应用。这些项目很好地缓解了我们专业没有经费，学生没地方实习的问题，后来我们的学生毕业很吃香，很多人很羡慕，然后海口、顺德、杭州，几乎全国的规划部门都来找我们要学生。

当时项目比较多，比较辛苦，经常从一个城市跑到另一个城市。那时候我已经50多岁，办的GIS新专业确实轰动全国。到了2000年，武大合并了。我觉得仅是GIS这样一个方向，它还是有局限性。后来在2001年我申请了空间信息与数字技术专业。学校向教育部报了21个专业，教育部只批下来了3个专业。所以同学们应该会感到非常幸运。

我提出要用数字的眼光看世界，写了很多文章，提出要搞数字工程，包括数字城市、数字农业、数字电力等，而我们也做了很多相关的项目。包括南水北调、西电东送等这样的大项目，有重要的意义。我们在20年前就在给中国电力科学院做三维的电力管理系统，也就是现在实景三维的雏形。现在证明我们空间信息与数字技术专业走这条路是对的，现在大家不都在搞数字城市吗？都在搞数字行业，数字农业、数字林业等。如果你掌握了这种方法，你就会对任何一个行业如何实现数字化管理有更深入的认识。

因为我先是做摄影测量，然后做遥感，后来又做GIS。我就是这样一路走过来的，20年也是一晃而过的。现在看你们的条件比起当年要好多了，又有这么好的智力基础，你们要很好地发挥，很好地开拓，不要死读书，要重视实践，一定要跟着老师们好好地去实践。我们这个专业的学生都很优秀，你们也要对你们的专业有信心，你们要去想着开拓，激发自己内在的潜质，对事业发展有这种信心，这样你们就会有冲劲，就会觉得艰苦也是值得的。

当了这么多年的老师，我喜欢跟年轻人在一起，虽然现在已经老了，但是看到你们我还是很高兴，羡慕你们的青春，羡慕你们的活力，羡慕你们的激情，向你们学习。我就说这么多吧，大家有什么意见可以交流一下。（结束）